A COMPANION TO MARX'S *CAPITAL*

DAVID HARVEY

上海译文出版社

跟大卫·哈维读《资本论》

第一卷

[美] 大卫·哈维 著
刘英 译

目　录

前　言

当人们得知我每年所做的关于马克思《资本论》第一卷的讲座将作为视频系列在网上播出时，Verso 出版社问我是否有兴趣准备一个书面版本。出于多种考虑，我同意了这一建议。

首先，失败的经济现状和将会成为一次严重全球危机（如果不是大萧条的话）的威胁的肇始，已经形成了一股正在兴起的、对马克思所做分析的兴趣，以研究其是否能帮助我们理解造成我们目前困境的根源。然而问题是，过去的三十年，特别是自柏林墙倒塌和冷战结束后，并不是一段对马克思思想研究特别有利和丰产的时期，更为确定的是，这也不是对马克思革命的政治学研究有利和丰产的时期。结果是，更年轻的一代人是在不熟悉马克思政治经济学的状态下成长起来的，更不用说受过马克思政治经济学的教育了。所以当前的形势显然对撰写一本《资本论》导读来讲正逢其时，它可以为这一代人开启一扇探索马克思思想内涵的大门。

就另一个意义而言，从时间上来看，对马克思的著作进行一次建设性的再评估也正逢其时。使 20 世纪 70 年代形势更加复杂的、在马克思主义运动内部产生的激烈对抗和大量分化，不仅对政治实践和理论取向都产生了影响，并在某种程度上已经减弱。由于这是一种纯粹学院味的思想，一方面，它有助于人们在马克思思想活力的困难时期对其保持兴趣，但另一方面，这也是以神秘和通常高度抽象的论题和思考为代价的。我认为现在愿意阅读马克思著作的人们对于其实践意义更感兴趣，当然这并不是说他们畏惧抽象，而是他们觉得学院味枯燥而且与他们的现状无关。很多学生和活动家强烈需要一种能更好掌握每种事物是如何与其他事物相关的知识的理论基础，这样他们就可以将他们自己特别的兴趣和政治实践置于合理的位置和关系中。我希望这次关于马克思基本理论的讲座能帮他们做到这点。

在准备本书的过程中，我是从 Katharina Bodirsky（要向她表示感谢）为 2007 年春天讲座录制的音频所准备的手稿入手的。视频讲座（见 davidharvey. org）由 Chris Caruso（他同时也设计了网站）组织，由纽约 Poor 大学传媒学院和费城媒体流动项目录制，在 2007 年秋季完成。我要向 Chris 和这一工程的其他所有志愿者致谢。

然而，在音频版本和视频版本间存在着大量的差异。主要是因为我经常在某种程度上以一种即兴发挥的方式讲课，这取决于不同的政治和经济事件以及当时我自己的兴趣（甚至是兴致），从而关注讲演内容中的不同方面。课堂讨论也经常以一种不可预见的方式重新调整关切点。不利的是，由于篇幅的限制往往不允许讨论内容过于宽泛，但我有几次机会将这些要素融入文章的主体部分，假如这些要素的确恰当的话。在主要以音频版本着手的同时，我同样也融合了来自视频资料中的要素。当然，对手稿的修改是相当苛刻的，这部分是由于篇幅，同时也因为由口语向书面语言的转化经常需要明显的而且在一些情况下是十分重大的修改。我还借此机会清理了一些讲课中未能涵盖的内容，并在不同地方加入了一些更深入的思考。我在课程中使用的文本是由 Ben Fowkes 翻译的，在 1976 年由 Pelican Books 和 New Left Review 首次出版，并于 1977 年由 Vintage 再版，之后列入 1992 年 Penguin Classics 的版本。文中所标页码即是指上述版本中的页码。

我的希望是，这一“导读”——我确实把它当作一段旅途中的导引而不是介绍或解释——将为所有愿意在这条路上行走的人提供对马克思政治经济学入门的有益帮助。我已经尽量将讲课内容控制在一个介绍性的水平上，而且我也希望它不是一个过于简化的版本。同时，我也没有过多考虑周旋在对文本不同解释的多种争论中。读者应该明白，现在呈现给大家的不是一种中立的解释，而是我向拥有各种背景、不同行为方式的人们（我对这些人表示感激，因为他们教会了我许多）讲授了近四十年课程的结晶，同时我也试图建设性地将马克思的思想运用于我个人与政治行动相关的学术研究中。我从不试图去说服人们采用我自己特有的观点。我的希望是，那些渴望在他们人生特定情境中形成最有意义和帮助的思想的人们，将我的观点作为入门的工具。如果真在这方面取得了部分成功，那么我将会感到绝对的欣慰。

导 论

我的目的是促使你们去阅读卡尔·马克思的《资本论》第一卷，并且是按照马克思的本意去阅读它。①这听起来好像有些荒唐，因为如果你还没有读过这本书，你就不可能知道马克思的措辞是什么；但是我保证他的措辞之一，就是你要去读，而且要认真地读。真正意义上的学习总是意味着理解未知世界的努力。如果你此前已阅读过相关章节，那么我个人对《资本论》的理解，即对第一卷内容的理解将为你提供更多的启示。但我鼓励的是你个人面对这一文本的经历，是直接对马克思的文本进行研读，是你将开始形成对他思想的独立见解。

这马上会有一个困难。每个人都听说过卡尔·马克思以及像“马克思主义”和“马克思主义者”这样的词汇，这些名词中包含了各种涵义。因此你在一开始就会受限于成见或偏见，喜欢或不喜欢；但我要求你先去尝试，尽你的最大努力，将那些你认为你所了解的马克思放置一边，这样你就能真正融入他的思想中去了。

要做到这种直接的融入还有其他障碍。我们在接近这种文本时往往会受我们特定的知识结构和经验经历的限制。对很多学生来说，这些知识结构即使不被控制，也会受到学术思考和关切的影响；有一种以特定的和排斥的学科立场去读马克思的自发倾向。马克思永远不会在一所大学的任何一个科系获得终身教职，而且当今大多数机构都不会接受他作为他们中的一分子。所以，如果你是一名研究生，并且想正确地解读马克思，那么最好忘记会使你在本学科领域获得终身教职的那些东西，当然并不是长期如此，但至少为了研读马克思应该如此。在短期内，你必须非常坚定，努力超越通过你特定的学科知识，你个人的知识构成，而且更重要的是你个人的经验经历(无论是作为一个劳动者，社群组织者或一个资本企业家)所做的轻率的理解，去确定马克思的本意。

对这种阅读行为采取这样一种开放立场的一个重要原因是，《资本论》是一本令人惊奇的丰富之作。莎士比亚、古希腊、浮士德、巴尔扎克、雪莱、神话故事、狼人、吸血鬼，诗歌等都会在书中出现，同时还有不可胜数的政治经济学家、哲学家、人类学家、记者和政治理论家。马克思利用了丰富的资料来源捕捉他们，而且大都是具有指导意义和有趣的。有些参考资料往往隐晦难懂，因为他通常并未直接标注资料来源；虽然我多年来一直在教授《资本论》，但书中的很多关联我至今还未完全揭示出来。例如在我开始教授《资本论》时，我还没有读过巴尔扎克的很多作品，后来当我读到巴尔扎克的小说时，我发现自己经常会说，“啊，这就是马克思节选的地方！”显然他已经非常精细地阅读了巴尔扎克的作品，而且在他写《资本论》时，已经确立了撰写一篇关于《人间喜剧》的充分研究的雄心。同时阅读《资本论》和巴尔扎克的作品会有助于我们对文本的理解。

你也将发现，《资本论》仅仅作为一本书而言，也是一本令人拍案叫绝的好书。当通读全书时，你会发现它是一座非常令人兴奋的文字宫殿。但我们在这里也遇到了理解它所面临的更多的潜在障碍，因为你们当中的很多人只是在受教育阶段遇到或读过马克思著作中的一小部分。也许你在高中时读过《共产党宣言》。也许你在进修社会理论课程时选修过其中的一门，花两周时间读过马克思的著作，另外几周用于研读韦伯的著作，还有几周研读了涂尔干、福柯和其他一系列重要人物的作品。也许你已经读过《资本论》的节选，或是某些理论概述，或是接触过关于马克思政治信仰方面的书籍。但是阅读节选或概述与阅读《资本论》全文完全不同。你将在更宏大的叙述语境中，从特别全新的角度去

---

① 卡尔·马克思：《资本论：政治经济学批判》，第一卷。伦敦企鹅经典著作出版社，1990 年版，Ben Fowkes 译。书中对此书的引用注释将只标明页码。

理解那些片段和篇章。对宏大的叙述给予细心关注，并且改变你在早期接触到片段或概述时的理解是至关重要的。马克思一定希望他的著作被人们作为一个整体来阅读。他会强烈反对通过节选就能使他的思想被充分理解的想法，无论这种节选会如何高明。他一定不会欣赏只在社会理论的导论课程中花两周时间去思考的做法，就像他自己会花费比两周更多的时间来研读亚当·斯密。通过整体阅读《资本论》，你一定会对马克思的思想有一个完全不同的认识。但那意味着你必须把全书当作一个整体来阅读，而这正是我要帮助你做到的。

一种既有的知识结构和学科立场不仅会对理解《资本论》产生影响，而且会对理解《资本论》提供有帮助观点的方法。当然，我反对那种带有排斥性立场的阅读，在这种阅读中学生们几乎总是固定地组织他们对《资本论》理解的思想，同时多年来我体会到，带有学科背景的观点在理解中具有指导性。自 1971 年以来，我几乎每年都会教授《资本论》课程，甚至在一年中讲两三遍，而且针对各种不同的人群。有一年是给哲学系讲课，课程内容稍稍带有黑格尔派的特点，学生来自巴尔的摩的摩根州立学院；另一年是为约翰·霍普金斯大学英语班的所有研究生讲课；还有一年主要针对一些杰出的经济学家。最终吸引我的是，每一组听众都各自从《资本论》中体会到了不同的内涵。我也发现，我本人通过与不同学科背景的人们在一起阅读《资本论》，从文本中学到了越来越多的东西。

但是，有时我发现这种学习经历是令人焦躁的，甚至是痛苦的，因为有一个特定人群在学习中不按我提供的方式去理解，或是坚持转向关注我认为无关的主题。有一年，我和约翰·霍普金斯大学拉丁语班的学生一起阅读《资本论》。这给我带来了很大困扰，我们在几乎一整学期的时间内只完成了第一章的阅读。为此我曾不停地提示，“看啊，我们必须继续而且至少要读到有关工作日的政治学分析的部分”，而他们的回答却是，“不，不，不，我们已经知道了如何正确地理解它。价值是什么？他所说的‘货币作为商品’是什么意思？‘拜物’是指什么？”

还有其他的问题。他们甚至带来了《资本论》的德文版，只为了核对其中的译文。最后他们都照一个我从未听说过的人的方法来阅读，我觉得这个人宣扬这种方法，不是个知识白痴就一定是个政治家。那人就是雅克·德里达，他在20世纪60年代后期和70年代初期曾滞留于霍普金斯。事后通过这次经历，我意识到，这一拨学生教育了我，对马克思所使用的语言一定要给予高度关注，他说了什么，怎么说的，包括他想当然的内容，这些都是我从用“细齿梳”的方式精读第一章的经历中学到的。

当然，大家不要担心：我不会在我的讲座中这样做，不仅是因为我想涵盖马克思关于“工作日”的讨论，而且我确信你们都能将第一卷通读至卷末。我只是认为，具有不同的学科视角有助于展开马克思思想的多重维度，准确地说，因为他正是基于这样一种不可思议的多样性和丰富的批判思想传统撰写了《资本论》。所以，我对许多个人和团队都怀有感激之情，因为在过去的这些年里，我一直是与他们一道阅读这本书的，准确地说是他们教会了我许多关于马克思著作的知识，而这些知识是永远无法凭借我自己的能力认识到的。对于我而言，教育永无止境。

目前，有三种主要的知识和政治传统，这些传统激发了《资本论》中的分析，并且它们都受到马克思对批判理论和批判分析所负有的使命感的推动。当马克思还相对年轻时，他给他的一位编辑同事写了一篇短文，文章的标题是“对于现存的一切的无情批判”（For a Ruthless Criticism of Everything That Exits）。显然，他当时的态度是温和的，我强烈地建议你们去读读它，因为这篇文章实在是吸引人。他并没有说，“每个人都是愚蠢的，而我，那个伟大的马克思，将批判现存的每个人。”相反他提出，已经有很多认真的人对这个世界做出了认真的思考，他们看到，在这个世界上存在的许多事物应该得到尊重，无论这些事物在多大程度上被片面地认识或扭曲。马克思所采取的批判方法接受了其他人所指出的或看到的真理，然后再对其进一步加工以转变现有的思想，这样他所描述的世界就升华到一种崭新的状态。对于马克思来讲，知识来自接受完全不同的概念体系，并将它们糅合到一起，以此点燃革命的火焰。在《资本论》中他就是这样做的：他将不同的知识传统融合在一起，从而为知识体系构建了一个全新而革命性的框架。

汇集在《资本论》中的三个大的概念框架是：第一，17到19世纪中期的古典政治经济学。主要是在英国，而且不限于此。它从威廉·配第、洛克、霍布斯和休谟，一直传承到伟大的三人组合亚当·斯密、马尔萨斯和李嘉图，同时还包括其他一系列重要人物，如詹姆斯·斯图亚特。政治经济学同时也有法国传统的一派（如重农学派，魁奈和杜尔哥，以及后来的西斯蒙第和萨伊），同时还有意大利和美国的某些人（如凯里），他们为马克思提供了额外的批判材料。马克思将所有这些人的思想都汇总在现在被称为《剩余价值理论》的三卷笔记的深度批判中。在马克思的时代没有复印机，没有网络，所以他不辞辛劳地从斯密的著作中抄录大段内容，并在这些内容上加注评论，他也从斯图亚特的著作中抄录了大段内容并在上面加注评语，对其他人的著作亦是如此。实际上他当时正在实践我们现在所说的解构的方法，而且我也从马克思那学到了如何用这种方法解构论点。例如，当他研究亚当·斯密时，马克思接受了斯密的大部分观点，但随后在其中寻找存在的漏洞和矛盾，当他对其进行修正时，就在很大程度上改变了原来的论点。这种论证在《资本论》中经常出现，因为正如副标题所显示的，《资本论》的形成是围绕“政治经济学批判”而进行的。

马克思理论的第二个概念性基石，来自哲学的反思和探究，所以说马克思的思想来源于古希腊。马克思的博士论文是以伊壁鸠鲁学派为主题的，他熟悉古希腊思想。正如你将看到的，亚里士多德常常被援引以为他的论点提供支撑。马克思还受到了由古希腊思想演变为德国哲学批判传统的全面训练，如斯宾诺莎和莱布尼兹，当然还有黑格尔以及康德和许多其他人物。马克思将这种德国批判哲学传统置于同英法政治经济学传统的关系中，虽然简单地以国家传统的观点看待这一问题是错误的

（尽管休谟是一名经验主义者，但他终究是一位哲学家也是一位政治经济学家，笛卡儿和卢梭对马克思的影响也具有实质意义）。德国的批判哲学传统对马克思的影响十分重大，因为那是他接受的最初的训练。后来众所周知的、在19世纪三四十年代出现的“青年黑格尔派”所形成的批判环境，也对他产生了很大影响。

马克思追求的第三个传统是乌托邦社会主义。在马克思的时代，托马斯·莫尔虽然是英国人，但他最初来自法国，他通常被视为现代传统的创始者，虽然这种传统可以追溯至古希腊。另一位英国人，罗伯特·欧文，撰写了大量的关于乌托邦的短文，而且实际上他也寻求将他的许多思想投入马克思毕生的实践中。受圣西门、傅立叶和巴贝夫早期作品的巨大影响，在19世纪三四十年代，法国出现了大量的乌托邦思想。例如，出现了像卡贝（Etienne Cabet）这样的人，他建立了一个叫做伊加利亚派的团体，这一团体在1848年后定居于美国；普鲁东和普鲁东主义者；奥古斯特·布朗基（他创造了“无产阶级专政”一词），还有许多像他这样坚持雅各宾派传统的人（例如巴贝夫）；圣西门主义运动；像孔西得朗（Victor Considerant）这样的傅立叶主义者；社会主义女权主义者，如特里斯坦（Flora Tristan）。在19世纪40年代的法国，很多激进分子首次谨慎地自称为共产主义者，虽然他们自己对这种称呼意味着什么还没有清晰的概念。马克思虽然没有参与其中，但他对这种传统非常熟悉，特别是在他1844年被巴黎驱逐前，我想他从中得到的教训比他想要意识到的更多。可以理解的是，他希望与19世纪三四十年代的乌托邦主义保持距离，他认为其中的原因已由1848年巴黎革命的失败给出了答案。当乌托邦主义者没有任何的具体步骤和想法而组织出一些理想社会时，马克思不喜欢这样，在《共产党宣言》中，他明确地提出反对意见。所以他经常通过否定的方法，来处理他本人与上述思想家的观点之间的关系，马克思特别表示了对傅立叶和普鲁东思想的尊重。

在马克思的《资本论》中，汇集了上述三条主要概念线索。他的目的是将激进的政治研究，从他所认为的一种相当浅薄的乌托邦社会主义，转变为一种科学共产主义。但是为了做到这点，他不能仅仅将乌托邦主义者与政治经济学家进行对比。他必须重建并整合有关社会科学研究方法的所有内容。简言之，这种新的科学方法，是基于对古典政治经济学的、基本的英国传统的审视，使用了批判哲学所具有的德国传统工具，他使用所有这些手段是为了给予法国乌托邦以内在动力，从而回答下列问题：什么是共产主义，共产主义者该如何思考？我们应该如何科学地理解和批判资本主义，以便更有效地铺就走向共产主义的大道？正如我们将看到的，《资本论》中有大量的篇幅涉及对资本主义的科学理解，但对如何进行社会主义革命则没有太多内容。我们不会发现有关于社会主义社会将会怎样的更多论述。

我已经介绍了如果按照马克思的本意阅读《资本论》可能存在的困难。马克思本人完全意识到了这些困难，有趣的是，他在不同版本的前言中对此做了评论。例如在法文版的前言中，他回答了这一版本应该以系列形式推出的建议。“您想定期分册出版《资本论》的译本，我很赞同。”他在1872年写道。

> 这本书这样出版，更容易到达工人阶级的手里，在我看来，这种考虑是最为重要的。
>
> 这是您的想法好的一面，但也有坏的一面：我所使用的分析方法至今还没有人在经济问题上运用过，这就使前几章读起来相当困难。法国人总是急于追求结论，渴望知道一般原则同他们直接关心的问题的联系，因此我很担心，他们会因为一开始就不能继续读下去而气馁。
>
> 这是一种不利，对此我没有别的办法，只有事先向追求真理的读者指出这一点，并提醒他们。在科学上没有平坦的大道，只有不畏劳苦沿着陡峭山路攀登的人，才有希望达到光辉的顶点。（第104页）

所以，我也必须从警告所有马克思著作的读者开始，无论具有怎样的追求真理的热情，现实确实是，《资本论》的前几章特别晦涩。这是由两个原因造成的。一个原因与马克思所使用的方法有关，我们将对此做进一步的简短讨论。另一个则与他构建这一庞大工程所使用的特别方式有关。

马克思在《资本论》中所要达到的目的，是通过对政治经济的批判，来理解资本主义是如何运行的。他清楚这是一项庞大的任务。为保证工程的顺利进行，他必须开发一个概念性的工具以帮助他理解资本主义所有的复杂性，在他的一篇导言中，他解释了他的计划将如何进行。在第二版的后记中他写道，“在形式上，叙述方法必须与研究方法不同”：

> 研究必须充分地占有材料，分析它的各种发展形式，探寻这些形式的内在联系。只有这项工作完成以后，现实的运动才能适当地叙述出来。这点一旦做到，材料的生命一旦在观念上反映出来，呈现在我们面前的就好像是一个先验的结构了。（第 102 页）

马克思的研究方法来自现存的一切，基于所有事物经历过的现实，同时也始于政治家、经济学家、哲学家、小说家和其他类似的人们对各自经历的全部的、可获得的描述。他把所有这些材料置于严肃的批判之下，以发现能够说明现实运行方式的简单而有力的概念。这就是他所说的从具体到抽象的方法，即，我们从我们周围直观的现实着手，进而更深入地观察对现实起基础作用的概念。具备了这些基本概念后，我们可以重新回到事物的表面，这是从抽象到具体的方法，以便揭示出表象世界具有的欺骗性。从这一点出发，我们就可以处在用完全不同的术语去解释世界的有利位置。

总的来说，马克思是从表面现象开始，逐步去发现深层概念的。然而在《资本论》中，他从提出基础概念开始，通过他自己的研究方法，推导出了相关的结论。他只是将他的概念置于开始的章节中，直接而快速地继承传统，他所使用的方法从现实角度看，好像是先验的甚至是独断的。所以乍看起来，读者对下列问题产生疑问就不奇怪了：从根本上讲，这些想法和概念从何而来？马克思为什么以他所采用的方式使用它们？所以有一半时间你可能都不知道他在讨论什么。但是随着你继续深入地读下去，这些概念在实际意义上是如何用来解释我们的世界的就变得清楚了。随后，像价值和拜物教这样的概念就变得富有意义了。

只有读至《资本论》的结尾，我们才能充分理解这些概念的作用！到那时，我们将发现那是一个不为人们所熟悉的，甚至是十分特别的策略。我们对一砖一瓦地形成论点的研究方法更加熟悉。而对马克思的著作来讲，论点的展开更像是剥洋葱。可能这是一个不恰当的比喻，因为某人曾经对我指出，当你切开一个洋葱时，它会使你流泪。马克思就是从洋葱表皮开始，透过外部显示的层层包裹，一直到达它的核心，即概念的内核。随后，他再次将论点向外展开，通过不同的理论层次而逐渐返回表面。当回到实践王国时，论点的真实力量才变得更为明确，我们会发现，自己被用于理解和解释那个实践的全新的知识框架所武装。直到那时，马克思才揭示出大量的关于什么使资本主义的发展按照它现在的方式进行的问题。这样，初次看来抽象和先验的概念变得更加丰富和富有意义了；随着马克思书写的深入，他逐渐扩大了他的概念范围。

这种方法与一砖一瓦的研究方法不同，而且人们也不容易适应这种方法。在实际阅读中，这意味着你必须像疯子一样坚持，特别是前三章，因为实际上你并不理解书中的内容。直到你在文本阅读中更进一步，当你能对它找到更好的感觉时，只有到那时你才能开始了解这些概念是如何发挥作用的。

马克思的研究起点是商品的概念。如果这不是一个令人感觉奇怪的起点，那么，它至少看起来有些随意。当人们想到马克思时，像《共产党宣言》中的词句"全部历史都是阶级斗争的历史"就会进入我们的脑海。但为什么《资本论》不以阶级斗争开始呢？实际上关于这一部分的内容已占了三百页左右的篇幅，在之前还有对此的暗示，这些可能妨碍了那些想找到行动直接指南的读者的理解。马克思为什么不是从货币开始呢？实际上，在他的准备调研阶段，他曾想过从这里入手，但经过进一步研究后，他得出了结论，即我们需要解释货币而不是假设货币的存在。那么，他又为什么不是从劳动开始呢？这是另外一个与他的研究密切相关的概念。为什么他以商品为研究的起点？有趣的是，马克思所进行的预备性写作经历了很长时期，大概持续了二十年或三十年，在此期间他一直思考从何开始的问题。从抽象到具体的研究方法将他引领到商品的概念，但马克思没有选择对这一选择做出解释，他也没有去复杂地讨论它的合理性。他只是将商品作为研究起点，仅此而已。

能够理解他是以一个已经确定了的结论为基础构造他的观点是重要的。这让他的整体论述形成了一个神秘的开端，对读者而言，或是被它迷惑，或是被它的随意所激怒，从此永远放弃对前三章的阅读。马克思指出，确定《资本论》的起点特别艰难，这种说法是非常正确的。所以我的基本任务是，至少在前三章给予你们指导，那么随后的进程就会更加顺畅。

然而我已经指出，马克思在此用于形成概念的工具不仅适用于《资本论》第一卷，也适用于他的整体分析。当然在我们面前有三卷《资本论》，所以如果你真的想了解资本主义的生产方式，那么非常不幸，你就必须要阅读全部三卷的内容。第一卷只是提供了一个理解的角度。但更麻烦的是，三卷《资本论》也只占了他所有思想大约八分之一的内容(如果是这样的话)。这只是他撰写的一份预备性的叫做《大纲》的文本，在《大纲》中他尝试设计了《资本论》第一卷的不同结构。有此雄心，他从这一点说明开始，分析下述问题：

(1) 一般的抽象的规定，因此它们或多或少属于一切社会形式，不过是在上面所阐述的意义上。(2) 形成资产阶级社会内部结构并且成为基本阶级的依据的范畴。资本、雇佣劳动、土地所有制。它们的相互关系。城市和乡村。三大社会阶级。它们之间的交换。流通。(私人的)(3) 资产阶级社会在国家形式信用事业上的概括。就它本身来考察。阶级。国债。公共信用。“非生产”税。向国外移民。生产的国际关系。人口。殖民地。(4) 国际分工。国际交换。输出和输入。汇率。(5) 世界市场和危机。(第 104 页)

马克思一直没有完成这一宏大的工程。实际上，他只是用某种系统的方法或在某些细节上选择了这些主题中的一部分进行了研究。而且在这些主题中的很多部分，像信用体系和金融、殖民活动、国家、国际关系、世界市场和危机等问题，对于我们理解资本主义都是至关重要的。在他大量的著作中，对于如何处理这些问题，如何更好地理解国家、市民社会、移民，货币兑换和其他问题，有许多提示。而且正如我在《资本的限制》一书中所尝试的，也可能使用有效的方法，弄清他留给我们的关于这些主题的一些片段。但是，重要的是要认识到，在《资本论》开篇介绍的这些概念性的工具，担负着为这一宏大而复杂的工程奠基的功能。

你将看到，第一卷从生产的角度探索了资本主义的生产方式，不是市场，也不是全球贸易，而只是从生产的角度。第二卷(从未完成)从交换关系的角度，第三卷(也未完成)则基本集中探讨了作为资本主义基本矛盾产物的危机的形成机制，随后他还研究了以利息、金融资本的回报、地租、商业资本利润、税收和其他形式出现的剩余分配问题。所以在第一卷的分析中，存在着大量遗漏的内容，但其中也已有足够的内容来帮助你理解资本主义的生产方式是如何运行的。

这使我们回到马克思的研究方法上。从马克思在第一卷所进行的谨慎研究中，我们可以收集到的最重要的信息是，马克思所使用的研究方法是如何起作用的。我个人认为，这与他推断出的资本主义运行机制的理论同等重要。因为你一旦掌握了这种研究方法，开始在实践中应用，并且相信它的力量，那么你就几乎能够用它来理解所有的问题。当然这种方法是从辩证法演变而来的，正如他在我们之前曾经引用过的前言中所指出的那样，这样一种研究方法“还没有人在经济问题上运用过”。（第 104 页）他在第二版的后记中更进一步讨论了这种辩证的方法。由于他的观点来自黑格尔，马克思的“辩证方法，从根本上来说，不仅和黑格尔的辩证方法不同，而且和它截然相反”。（第 102 页）于是就有了那个著名的观点，即马克思将黑格尔的辩证法从头到脚颠倒了过来。

通过一些方法，我们会发现，这并不确切。马克思变革了辩证的方法：而并不只是简单地将它颠倒。“将近 30 年以前，我就批判过黑格尔辩证法的神秘方面”，他这样说道，这是指他对黑格尔的《法哲学》的批判。显然，这一批判是马克思重新确定他与黑格尔辩证法关系的起点。他不认可黑格尔辩证法的神秘形式在 19 世纪三四十年代在德国流行的趋势，因此他致力于对此进行变革，以便使它“每一种既成的形式都是在不断的运动中”。所以，马克思必须重新整合辩证法，以便同时把握社会的“暂时性方面”。简短地说，辩证法必须能够理解并展示动态、变化和转变的过程。这种辩证方法“不崇拜任何东西，按其本质来说，它是批判的和革命的”，（第 102—103 页）这确实是因为无论在现实层面还是潜在层面，它都会进入社会转型的核心。

马克思在这里谈论的是，他要重新创造辩证法的意图，在其中他会考虑资本主义体系中各种要素之间扩展的和动态的联系。他倾向于采用关注流动及动态变化的方法，这是因为，正如我们即将看到的那样，他同时也受到资本主义社会所具有的多面性和动态性的很大影响。这与马克思之前有声望的思想家认为资本主义社会是不变的观点不同，即把自己描述为一种固定的和不可移动的结构主义的思想家。然而，《资本论》揭示了马克思经常在思考流动和动态的过程，例如，资本的循环。

所以，如果要按照马克思的本意阅读《资本论》，你就需要把握他所说的“辩证”的含义。

然而这里的问题是，马克思从没写过关于辩证法的文章，而且他也从未解释过他的辩证法(虽然在各种著作中出现了大量关于辩证法的暗示，正如我们将要看到的)。所以在这里存在着明显的悖论。要理解马克思的辩证法，你必须阅读《资本论》，因为那是在现实中进行实践的源泉；反过来，要理解《资本论》，你就必须理解马克思的辩证法。通过仔细阅读《资本论》，你可以逐渐领会马克思的方法是如何起作用的，并且随着阅读量的增大，你会更好地将《资本论》作为一本书来理解。

我想指出的是，在我们的教育体系中存在着这样一种奇怪的现象，你在本学科中所接受的训练越好，你就越不愿意使用辩证的方法。实际上，年轻学生们的思维是非常辩证的，他们都是采用动态的、矛盾的和变化的视角来观察世界上的事物的。我们必须付出大量精力来训练年轻的学生们成为辩证法专家。马克思试图恢复辩证法在人的直觉方面的作用，而且使它在帮助人们理解事物是如何发展的方面起作用，因为所有的事物都处在动态中。例如，他不是单纯地讨论劳动，而是讨论劳动过程。资本不是一个固定事物，而是一种只在动态中存在的过程。当资本循环终止时，资本的价值就消失了，而整个资本主义体系就会崩溃。我们可以看一下 2001 年 9 月 11 日在纽约市发生的灾难：在那之后几乎所有事情都停顿了。所有的航班停飞，所有的桥梁和道路都被关闭。大约在此后的三天，每个人都意识到，如果所有的事情不能再运转起来，资本主义就会崩溃。所以一时间，纽约市长朱利安尼和美国总统布什都在竭力劝说公众，摆脱手中的信用卡，去购物，回到百老汇参加文化活动，扶持餐饮业务。布什甚至为了维护美国航空业的发展而出现在电视广告中，以鼓励人们再次开始飞行活动。

资本主义如果不处于运动状态就会失去意义。马克思对此有深刻的洞察力，而且他也在致力于扭转资本活动的发展方向。这就是为什么他经常被描述为一个静态的、将资本主义浓缩为一个结构性整体的思想家是非常奇怪的事情。事实并非如此，马克思在《资本论》中发掘的是一个概念性的工具，一个含义深刻的结构，这一结构解释了运动在资本主义生产方式中实际上被现实化了，随后，他创立的许多概念都围绕着它们彼此之间的联系而形成，而不是遵循各自的独立原则；它们都处于变化的运动中。

所以，开始着手了解并欣赏《资本论》所使用的辩证的方法，是理解马克思原意的基础。但很多人，包括马克思主义者都不会同意这一观点。所谓的分析的马克思主义学派，像柯亨(G. A. Cohen)，罗默(John Roemer)和布伦纳(Robert Brenner)等思想家都不采用辩证法。实际上他们更愿意自称为“没有废话的马克思主义者”。他们喜欢将马克思的观点转换成一系列分析的观点。而其他学者则将他的观点转化为关于世界的因果模型。甚至还有一种乐观主义者在介绍马克思的方法时，将他的理论用于接受实证数据的检验。所有上述这些做法，其实都脱离了辩证法。我不是在原则上认为分析的马克思主义者是错误的，即那些将马克思变成一个积极的模型构建者的人是被欺骗的。也许他们是对的：但是我仍然坚信马克思的本意是辩证的，所以我们必须在阅读《资本论》时，首先采取一种辩证的态度。

最后需要说明的一点是：我们的目的是按照马克思的原意阅读马克思的著作。但是因为我正在指导学生们学习这种方法，所以那些内容将不可避免地受我个人的兴趣爱好和人生经历的影响。我的大部分学术生涯是用马克思的理论来支持关于资本主义城市化的研究，关于地区非均衡发展和帝国主义的研究，这些学术背景显然会影响我现在阅读《资本论》的方式。在开始的时候，这些行为都是实践性的，而不是哲学的或抽象的理论层面的。我所采用的研究方法，一直用于研究《资本论》能指导我们揭示资本主义制度带来的大城市的日常生活状况。在过去三十年阅读《资本论》的过程中，人类的地理、历史和社会情况发生了很大的改变。实际上，我喜欢每年都讲授《资本论》的一个原因是，每次我必须问自己，应该以何种不同方式的阅读，它将给我何种启示，而这种启示是我以前没注意到的。我发现自己回到马克思文本寻找行动指南的情况，少于对他关于地理、历史和人类变化潜在性的理论论述的关注。当然在这一过程中，我以此修正了我对《资本论》的理解。由于我们目前面对的历史和知识环境明显出现了前所未有的问题和危机，所以我们阅读《资本论》的方法也需要进行改变和调整。

马克思在著作中也谈到了必要的重构和重新解释的过程。他谈到，在18世纪，资产阶级的理论体系一直以一种特定的方式来理解资本主义社会，但随后，历史的演变与这些理论及其形成不再相关了。随着外部环境的变化，既有的观点也需要随之变化或被重新整合。在19世纪五六十年代马克思对资本主义世界的理解和说明是简明易懂的。但当前世界已经发生了巨大的变化，所以我们必须不断提出新的问题：在我们这个时代应如何运用这一文本？不幸的是，在我看来，过去三十年，主导了全球资本主义的新自由主义的反革命思潮，对于马克思在19世纪五六十年代对英国状况的精彩解构的前提条件在全球范围内的重新形成，起了非常大的主导作用。所以在本书的导读中，我加入了自己关于《资本论》与当今世界的相关性，以及在阅读《资本论》文本中显然最符合时代发展趋势的观点。

但最终，我还是希望读者能以他们自己的方式阅读《资本论》。那就是，我希望你能以自己独特的知识背景、社会和政治阅历来理解《资本论》，并以自己独特的方式从中获益。我希望你能在与文本的沟通对话中，度过一段美好而轻松的时光，而且能让文本与你交流。在试图去理解看起来似乎是不可能被理解的内容时，那种与文本间的对话可以说是一种美妙的经历。将《资本论》诠释为对他或她个人生活意义的所在是我们每位读者肩负的使命。没有也不可能有终极的或确定的阅读方式，因为世界是永远变化的。就像马克思可能会说，带着这个球奔跑吧！

《资本论》,第一部分

一

商品与交换

第一章 商　　品

第一部分：使用价值与价值

让我从第一章第一部分的细节开始。我这样做的原因，是因为在这一部分，马克思以一种先验的并且在某种程度上是神秘的、不容置疑的方式，列出了可以说明其理论的基本范畴。不过我仍有兴趣帮助你尽快熟悉这种细密阅读《资本论》的方法，如果你想理解它的话，那么这样做是必需的。不用担心，我不会使你们一直处于这种高强度的阅读状态!

商品是马克思的一个先验的起点。“资本主义生产方式占统治地位的社会的财富”，他说道，“表现为‘庞大的商品堆积’，单个的商品表现为这种财富的元素形式。因此，我们的研究就从分析商品开始”。(第 125 页)请大家注意马克思在这里运用的语言。“表现为”(appears)在段落中出现了两次，而且简单地说，“表现为”与“是”(is)是不同的。之所以选用这个词并对它给予关注，是因为马克思在《资本论》中曾经频繁地使用它，其含义是在事物的表面现象下还存在一些深层的东西。这马上启发我们去思考，那底下会是什么。同时，我们还要注意马克思只关注资本主义社会的生产方式。他不关注古代社会的生产方式、社会主义社会的生产方式，或者是混合的生产方式，而只关注处于一种纯粹状态中的资本主义生产方式。我们在阅读后面内容的过程中，牢记这一点是非常重要的。

以商品作为起点其实是非常有利的，因为我们每个人每天都接触并经手商品。我们无时无刻不被它所包围，我们需要花时间采购商品、欣赏商品，意欲得到商品，或是遗弃商品。在资本主义生产方式中，商品形式是社会的一般形态。马克思选择利用商品的这个共同特征，它对于我们所有人都是熟悉的而且是普遍存在的，商品与阶级、种族、宗教、民族、性别偏好或其他因素无关。我们以日常的方式了解商品，并且，我们必须购买商品以维持生存。

商品在市场上交易，这会马上引出的一个问题是：这是一种什么样的经济交易？商品是一种满足人们愿望、需要或渴望的东西，是一种外在于我们、我们能够占有并且成就我们的东西。但是马克思马上声明，他对“这种需要的性质如何，例如是由胃产生还是由幻想产生”不感兴趣。他对人们购买商品，以及这种行为是人们生存的基础这样的简单事实感兴趣。当然，世界上存在上百万种商品，而且所有商品在材料质量和数量单位(面粉的计量单位是磅，袜子以双计，电的单位是瓦，布的单位是码，等等)上都不相同。但是马克思将不同商品间存在的巨大差异归纳起来，提出了“物的多种使用方式，是历史的作用”，就像“为有用物的量找到社会尺度”。(第 125 页)但是他需要找到一些方法在总体上讨论商品。“物的有用性”，能够被最佳地定义为“使用价值”。(第 126 页)使用价值的概念对后面的所有内容是特别重要的。

我们注意到，他是如何从人类需要、需求和渴望的不可思议的多样性，以及不同商品与它们不同的重量和衡量单位中，迅速地抽象出来，以集中于使用价值这一单一的概念。在一篇前言的讨论中可以看到，他曾谈到，社会科学的问题在于我们不能将各种因素分离，并在实验室中进行可控的实验，所以我们必须发挥抽象的力量，以获得一种最接近科学的解释。在这一段具有开放性意义的论述中，读者们将首次看到抽象过程的作用，当然绝不是最后一次。

但是，“在我们所要考察的社会形式中”（例如资本主义社会），商品“又是交换价值的物质承担者”。注意“承担者”（bearer）一词，因为承担什么与是什么不同。商品是仍需确定的其他事物的承担者。我们如何发现商品是什么事物的承担者呢？当我们观察市场中实际的交换过程时，我们可以看到大量不同的交换比率，例如，在衬衣和鞋子之间，苹果和橘子之间，随着时间和地点的不同，甚至同样产品的交换比率也存在很大的差异。所以乍看起来，交换比率是“一种偶然的、纯粹相对的东西”（注意“相对”一词）。由此，它“表现为”这样一种观点，即“商品固有的、内在的交换价值似乎是一个形容语的矛盾”。（第126页）另一方面，每个物品在原则上都是能与其他物品交换的。有一种东西使所有商品在交换中成为可通约的。从这里开始，随后出现了“同一种商品的各种有效的交换价值表示一个等同的东西。第二，交换价值只能是可以与它相区别的某种内容的表现方式，‘表现形式’”。我无法分解一种商品，并找出其中可交换的要素。使它成为可交换商品的应该是其他什么东西，而这种东西只有当商品被交换时（在此，运动和过程的观点开始变得重要了）才能被发现。随着商品被换手，它不仅表现出它自己的品质，而且表现出所有商品共有的品质，换言之，它们之间是可以互相通约的。那么，为什么它们可以通约，而这种通约性又来自哪里？“只要是交换价值，就必定能化为这第三种东西”。（第127页）

马克思随后提出，“这种共同的东西不可能是商品的几何的、物理的、化学的或其他的天然属性”。（第127页）这使讨论的内容发生了显著变化。马克思经常被描述成一个坚定的唯物论者，如果不是原教旨主义者的话。每件事物都应该是物质的，以确保把它作为现实的东西来考虑，但在这里他否认商品的物质性能够告诉你任何你想知道的是什么使它们能够通约的问题。“作为使用价值，商品首先有质的差别；作为交换价值，商品只能有量的差别，因而不包含任何一个使用价值的原子”。如果没有使用价值，就不能构成商品的通约性。“如果把商品的使用价值撇开，商品就只剩下一个属性”——而且在这里我们将通过提前做出断言的方法，完成另外一个先验的跳跃——“劳动产品这个属性”。（第128页）所以商品是所有人类劳动的产品。商品具有的共性，是它们都是体现在生产中的人类劳动的承担者。

但他马上又提出质疑，体现在商品中的是哪种人类劳动？这不是指实际使用的时间，即他所称的具体劳动，因为如果是这样，那么生产商品所用的时间越长，它就会有越高的价值。在购买商品时，为什么某人用了更长的时间生产我就要支付更多，而如果有人只用了一半的时间生产，我就能用一半的价格来购买？所以他得出结论，所有的商品“全都化为相同的人类劳动，抽象人类劳动”。（第128页）

但这种抽象的人类劳动是什么样的呢？商品是：

> 劳动产品剩下来的东西。它们剩下的只是同一的幽灵般的对象性，只是无差别的人类劳动的单纯凝结，即不管以哪种形式进行的人类劳动力耗费的单纯凝结。这些物现在只是表示，在它们的生产上耗费了人类劳动力，积累了人类劳动。这些物，作为它们共有的这个社会实体的结晶，就是价值——商品价值。（第128页）

多么清晰的表述，这其中蕴含了多么令人不可思议的浓缩的含义！如果抽象的人类劳动是“幽灵般的对象性”那么，我们怎么可能看到它或衡量它呢？这又是一种怎样的唯物主义呢？

你将会发现，马克思在书中仅用了四页篇幅展开如此高深的论断，同时向我们展示了基本概念并将论题从使用价值转移到交换价值，再上升到人类的抽象劳动，最终到凝结于人类同质劳动中的价值。是它们的价值保证了所有商品是可以通约的，而且这种价值既像“幽灵般的对象性”那样是隐含的，也会在商品交换过程中被传递。这又提出了另一个问题：价值是否真的是“虚幻的客观现实”，或只是它表现为这种方式？

这让我们将交换价值重新解释为“价值的必然的表现方式或表现形

式”。（第128页）请注意这里再次出现了“表现”这个词，但现在我们能够以另一种方式来看待这种关系，因为使所有商品是可交换的秘密，现在被理解为是价值这种“幽灵般的对象性”的表面现象了。交换价值是体现在商品中的人类劳动的必要表现。当你进入超市时，你能够发现交换价值，但你不能直接看到或衡量体现在商品中的人类劳动。在超市的货架上，人类劳动的体现具有一种虚幻的表现。试想一下，下次你到超市时会被这些虚幻所包围！

接着马克思又回到价值的生产包括哪种劳动的问题。价值是“抽象人类劳动对象化或物化”在商品中。这种价值要如何衡量呢？在第一种情况下，价值直接与劳动时间有关。但是正如我在提出具体和抽象劳动不同中已经讨论的，不会是实际劳动时间，不会因为“一个人越懒，越不熟练，他的商品就越有价值”。所以，“形成价值实体的劳动是相同的人类劳动，是同一的人类劳动力的耗费”。为了理解“同一的人类劳动力的耗费”意味着什么，他谈到，必须去研究“体现在商品世界全部价值中的社会的全部劳动力”。（第129页）

这一先验的论断具有重大含义。但是马克思没有在这里加以阐明。所以让我来完成这个任务，免得你误会价值论的内容。当马克思说到“社会的全部劳动力”时，不言而喻地是指资本主义生产方式下的世界市场。这种“社会”——资本主义商品交换的世界的起点和终点在哪里？现在它在中国、墨西哥、日本、俄罗斯、南非等，是一种在全球范围内形成的联系。价值的衡量来自人类劳动这一全部领域。这在马克思的时代也是如此，虽然明显是在一个较小的范围内。在《共产党宣言》中，有关于我们现在所称的全球化的精彩描述：

> 资产阶级，由于开拓了世界市场，使一切国家的生产和消费都成为世界性的了。使反动派大为惋惜的是，资产阶级挖掉了工业脚下的民族基础。古老的民族工业被消灭了，并且每天都还在被消灭。它们被新的工业排挤掉了，新的工业的建立已经成为一切文明民族的

> 生命攸关的问题；这些工业所加工的，已经不是本地的原料，而是来自极其遥远的地区的原料；它们的产品不仅供本国消费，而且同时供世界各地消费。旧的、靠本国产品来满足的需要，被新的、要靠极其遥远的国家和地带的产品来满足的需要所代替了。过去那种地方的和民族的自给自足和闭关自守状态，被各民族的各方面的互相往来和各方面的互相依赖所代替了。

价值在交换关系的动态的、全球的范围内被决定，并且将一直被重新决定。马克思是在世界正通过蒸汽轮船、火车和电报，快速向全球贸易开放的历史环境下写作的。他非常清楚价值不是在我们的后院甚或是一国经济内部被决定的，而是产生于全球的商品交换。但他再次利用了抽象的力量，得出同质劳动的单位的观点，每一个这种单个劳动力，“同别一个劳动力一样，都是同一的人类劳动力，只要它具有社会平均劳动力的性质，起着这种社会平均劳动力的作用”，正像价值形式的减少实际正通过世界贸易发生一样。

这就使得他形成了作为“社会必要劳动时间”的“价值”的重要定义，即“社会必要劳动时间是在现有的社会正常的生产条件下，在社会平均的劳动熟练程度和劳动强度下制造某种使用价值所需要的劳动时间”。他总结道，“只是社会必要劳动量，或生产使用价值的社会必要劳动时间，决定该使用价值的价值量。”（第129页）存在一个你自己的定义。但它只是一个偶然发生的定义，因为它内在于“社会”的概念，但是社会的起点和终点在哪里呢？它是封闭的还是开放的？如果那种社会是世界市场，如果它肯定是世界市场，那么，之后会发生什么呢？

马克思能够摆脱使用价值、交换价值和价值的神秘表现的一个原因，是因为任何读过李嘉图著作的人都会这样说，是的，这就是李嘉图。而且这是纯粹的李嘉图，只包括了一个令人意外的额外的内容。李嘉图坚持将劳动时间的概念作为价值。马克思则使用了社会必要劳动时间的概念。马克思在此所做的工作是复制了李嘉图的概念工具，而且看起来他只是简单地插入了一项修改内容。但正是这种插入，如我们即将看到的，形成了他们之间的差异。我们马上会不得不问道：什么是社会必要？它是如何建立起来的？由谁来建立？马克思没有马上给出答案，但是这一问题却一直贯穿《资本论》的始终。嵌入在资本主义生产方式中的社会必要是什么？

我认为这对于我们来讲一直是一个重大问题。这是否像玛格丽特·撒切尔的著名言论所说，是“没有选择”的，在某种方式上这像是说，我们的社会必要是如此难以满足，以至于我们没有其他选择而只能适应它？作为上述问题的基础，我们又回到这样一个问题，即，是谁以及如何形成了“价值”。当然，我们每个人都愿意认为我们拥有自己的“价值”，在美国的每一个选举季，都会出现关于候选人“价值”的无休止的争论。但是，马克思认为存在一定种类的价值和衡量价值的标准，它是由我们所不了解的和并不必然由我们有意识的选择过程所决定的，我们必须了解这种强加给我们这些价值的方式。如果你想了解你是谁、并且在复杂价值的漩涡中处于何种地位，你必须首先了解商品的价值是如何创造和产生的，及其带来的社会、环境、政治等后果，如果你认为，在不切实际地面对我们社会基本的价值结构是由谁和如何决定的前提下，你就能够解决像全球变暖这样严重的环境问题，那么你就是在和自己开玩笑。所以马克思坚持认为，我们必须了解决定商品价值和社会必需品是什么。

商品价值不是一个固定的量。它们是敏感的，例如，会随着生产率而变化：

> 例如，在英国使用蒸汽织布机以后，把一定量的纱织成布所需要的劳动可能比过去少一半。实际上，英国的手工织布工人把纱织成布仍旧要用以前那样多的劳动时间，但这时他一小时的个人劳动的产品只代表半小时的社会劳动，因此价值也降到了它以前的一半。（第129页）

这提醒我们，价值对技术和生产率革命是敏感的。第一卷的大部分内容将论述生产率革命的起源和影响，以及随后出现的价值关系的变革。但是，不仅技术革命是重要的，因为价值是“(劳动生产力)是由多种情况决定的，其中包括：工人的平均熟练程度，科学的发展水平和它在工艺上应用的程度”，马克思非常关注技术和科学对资本主义的意义——“生产过程的社会结合，生产资料的规模和效能，以及自然条件”。(第130页)有许多因素会影响价值。自然环境的改变或迁移到自然条件更优越的地方(更廉价的资源)也会改变价值。简单地说，商品价值受一系列强有力因素的影响。在这里他并不试图对所有这些因素做明确的分类；他只是想提醒我们，我们所说的“价值”不是不变的，而是决定于永久的革命性的变革。

但随后在他的观点中出现了一个特别的转折。在这部分的最后一段，他突然再次介绍了使用价值的问题。“一个物可以是使用价值而不是价值”。我们呼吸空气，但目前为止我们没有罐装空气并将其作为商品出卖，虽然我确信有些人已经在尝试如何做到这点了。“一个物可以有用，而且是人类劳动产品，但不是商品。”例如，我在我的后院种西红柿，并供自己食用。在资本主义社会内部，实际上很多人在为他们自己做大量的事情(特别是在只提供些许帮助的自助商店)。很多劳动(特别是在国内经济中)在进行外部的商品生产。商品的生产不仅要求使用价值的生产，“而且要为别人生产使用价值”。不是简单地为庄园主提供使用价值，正像农奴那样，而且是通过市场将使用价值提供给其他人。但是，这个说法的意思是，“没有一个物可以是价值而不是使用物品。如果物没有用，那么其中包含的劳动也就没有用，不能算作劳动，因此不形成价值。”(第131页)看起来马克思很早就从使用价值的概念转移开并从中抽象，以获得交换价值的概念，这使他认识到了价值的概念。但是现在他提出，如果商品不能满足人的要求、需要或渴望，那么它就没有价值！简短地说，你必须能够在某地将商品卖给某人。

让我们重新温习一下这一论点的结构框架。我们从商品单一的概念开始，并建立了其二重性：它具有使用价值和交换价值。交换价值是某一事物的表现。它是什么的表现呢？马克思说，它是价值的表现。而价值是指社会必要劳动时间。但如果价值不反过来与使用价值联系起来，它就没有意义。使用价值对价值来讲是社会必要的。这种观点可以表述如下：

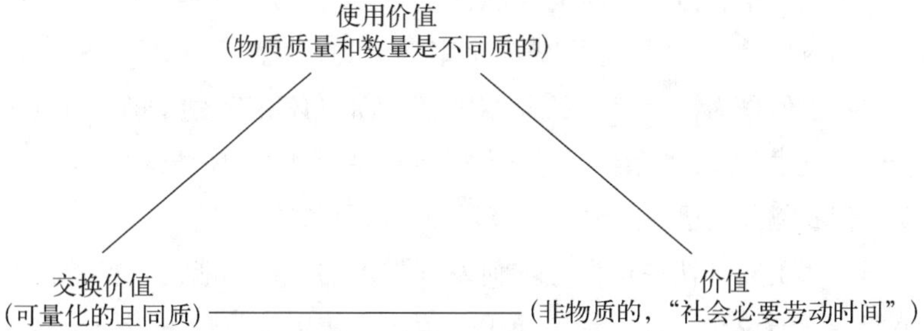

接着我们可以思考这一论点的含义。你拥有一件商品，比如说一栋房子。你会对它的使用价值还是价值更感兴趣呢？可能你对两者都感兴趣。但这里存在一种潜在的对立。如果你想充分实现交换价值，就必须将它的使用价值转让给其他人。如果你拥有它的使用价值，那么就很难获得它的交换价值，除非你做抵押贷款或住房权益贷款。为自己提高房屋的使用价值是否也会提高它潜在的交换价值呢？（一个崭新的现代化厨房，也许会；但如果是为自己的爱好添加一些特别的设施，那可能就不会。）当住房作为住家的主要使用价值一旦被概念化，并且住房作为长期储蓄（一种资本资产）的一种方式，甚至作为某些人为了短期投机获利而“转手”的贷款工具而被重新概念化时，我们的社会世界会发生什么？可见，这种使用价值/交换价值的二分法是非常有用的。

让我们更具体地讨论这个问题。商品是一个单一的概念，它具有二重性。但你不能将商品分成两个部分，并且说，这部分是交换价值，那部分是使用价值。不，商品是一个整体。但在这个整体中存在两个方面，而这两方面保证了我们去确定价值的另一个单一的概念，即社会必要劳动时间，这正是商品使用价值所物质承担的东西。为了具有价值，商品必须是有用的。在价值和使用价值相关联的背后，我们可以看到所有由供需关系引起的问题。如果供给量太大，交换价值将下降；如果供给量太小，交换价值将上升——所以这里存在着一种包含在交换价值"偶然的和相对的"方面中的供求因素。但是在这些影响背后，价值可以保持不变(假设其他所有因素，如生产率也决定价值)。马克思并不非常关注供求关系。他想了解的是在供求均衡时，如何解释商品交换的比率，比如衬衣和鞋子之间的交换比率。于是，我们需要另一种分析方法，它把价值作为社会存在的凝结因素，称为必要劳动时间。为了将商品价值(在供求平衡的条件下)作为社会必要劳动时间，虽然没有做过多说明，但我们其实已经抽象掉了市场中的供需条件。

马克思的辩证法在这里是如何发挥作用的呢？你能说交换价值带来价值吗？你能说交换价值带来使用价值，或使用价值带来……？这不是因果关系，而是辩证关系。你能在讨论交换价值时不讨论使用价值吗？不，你不能。你能在讨论价值时不讨论使用价值吗？同样也不能。换句话说，你不能在讨论这些价值中的任何一种时，不讨论其他的价值。这些概念是相互依存的，具有某种总体性的关系。

我知道，使用"总体性"(totality)这个词，就意味着在一定的知识分子圈子中，挥舞一面巨大的红旗。马克思不懂结构主义，更不知道什么后结构主义。我们必须小心谨慎地将他的思想归入这些类别中(在我看来并不适合)。但是，马克思无疑怀有将资本主义生产方式作为一个总体来理解的抱负，所以，唯一有趣的问题是，在他思想中总体性究竟意味着什么？我们从第一部分知道，这种总体性最好通过对商品的使用价值、交换价值和价值的三分概念来获得。但他已经认识到，使用价值存在巨大差异，交换价值具有偶然性和相对性，价值具有(或者显得具有)一种"神秘的客观性"，它在任何情况下都受技术变革和变动的社会与自然关系的制约。这种总体性不是静止和封闭的，而是流动和开放的，因此处于持续的变化状态中。这肯定不是黑格尔的总体性概念，而我们要等到进一步阅读《资本论》文本后才能掌握其中的含义。

到目前为止，故事大概是这样的：马克思宣称，他的目的是揭示资本主义生产方式的运行规律。他从商品的概念入手，并立即确立了它的二重性：使用价值和交换价值。由于使用价值是永远存在的，所以它几乎不能揭示资本主义的特殊性。因此马克思将其放在一边，从而研究交换价值。商品间的交换比率乍看起来是偶然发生的，但是异常活跃的交换事先假定了所有商品都具有共性以使它们可比较和可通约。马克思含混地断言，它们是所有人类劳动的产品。因此，它们合并“价值”，“价值”被基本确定为在既定的劳动生产率条件下，生产它们所需要的社会必要(平均)劳动时间。但为了使劳动成为社会必须，使某地的某人必须要求、需要或渴望这一商品，这意味着还需要将使用价值重新整合到讨论中。

在下面的分析中我们会看到，使用价值、交换价值和价值处于长期的、有时是紧密的联系中。马克思很少将其中的任何一个概念分隔开，这是因为重要的是*它们之间的关系*。然而，他经常研究其中两个概念之间的关系，而将第三个默默地放在一边。在第二部分有关商品的劳动二重性的研究中，马克思聚焦于劳动的使用价值和这种有用的劳动所蕴含的价值(保持交换价值不变)之间的关系。在之后的部分中，他忽略了使用价值，并考察了交换价值和价值之间的关系，以解释货币的起源和作用。重点是，要注意这些未及详述的马克思研究焦点的变化，因为任何部分中的论述都是以相关概念的提出为条件的。

如果我们继续深入的话，这里还有另外一种论点需要说明。从使用价值和交换价值的二分法开始，他随后得出了一个单一的价值概念，这与作为人们所理解的“社会必要劳动时间”的人类劳动有一定关系。但是哪种人类劳动是社会必需的？马克思在寻找答案的过程中揭示了另外一个二重性，就是在具体(实际)劳动和抽象(社会相对)劳动之间的二重性。这两种劳动形式再次集中于商品交换这一单一活动。所以，马克思在此对交换的考察，揭示了在价值的相对和相等形式之间的另一种二重性。两种价值的表现形式在一种商品中体现，即，在作为与其他所有商品相关的一般等价物出现的货币商品中被重新统一起来。我们在这里看到的是讨论方式中的一种形式，通过被带回到统一体（像货币的形式）中的对照物的角色，将论点逐步展开，并在其中内化了一个矛盾，反过来又形成了另一个二重性（在过程和事物之间的关系，在人与社会之间的联系和事物之间的物质联系）。这就是马克思的著作中辩证法的体现方式，正像我们即将看到的，这种方法贯穿于《资本论》始终。

下图是对论点展开方式的简单图示：

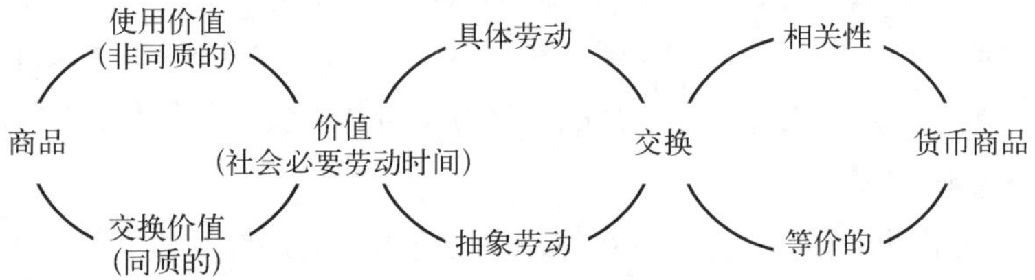

用这种方法展示论点使我们更容易既见树木，又见森林。这也有助于我们更容易地将任一部分内容在论点的整体线索中进行定位。从严格意义上讲，这不是黑格尔的逻辑，因为没有做最后的综合处理，只是在另一个矛盾中出现了短暂的统一，内化了一个二重性，而如果我们需要理解它，就要将论点进一步扩展。这就是马克思在《资本论》中展开论述的过程。而且，事实上，这是一种延展，而不是一种逻辑的派生。这样就形成了一个可安排所有概念方式的论证的主体结构，正如我们指出的那样，出现了一种维持资本主义处于永久的矛盾统一体的状态，而这也使资本主义处于永久运动状态的内部关系被越来越多的人所理解。

第二部分：体现在商品中的劳动二重性

马克思以他温和的阐述方式开始了这一部分的论述，即“商品中包含的劳动的这种二重性，是首先由我批判地证明的。这一点是理解政治经济学的枢纽”，他谈道，“在这里要较详细地加以说明”。（第132

页)正如他在第一部分所谈到的，他是从使用价值开始的。存在由有用的、“具体的”劳动生产的物质产品。具体劳动过程的形式，如裁缝、制鞋、纺纱、织布、耕田等的异质形式是重要的，因为没有它就没有交换行为或社会劳动分工的基础(显然，没有人愿意交换相似的产品)。

> 各种使用价值如果不包含不同质的有用劳动，就不能作为商品互相对立。在产品普遍采取商品形式的社会里，也就是在商品生产者的社会里，作为独立生产者的私事而各自独立进行的各种有用劳动的这种质的区别，发展成一个多支的体系，发展成社会分工。(第133页)

这里马克思提出了一个方法论的主题，这一主题反复出现在这些章节中：从简单到复杂，从交换经济中的简单分子的各方面到更加系统化的理解的变化。随后他偏离了检验有用劳动的一些一般属性关系的研究规则。这样做是因为“劳动作为使用价值的创造者，作为有用劳动，是不以一切社会形式为转移的人类生存条件”。有用劳动是“人和自然之间的物质变换即人类生活得以实现的永恒的自然必然性”。(第133页)

这种将劳动作为人类存在与自然之间媒介的“物质变换”的观点，是马克思历史唯物主义观点的核心。虽然他并没有使这一观点相对成熟，但在《资本论》中，他在多处回归于这一观点。这也是他经常使用的、典型的方法。他说，实际上，“请看，这里有某些你需要思考的重要的东西(在此，是人与自然的关系)。我并不准备研究其细节，但我在给予更直接的考虑前希望强调它的重要性。”“使用价值，”他写道，“是自然物质和劳动这两种要素的结合。”所以，“人在生产中只能像自然本身那样发挥作用”。(第133页)这又是一个重要的基本观点：无论我们做什么事情都应符合自然规律。

> (我们)只能改变物质的形式。不仅如此，他在这种改变形态的

> 劳动本身中还要经常依靠自然力的帮助。因此，劳动并不是它所生产的使用价值即物质财富的惟一源泉。正像威廉·配第所说，劳动是财富之父，土地是财富。（第133—134页）

在这一带有性别意味的隐喻的帮助下（至少可以追溯到弗朗西斯·培根），马克思引出了在财富（个人可自由支配的总的使用价值），和价值（这些使用价值代表的社会必要劳动时间）之间的一个重大区分。

马克思随后又回到了价值问题，这是为了将它们的同质性（所有人类劳动的产品）与大量的使用价值和它的劳动的具体形式之间的异质性进行对比。他写道，

> 尽管缝和织是不同质的生产活动，但二者都是人的脑、肌肉、神经、手等的生产耗费，从这个意义上说，二者都是人类劳动。这只是耗费人类劳动力的两种不同的形式。当然，人类劳动力本身必须已有或多或少的发展，才能以这种或那种形式耗费。但是，商品价值体现的是人类劳动本身，是一般人类劳动的耗费。（第134—135页）

如上所述，这就是马克思所说的“抽象”劳动。这种劳动的一般性与生产实际使用价值的大量的具体劳动截然不同，马克思认为他只不过借鉴了由扩大的商品交换带来的一种抽象。

所以马克思用简单抽象劳动的单位将价值概念化，这种衡量标准“在不同的国家和不同的文化时代具有不同的性质，但在一定的社会里是一定的”。这里我们再次面对了一个在《资本论》中经常被使用的策略。衡量标准随空间和时间的变化而不同，但是为了分析的方便我们假定它是已知的。而且，在这个例子中，他继续谈到，“复杂劳动，”例如，技术性的劳动，“只是自乘的或不如说多倍的简单劳动，因此，少量的复杂劳动等于多量的简单劳动”：

> 经验证明，这种简化是经常进行的。一个商品可能是最复杂的劳动的产品，但是它的价值使它与简单劳动的产品相等，因而本身只表示一定量的简单劳动。各种劳动化为当作它们的计量单位的简单劳动的不同比例，是在生产者背后由社会过程决定的，因而在他们看来，似乎是由习惯确定的。为了简便起见，我们以后把各种劳动力直接当作简单劳动力，这样就省去了简化的麻烦。（第135页）

值得注意的是，马克思从未明确他所说的这种“经验”，这使这一段论述引起了很大争议。这在文献中被认为是“简化问题”，因为在不考虑生产商品的价值的情况下，并不清楚熟练劳动是怎样而且将如何被简化为简单劳动。正像价值是社会必要劳动时间的观点一样，马克思这一观点的形成显得有些神秘，如果我们认为他不是草率为之的话；他没有解释如何做这种简化。他只是简单地假设了分析的目的就是这样，然后在此基础上继续进行论证。这意味着我们所经验的具体劳动、有用劳动和它的异质性的质的不同，在这里被简化为某种单纯量化的东西和它们的同质性。

马克思指出，劳动的抽象的（同质的）和具体的（异质的）方面在劳动的单一活动中被统一起来。并不是抽象劳动出现在工厂的一些地方，而具体劳动则发生在工厂的其他地方。劳动二重性存在于一个单一的劳动过程中：制作衬衣并体现它的价值。这意味着如果没有制作衬衣的具体劳动，就没有价值的体现，而且，如果衬衣不与鞋、苹果、橘子和其他东西交换的话，我们就无法了解它的价值。所以，在具体劳动和抽象劳动之间存在着一种关系。具体劳动的多样性是衡量抽象劳动出现的标杆。

> 一切劳动，一方面是人类劳动力在生理学意义上的耗费；就相同的或抽象的人类劳动这个属性来说，它形成商品价值。一切劳动，另一方面是人类劳动力在特殊的有一定目的的形式上的耗费；就具体

> 的有用的劳动这个属性来说，它生产使用价值。（第137页）

请注意，这一观点反映了第一部分的内容。单一的商品内化了使用价值、交换价值和价值。一个特别的劳动过程包含了商品中有用的具体劳动和抽象劳动或价值（社会必要劳动时间），这种商品是市场中交换价值的承担者。关于技术性劳动或“复杂”劳动如何简化为简单劳动问题的回答，将在下一部分内容中展开，在那部分中，马克思在市场中跟踪了商品，并着手研究价值和交换价值之间的关系。所以让我们接下来读第三部分。

第三部分：价值的形式，或交换价值

在我看来，这一部分包含了许多令人乏味的材料，它们会非常容易地掩盖我们正在进行的讨论的重要性。正如我在前面提到的，马克思有时戴上了会计的帽子，后果是他阐述问题的方式显得极端乏味：当这个等于那个，那个等于这个，这个值三便士，而这个是十五便士时，结果就是另一种东西等于……如此等等，在后文中他也使用了数字说明的形式。关于在马克思的书写中经常出现的既见树木又见森林的问题，在这里是最严重的，所以这也是一个分清如何达到这一目的的好机会。我将从两个层次进行分析：先简略带过那些通常是简单的、技术性的观点，然后对它们更深层次的重要性进行评论。

马克思的目的是要解释货币形式的起源。“我们要做资产阶级经济学从来没有打算做的事情”，他（再次特别温和地！）提出。

> 指明这种货币形式的起源，就是说，探讨商品价值关系中包含的价值表现，怎样从最简单的最不显眼的样子一直发展到炫目的货币形式。这样，货币的谜就会随着消失。（第139页）

他从简单的物物交换开始，采取了一系列强力控制的步骤来完成这一任务。我有一件商品，你有一件商品。我的商品的相对价值将由你所持有的商品的价值(投入的劳动)来表示。所以你的商品将是我的商品的价值的度量。将这种关系反过来，我的商品能够被看作是你的商品的等价物。在这种简单的物物交换的情况下，持有商品的每个人都带有具有相对价值的某种东西，而且在寻找另一个商品中的它的等价物。由于存在的商品与持有它的人和交换行为同样多，所以等价物也与商品数量和交换行为同样多。马克思想要在这里表示的是，交换行为通常具有双重性，相对的和相等的形式之两极，在其中相等的商品意味着“抽象人类劳动的化身”。(第150页)到目前为止，使用价值和价值的对立内化在商品中，“就通过外部对立，即通过两个商品的关系表现出来了”，(第153页)在一个作为使用价值的商品和另一个在交换中代表它价值的商品之间。

在一个像市场这样复杂的交换环境中，我的商品将会具有多种潜在的等价物，而且与此相反，市场之外的每个人在与我单一等价物的潜在关系中具有相对价值。交换关系日益增长的复杂性产生了一种变化到价值的“总的形式”的价值的“扩大的形式”。这最终结晶为一个“一般等价物”：某个商品充当了“货币商品”的唯一角色。货币商品产生于贸易体系，它并不是先于贸易体系产生的，所以交换关系的扩散和普遍化是货币形式结晶的重要的、必要的条件。

在马克思的时代，出现了像金和银这样的商品，并起到了重要作用，但从原则上讲，它也可以是贝壳、吞拿鱼罐头，或像有时在破坏性战争中出现的，香烟、巧克力或其他什么东西。一个市场体系需要某种货币商品有效发挥作用，但只有通过市场交换的日益扩大，某种东西才会变成货币商品。货币不是外界强加于它的，也不是某人发明的。马克思认为，甚至是货币的象征性形式都必须在这种情况下去理解。

这引起了一个有趣的解释性的问题，这一问题在《资本论》中多次出现：马克思是在做一个历史性的论证还是在做一个逻辑性的论证？我认为，支持他对货币商品之产生的解释的历史证据，现在看起来是相当薄弱的。准货币体系和商品、宗教偶像和象征性的标志等类似现象，已经长期存在，并且是对某些社会关系的表现，但这些都一直没有成为商品交换关系中必要的和首要的关系，甚至它们在这种交换中被逐渐融合的时候。如果我们参考考古学和相关的历史记录，就会发现，许多现象可能都支持货币形式以根本就不是马克思所认为的方式而产生。我倾向于接受马克思的观点，但首先我会提出下述观点，而这又回归到马克思对资本主义生产方式理解的兴趣上了。在资本主义社会，货币形式必须被规制，并与马克思所描述的逻辑立场一致，这样货币形式反映了繁荣的交换关系体系的需要。但是根据相同的象征(而不管双关语)，是商品交换关系的繁荣将所有之前的象征形式规制为货币形式的，以要求促进商品市场的交换。货币形式的先兆，实际上可以从考古学和铸币历史记录中找到，它必须在一定程度上符合这一逻辑，即它们在资本主义社会中被吸收，并起到了货币的作用。同时应该清楚的是，如果没有规制的发生，市场就不会进化。虽然其历史的论述是脆弱的，但逻辑性的观点是有力的。

随后，这一部分作为一个整体，确立了商品交换和货币商品，以及另一方发展中每个角色所起的相互的决定性作用。但是，在这一部分中还有更多的内容需要我们给予密切关注。在本部分的最开始，马克思谈到：

> 商品的价值对象性不同于快嘴桂嫂，你不知道对它怎么办。同商品体的可感觉的粗糙的对象性正好相反，在商品体的价值对象性中连一个自然物质原子也没有。因此，每一个商品不管你怎样颠来倒去，它作为价值物总是不可捉摸的。但是如果我们记得，商品只有作为同一的社会单位即人类劳动的表现才具有价值对象性，因而它们的价值对象性纯粹是社会的，那么不言而喻，价值对象性只能在商品同商品的社会关系中表现出来。(第 138 页)

这是绝对至关重要的一点，怎么强调也不过分：价值是非物质的，但是客观的。假定马克思是严格坚持唯物主义的，那么事实上，这一种令人惊奇的论述，对其含义我们得斟酌一番。价值是一种社会关系，实际上你无法直接看到、摸到或感觉到社会关系；但它们是客观存在的。因此我们必须仔细地研究这种社会关系及其表现。

马克思提出了如下观点：价值，是非物质的，它无法在没有一种表现方式的情况下存在。所以，是货币体系的兴起，是货币形式自身作为一种有形的表现，使价值（作为社会必要劳动时间）成为交换关系的调节者。但是货币形式越来越将——一步步地按照逻辑的论述——价值仅仅表现为商品交换关系的繁荣。所以，在经过多年挣扎后，除了所谓的“价值”，没有其他更具一般意义的东西可以通过货币交换来表现。而且，在货币的兴起和价值形式之间，存在着一种内在而相互演进的关系。货币交换的兴起导致了社会必要劳动时间在资本主义生产方式内部成为主导力量。所以，价值作为社会必要劳动时间对资本主义生产方式来讲是一种历史的特定现象。它只出现在市场交换成为必需的情形中。

从马克思的分析中，可以得出两个结论并总结出一个主要问题。第一个结论是，交换关系，与一种深入的价值结构的附属表现不同，它存在于一种与价值的关系中，后者对前者的依赖与前者对后者的依赖程度相当。第二个结论，确定了价值概念是非物质的（像幽灵一样），但也是客观的。所有直接度量价值的尝试都将失败。对于价值的货币表现如何可靠和准确我们会提出一个大的疑问，或者换句话说，非物质性（价值）和实际上展开的客观性（如通过货币表现的价值）之间的关系究竟如何。

马克思用了许多步骤来解决这一问题。他评论道，

> 只有不同种商品的等价表现才使形成价值的劳动的这种特殊性质显示出来，因为这种等价表现实际上是把不同种商品所包含的不同种劳动化为它们的共同东西，化为一般人类劳动。（第142页）

这里我们得到了如何将技术性的和复杂的人类劳动简化为简单的人类劳动的部分答案。但是，他随后提出："处于流动状态的人类劳动力"——马克思在《资本论》中令人吃惊地频繁引出流动性的概念——"或人类劳动形成价值，但本身不是价值。它在凝固的状态中，在对象化的形式上才成为价值。"（第 142 页）所以，需要在劳动过程和被生产的物品之间做一个区分。关于过程和物品之间关系的观点，以及流动性的观点，在马克思的分析中都是非常重要的。他提到这些观点的次数越多，他从作为形式逻辑的辩证法向作为历史进程哲学的辩证法的转变就越大。人类劳动是一个有形的过程，然而在这个过程的终点，你得到这样一种东西，商品，即"凝固的"或"凝结的"价值。因为现实的进程是重要的，所以这一事物就具有价值和客观性质。即：

> 要使麻布的价值表现为人类劳动的凝结，就必须使它表现为一种"对象性"，这种对象性与麻布本身的物体不同，同时又是麻布与其他商品所共有的。（第 142 页）

问题是：价值，即"麻布本身的物体不同"是如何被表现的？答案蕴含在货币商品形式中。但是他注意到，在价值和它货币形式中的表现之间的关系中存在一些特殊性。"首先让我吃惊的特殊性"，他写道，是一种特殊的使用价值"把自己的价值存在表现为一种与自己的物体和物体属性完全不同的东西"，而且这个表现本身就"隐藏着一种社会关系"。（第 148—149 页）

> 从这里就产生了等价形式的谜的性质，这种性质只是在等价形式以货币这种完成的形态出现在政治经济学家的面前的时候，才为他的资产阶级的短浅的眼光所注意。于是他用不太耀眼的商品代替金银，并以一再满足的心情反复列举各种曾经充当过商品等价物的普通商品，企图以此来说明金银的神秘性质。（第 149—150 页）

“商品的物体，”他继续写道，“充当等价物的商品的物体总是当作抽象人类劳动的化身，同时又总是某种有用的、具体的劳动的产品。”（第150页）这是指什么呢？例如，金是一种特殊的使用价值，是一种特殊的商品，是在一种特殊的生产条件下生产的，而我们在任何地方都可将它用作所有人类劳动的表现手段——我们正在筛选出一种特别的使用价值，并将它作为所有社会劳动的替代物。而这又引出了复杂的问题，正如我们在第二章对货币理论进行更深入讨论时将要看到的那样。

第二个特殊性是“具体劳动就成为抽象人类劳动的表现”，第三个特殊性是“私人劳动成为它的对立面的形式，成为直接社会形式的劳动”。（第150页）这不仅意味着货币商品，这一一般等价物，要服从于任何使用价值生产的定性和定量问题，而且，货币商品及其积累（将来作为资本）的生产和销售是受私人控制的，即使当它发挥一般社会功能的时候也是如此。例如，在20世纪60年代末，当黄金仍然作为一种主要商品支撑全球货币时，两个主要的黄金生产国是南非和俄罗斯，它们当中的任何一个都没有对国际资本主义表示特别的友好。在20世纪70年代早期，全球金融体系实行了去实体化和浮动汇率体系，与黄金脱钩，这对削弱黄金生产者的力量起了作用（虽然这不是问题出现的主要原因）。

马克思对上述问题的分析引导我们去解决各种矛盾，而且我们随后将会看到，特别是在第三卷，同时也会在本卷的第三章看到，这些特殊性和矛盾是如何在促使金融危机形成的过程中发挥作用的。无论如何，我们能得出的基本结论是，价值和其在货币形式中的表现之间存在矛盾，所以我们永远不能假设会存在一种完美的表现形式。在价值和它们的表现形式之间的这种错配，正如过去曾经发生的那样，虽然隐藏着深刻的矛盾，但最终还是具有有利方面的，正如我们将看到的那样。

这把我们带向亚里士多德的一段重要的论述。“不存在没有平等的交换，”亚里士多德写道，“也不存在不可通约的平等。”价值的相对形式和一般等价形式之间的关系，事先规定了在进行交换的人们之间存在一种平等的关系。这种将平等关系归属于市场体系中的做法是非常重要的，马克思把这作为理论层面上理解资本主义社会运行机制的基础。亚里士多德也认同在交换关系中存在可通约性和平等性是必要的，但是他未能揭示其背后隐藏的深刻含义。为什么亚里士多德不能做到这一点呢？马克思的回答是，“希腊社会是建立在奴隶劳动的基础上的，因而是以人们之间以及他们的劳动力之间的不平等为自然基础的。”（第152页）在一个奴隶社会中，不可能存在我们在资本主义社会中发现的那种价值理论。再一次，请大家注意资本主义价值理论的历史特殊性。

这就使马克思回到深入论述货币形式的三个特点上，从而可以确定出现了这样一种对立：

> 使用价值和价值的内部对立，就通过外部对立，即通过两个商品的关系表现出来了，在这个关系中，价值要被表现的商品只是直接当作使用价值，而另一个表现价值的商品只是直接当作交换价值。（第153页）

这种在价值表现形式和全球商品之间存在的对立，是商品和货币之间的一种“自相矛盾”的结果，必须把它作为一种存在于商品内部的、已经被内化的某种事物的外化来解释。一旦这种对立被外化，对立就变得十分明确了。商品和货币之间的关系是使用价值和交换价值之间二分法的产物，我们最初就将其定位为存在于商品的内部。

那么，我们由此可以得出什么结论？首先，社会必要劳动时间不能直接作为正在发生的事情的调节者，因为它是一种社会关系。它将间接地通过货币形式的媒介起作用。更进一步讲，作为资本主义社会经济运行的指导原则，货币形式的兴起使价值开始凝结。而且，始终要记住，价值虽然是非物质的但也是客观的。所以，对于在一般意义上存在的逻辑来讲，可以假设价值是现实的并且是可度量的，这就带来了大量的疑问，甚至使某些马克思主义经济学家不得不花费大量时间来解释他们是如何做到这一点的。我个人的观点是：你是做不到的。因为，如果价值是非物质的，你就无法直接去度量它，而只能通过观察去发现商品的价值，就像尝试去确定一块石头的重力那样。价值只存在于商品间的关系中，而且它只在货币商品矛盾的、不确定的形式中被物质化地表现出来。

让我们花些时间来进一步说明马克思所阐述的使用价值、交换价值和价值这三个基本概念的作用。在这一过程中，我将提出我个人的一些看法，你可以根据你的喜好，选择接受或拒绝我的观点。这三个不同的概念可以基本被内化于不同的时空对象中。使用价值存在于事物的物理物质世界，可以用牛顿学说和笛卡儿哲学中的绝对空间和时间概念来描述。交换价值包含在运动的相对时空和商品交换中，而价值只能以世界市场的相关时空概念来理解（社会必要劳动时间的非物质的关联性价值存在于正在演变的、资本主义全球发展的时空中。）。但是正如马克思已经令人信服地指出，如果没有交换价值，价值就无法存在，而如果没有使用价值，交换价值也就不能存在。这三个概念是被辩证地相互整合在一起的。

同样，绝对的、相对的和关联性的这三种时空形式，在资本主义发展的历史与地理的动态变化中是辩证相关的。这是我作为一个地理学家的观点。一个主要后果是，资本主义的时空不是固定的，而是不断变化的（如运输和通讯领域持续革命而造成的提速，造就了马克思在其他地方所提到的“用时间消灭空间”）。我不能强制将这部分内容加入讨论日程！如果你想继续追踪资本主义时空动态的问题，你需要阅读其他文献①。

第四部分：商品拜物教及其秘密

马克思在这部分采取了截然不同的、相当文学化的写作风格，充满

① David Harvey, *Spaces of Global Capitalism: Towards a Theory of Uneven Geographical Development*(London: Verso, 2006).

了能引起感情共鸣的、具有深刻隐喻含义的，富于想象力和活泼感性的文字，文中许多地方带有强烈的暗示，并引用了大量具有魔力的、神秘的内容。这与前文出现的有些沉闷的会计风格明显不同。这大概是马克思在《资本论》中进行论述时所使用的典型策略：他经常根据所思考的主题来调整他的语言风格。在这种情况下，语言风格的转换可能会造成一些混乱，例如，在马克思的整体论述中关于拜物教概念相关性的论述（造成的混乱是，这部分内容从《资本论》第一版的附录，被移到第二版，也是正式版的第三部分）。除马克思之外，那些有志于创建一种严格的政治经济理论的人，有时会将拜物教的概念当作不相干的、不需要认真考虑的问题。相反，那些更具有哲学和文学修养的人，则经常珍视其为黄金，认为它是马克思认识世界的基础。所以我们必须提出这样一个问题：这部分内容与马克思整体论述的关系是怎样的？

拜物教概念在马克思的论述中是以这样的方式出现的，即政治经济学体系的重要特点因“悖论”和“矛盾”而被“掩盖”或混淆了，比如，一方面是货币商品的特殊性，另一方面是幽灵般价值的普遍性。在文中已被展开论述的紧张、对立及矛盾，将在“商品的拜物教及其秘密”（第163页）这一部分得到详细阐述。正如我们将要看到的，在《资本论》的其他部分，拜物教概念作为揭示资本主义政治经济体的神秘性的基本工具，将会多次出现（在更多情况下是以隐晦的而不是直接的形式出现的）。所以，我认为，拜物教概念对于政治经济学理论，就像对于马克思更广泛的论述一样，是基础性的概念。实际上，它从根本上将两者结合了起来。

马克思对这一问题的分析分两步进行。第一，他明确指出了拜物教是如何产生的，并且作为资本主义条件下政治经济生活中基本的和不可避免的现象是如何运行的。第二，他研究了这种拜物教在一般意义上的资产阶级思想和特殊意义上的古典政治经济学中是如何被错误地表现的。

通过观察，他开始写道，商品“充满形而上学的微妙和神学的怪诞”：

> 商品形式的奥秘不过在于：商品形式在人们面前把人们本身劳动的社会性质反映成劳动产品本身的物的性质，反映成这些物的天然的社会属性。（第164—165页）

问题是“商品形式和它借以得到表现的劳动产品的价值关系，是同劳动产品的物理性质以及由此产生的物的关系完全无关的”。我们对商品使用价值的愉悦享受与它的价值无关。所以，商品是“可感觉而又超感觉的物或社会的物”。结果是，“人们在劳动中的社会关系始终表现为他们本身之间的个人的关系，而没有披上物之间即劳动产品之间的社会关系的外衣”。而且是这一条件确定了“劳动产品一旦作为商品来生产，就带上拜物教性质”，拜物教是“同商品生产分不开的”。（第165页）

他谈到，这是因为“生产者只有通过交换他们的劳动产品才发生社会接触”，所以只有在市场交换的行为中他们才知道，“他们的私人劳动的独特的社会性质”。换句话说，直到生产者把商品带到市场并成功地对它进行了交换，他们才知道、而且才可能知道他们的商品的价值。“因此，在生产者面前，他们的私人劳动的社会关系就表现为现在这个样子”，请特别注意这一重要用词，*就表现为现在这个样子*——“不是表现为人们在自己劳动中的直接的社会关系，而是表现为人们之间的物的关系和物之间的社会关系”。（第165—166页）

所以，接下去会是什么呢？你走进一家超市，想买一根莴苣。为了购买莴苣，你必须支付一定数额的货币。货币与莴苣间的物质关系表现了一种社会关系，因为价格的“高低”由社会决定，而价格是价值的货币表现。在这种物品交换中所隐藏的，是在你、消费者和直接生产者，即那些为种植莴苣而付出劳动的人们之间的关系。为了购买莴苣，你不仅不需要知道关于劳动或即将在莴苣中凝结价值的劳动者的任何情况，而且在高度复杂的交换体系中，你也不可能了解关于劳动或劳动者的任何信息，这就是为什么拜物教在世界市场上是不可避免的原因。最终的结果是，存在于其他人之间的劳动行为的社会关系，被存在于物之间的关系掩饰了。例如在超市中，你不能区分莴苣是由快乐的劳动者、痛苦的劳动者、奴隶、工薪阶层还是一些自耕农生产的。对于它们如何被种植和由谁种植的问题，莴苣沉默无言。

为什么这一问题重要呢？当我在约翰·霍普金斯大学教授地理学导论课程时，我经常从问学生他们的早餐是从哪里来的开始。他们回答，“哦，我是从熟食店买的。”但是，当我要求他们对这一问题进行进一步思考时，他们发现，需要考虑处于完全不同的地理环境中的劳动世界，并且这一劳动世界处于他们完全不了解的、各不相同的社会条件下，就像学生们也不了解他们的早餐从原料到进入熟食店的整个过程。面包、糖、咖啡、牛奶，杯子、刀叉、烤面包机和塑料盘子，更不用说生产所有这些东西所需的机器和设备，所有这些要素将他们与世界各地上百万的劳动人口联系起来。地理课教学的任务之一，是传授处于不同社会-环境条件下的知识，其中包括在日常生活各个方面所体现的空间关联和劳动实践，甚至包括每天将早餐送上餐桌的空间关联和劳动实践。

学生们会认为，我在试图让他们为没有对那些多米尼加共和国收入微薄的、可怜的甘蔗采割者给予更多的关注而感到内疚。每当我讲到这里，他们有时会说，“先生，我今天没吃早餐！”对于这种情况，我通常会这样回答他们，他们可以一周或更长时间不吃午餐、晚餐和任何正餐，或是了解到马克思格言中的基本真理，即为了活命就必须吃饭。

这类议题一定会引起有关道德问题的讨论。有这样一些人，出于各种原因，他们认为所有类型的道德行为规范都适用于人与人之间的关系，但是随后他们所面临的困境是，能否以及如何将某种道德规范扩展应用到世界市场中的商品交换领域里。坚持一种“良好的”、直接的关系并对其邻人有所帮助，是非常好的事情。但如果我们对那些未曾谋面，并永远也不会相识但却会在提供我们每日所需的面包中起到重要作用的人，完全采取漠然的态度，那又说明了什么呢？这些议题有时会引起我们的注意，例如，人们尝试通过推动“公平贸易”运动，以践行一种在商品交换领域实行的道德标准，或是反贫困运动，旨在使彼此间隔遥远的人们间的慈善捐助活动更有活力。但即使采用了这些做法，通常也无法从根本上对产生并维持全球不平等状况的社会关系提出挑战：无论是捐赠者的财富，还是其他人的贫困。

然而，马克思的重点并不在于其道德意味。他关注这一问题是要说明，市场体系和货币形式是如何通过物的交换掩盖真实的社会关系的。他并不是说，这种掩盖，即他所说的“拜物教”（而且请注意对这一名词的使用是技术上的，而且与其他一般使用方法有很大不同），只是一个幻觉，只是一个人为编造的结构，只要我们想它就能够被消除。事实并非如此。你看到莴苣，你也看到你所持有的货币，以及货币的多少，你以上述信息为基础作出实质性的决定。这就是上述这段话“就表现为现在这个样子”的重要性所在：超市的情况就是如此，我们可以用这样的方式对它进行观察，虽然这一现象掩盖了隐含的社会关系。

这种拜物教是资本主义生产方式不可避免的前提条件之一，而且它具有多重含义。例如，人们不“使他们的劳动产品彼此当作价值发生关系，因为在他们看来这些物只是同种的人类劳动的物质外壳。恰恰相反，他们在交换中使他们的各种产品作为价值彼此相等，也就使他们的各种劳动作为人类劳动而彼此相等”。（第 166 页）我们又一次看到了，价值源于交换过程，甚至交换关系在更大程度上将价值集中表现为社会必要劳动时间。但是生产者

> 他们没有意识到这一点，但是他们这样做了。因此，价值没有在额上写明它是什么。不仅如此，价值还把每个劳动产品转化为社会的象形文字。后来，人们竭力要猜出这种象形文字的涵义，要了解他们自己的社会产品的秘密，因为把使用物品规定为价值，正像语言一样，是人们的社会产物。（第 166—167 页）

价值形成与交换和非物质之间的辩证关系，作为社会关系的价值的“神秘的”特质无法被更彻底地揭示出来。

但是，这种辩证关系是如何在思想中被复制的呢？许多政治经济学家已经（并继续）对它产生了误解，马克思认为，因为人们看到超市中标注的价格，认为这就是所有的内容，而且这就是那些政治经济学家们构建他们理论所需要的唯一的物质凭证。他们只是简单地考察了与价格变动相关的供给和需求之间的关系。然而，更具洞察力的其他学者，提出了“劳动产品作为价值，只是生产它们时所耗费的人类劳动的物的表现”。“这一发现在人类发展史上划了一个时代”。（第167页）古典政治经济学确实在逐步地关注隐藏在市场价格波动现象背后的、关于价值（通常指“自然价格”）的一些思考，并认识到人类劳动与价值之间存有某种关联。

但是古典政治经济学没有认识到，“凝结的”社会必要劳动时间的价值的非物质性和货币的表现之间的差异，所以也就不能理解交换行为的扩大在强化价值形式作为资本主义历史特征中的作用。这种说法可以被假设为，价值是自明的普遍的事实，而看不到

> 劳动产品的价值性质，只是通过劳动产品表现为价值量才确定下来。价值量不以交换者的意志、设想和活动为转移而不断地变动着。在交换者看来，他们本身的社会运动具有物的运动形式。不是他们控制这一运动，而是他们受这一运动控制。（第167—168页）

这样，马克思展开了对自由主义的自由概念的攻击。市场中的自由不是真正的自由。它是一种拜物的幻觉。在资本主义条件下，个人受抽象的调节力量的制约（就像亚当·斯密提出的“市场中看不见的手”的说法），这种力量有效地调节了人们之间的关系和选择。我可以生产出漂亮的东西，并拿到市场上，但如果我不能成功地交换它，那它就没有价值。而且，我就不会有足够的钱购买维持日常生活所需的商品。市场的

力量是我们任何个人都不能控制的，它调节着我们的行为。马克思在《资本论》的部分内容中提及并讨论了甚至在“产品偶然而波动的交换关系中”发生的这种调节力量。供求关系的变化造成价格围绕一定标准进行波动，但这不能被解释为什么一双鞋在通常情况下可以换四件衬衣。在所有的市场骚动中，“生产这些产品的社会必要劳动时间作为起调节作用的自然规律强制地为自己开辟道路，就像房屋倒在人的头上时重力定律强制地为自己开辟道路一样”。(第 168 页)这种将重力和价值并提的说法是有趣的：它们都是关系而不是物，并且都必须被作为非物质的但是客观的关系而被概念化。

随后这直接引出了马克思对资产阶级的思想方式是如何在交换关系扩大和货币形式兴起的关系中发展的批判：

> 对人类生活形式的思索，从而对这些形式的科学分析，总是采取同实际发展相反的道路。这种思索是从事后开始的，就是说，是从发展过程的完成的结果开始的。给劳动产品打上商品烙印，因而成为商品流通的前提的那些形式，在人们试图了解它们的内容而不是了解它们的历史性质(这些形式在人们看来已经是不变的了)以前，就已经取得了社会生活的自然形式的固定性。因此，只有商品价格的分析才导致价值量的决定，只有商品共同的货币表现才导致商品的价值性质的确定。但是，正是商品世界的这个完成的形式——货币形式，用物的形式掩盖了私人劳动的社会性质以及私人劳动者的社会关系，而不是把它们揭示出来。(第 168—169 页)

部分古典政治经济学家的错误观点，是这样获得的，即他们当中的很多人引用了笛福的《鲁宾逊漂流记》，以此作为一个从自然状态中产生的、完美的市场经济模式：鲁宾逊被放逐到一座孤岛上，他完全凭借自己的力量，形成了一种以自然状态定居的生活方式，并且逐步重构了一种市场经济的逻辑。但是，正如马克思乐意指出的那样，我们假设鲁宾逊不仅从实践中学到了知识，也方便地“从破船上抢救出表、账簿、墨水和笔”，并径直“作为一个道地的英国人开始记起账来”。（第169—170页）换句话说，鲁宾逊把一种相当于市场经济的世界概念图景带到岛上，并在其中建构了一种人与自然的关系。政治经济学家们武断地套用这个故事来让新兴资产阶级的实践显得更为自然。

长期以来我都认为，政治经济学家错选了笛福的故事。其实他的另一个故事《摩尔·弗兰德斯》才是解释商品生产和流通运行机制的更好范例。摩尔的行为是典型的商品销售行为。她不断揣摩别人的需求，别人也不断推测她的欲望（实际上当她身无分文时，佳期即至，她花尽身上最后一个便士用于购置华丽的装备，包括四轮马车、马匹和匹配的首饰，去参加一个舞会。她在那里迷上一位年轻贵族，并在当晚和他私奔，只是在隔天早晨才发现，原来这位年轻贵族也已身无分文。这时他们彼此都意识到了整件事情是多么讽刺，并友好地分手）。随后，她周游世界（甚至到了殖民地弗吉尼亚），在负债者监狱中度过余生：她的命运跌宕起伏。她就像一个货币客体那样在商品交换的海洋中徜徉。摩尔·弗兰德斯的经历与资本主义社会的运行方式似乎更加吻合，特别对于在华尔街投机的各色人等而言，确实非常贴切。

坦率地说，古典政治经济学家喜欢引用鲁宾逊漂流的故事，是因为他们认为这让资本主义显得源出自然。但是，正如马克思所坚持认为的，资本主义是一种历史的建构，不是一个自然产生的事物。“资产阶级经济学的各种范畴”，“对于这个历史上一定的社会生产方式即商品生产的生产关系来说，这些范畴是有社会效力的，因而是客观的思维形式”。对这一历史的观察说明了资产阶级理论所假定的普遍真理的局限性。“现在，让我们离开鲁滨逊的明朗的孤岛，转到欧洲昏暗的中世纪去吧”。也许“在黑暗中”社会关系是显而易见的。在强制劳役的社会体系下，马克思指出，“每一个农奴都知道，他为主人服役而耗费的，是他个人的一定量的劳动力”；人们也很清楚地认识到，封建社会的关键是“人们在劳动中的社会关系始终表现为他们本身之间的个人的关系，而没有披上物之间即劳动产品之间的社会关系的外衣”。（第169—170页）对于一个由农村家庭创办的家族乡村企业也是如此：社会关系是透明的，你能够看到谁正在做什么，并且他们是为谁而做。

这种历史比较与拜物教分析，使我们看到了资产阶级政治经济的偶然性，而不是普遍的、自然的特性。“一旦我们逃到其他的生产形式中去，商品世界的全部神秘性，在商品生产的基础上笼罩着劳动产品的一切魔法妖术，就立刻消失了”。（第169页）我们甚至可以做出终极的设想，即想象社会关系被组织为“自由人联合体”，例如，一个由社会主义者组成的世界。在其中，“人们同他们的劳动和劳动产品的社会关系，无论在生产上还是在分配上，都是简单明了的”。（第171—172页）通过提出“联合的概念”，马克思回应了19世纪三四十年代法国乌托邦社会主义者的观点（特别是普鲁东，虽然马克思并没有意识到这一点）。他希望我们能够超越商品拜物教，并试图通过推动建立一种联合的形式，形成另一种人与人之间的关系。这种想法是否可行，对于任何一位马克思作品的读者而言，都是要考虑的关键问题。但这部分内容，是《资本论》中我们所能见到的、很少出现的马克思关于社会主义未来的描述。

市场的拜物教引发了大量相关的意识形态观念。马克思评论道，正在崛起的新教教义对资本主义宗教来说是最恰当的形式。他提出，我们的思维方式——这里不仅指那些政治经济学家——反映了他们所处时代的拜物；但这是一个总的趋势。他对宗教以及宗教与政治经济生活之间的关系的评论是非常重要的：

> 政治经济学曾经分析了价值和价值量（虽然不充分），揭示了这些形式所掩盖的内容。但它甚至从来也没有提出过这样的问题：为什么这一内容采取这种形式呢？为什么劳动表现为价值，用劳动时间计算的劳动量表现为劳动产品的价值量呢？一些公式本来在额上写

> 着，它们是属于生产过程支配人而人还没有支配生产过程的那种社会形态的，但在政治经济学的资产阶级意识中，它们竟像生产劳动本身一样，成了不言而喻的自然必然性。（第173—175页）

对此，马克思加了一个大大的重要的脚注：

> 劳动产品的价值形式是资产阶级生产方式的最抽象的、但也是最一般的形式，这就使资产阶级生产方式成为一种特殊的社会生产类型，因而同时具有历史的特征。因此，如果把资产阶级生产方式误认为是社会生产的永恒的自然形式，那就必然会忽略价值形式的特殊性，从而忽略商品形式及其进一步发展——货币形式、资本形式等等的特殊性。（第174页，脚注34）

他提示，如果你将资本主义条件下的价值形式自然化，就会犯错，因为随后去构想资本主义以外的其他选项如果不是不可能的，也会是十分困难的。

这是资产阶级政治经济学家们已经做的事情：他们把价值当作自然产生的事实，而不是一种来自特殊生产方式的社会建构。马克思感兴趣的是一种社会的革命性转型，这意味着推翻资本主义的价值形式，去构建另一种价值结构，另一种不具有资本主义条件特性的价值体系。我不想对这一点过分强调，因为马克思的价值理论经常被解释为是一种我们应该遵守的一般标准。我已经不记得听人们抱怨过多少次，马克思的问题是，他相信价值唯一有效的来源是劳动投入。并且，马克思认为，它是一种历史的、社会的产物。所以，问题是，对于社会主义者、共产主义者、革命人士、无政府主义者或其他任何人而言，需要找到另一种价值形式，它能够以不同的方式在社会生产中发挥作用。但是，通过引入拜物教的概念，马克思揭示了在古典政治经济学中被自然化的价值概念如何主导了一种标准的形成，如果我们盲目地遵守这个标准并重复商品拜物教，那么，我们就排斥了爆发革命的可能。我们的任务就是对此提出质疑。

资本主义无法在其自身的基石上铭刻内在的、“自然的”价值。“既然交换价值是表示消耗在物上的劳动的一定社会方式，它就像例如汇率一样并不包含自然物质”；例如，错误地相信“地租是由土地而不是由社会产生的”。（第176页）

资产阶级政治经济学只关注事物的表面现象。在这个层面上它包含劳动价值论的内容，但它从未深入探究劳动价值论的含义以及它产生的历史环境。我们的艰巨任务是要超越拜物教，不只是将其作为一种幻觉，而是要分析它的客观现实性。对这一任务的一种回应是采取“公平交易”的路径。另一种回应是设计一套科学的路径，形成一种批判的理论：采取一种调查研究的模式，使其能够揭示资本主义社会的深层结构，并以完全不同的社会和物质关系为基础，提出不同的价值体系。

这两种选择并不是相互排斥的。可以说，以全球现状为基础的、关于劳动条件的政治学，已经掀起了一场旨在反抗血汗工厂的运动，这一实践可以直接将我们引导到马克思在《资本论》中所做的精彩展示和深入的理论探讨的领域，因为资本主义社会的表面现象虽然是拜物的，但通常也反映了一个客观的现实。我回想到，当约翰·霍普金斯大学的学生们穿着Liz Claiborne和Gap品牌特色的服装上演时装秀时，就会出现人们对服装式样及其生产相关的劳动条件的单方评论。这是一种讨论拜物教的有效方式，提高了人们对全球状况的意识，同时也指出了对这种状况采取某些行动的重要性。

然而，马克思在《资本论》中所肩负的使命是，超越简单的拜物教，建立一种科学体系并不忽视其现实性。他在资产阶级政治经济学批判中已经做了大量的基础工作。而且，他揭示了我们的行为被抽象的市场力量所控制的程度，以及我们长期处于拜物所建构的统治风险中的机制，这种拜物的建构蒙蔽了我们对事实的认识。在何种程度上我们可以说，这是一个真正意义上的个人解放的自由社会？在马克思看来，必须戳穿对自由主义乌托邦式社会秩序的幻想：那只是一种对拜物教的重复，它将人与人之间的社会关系替换为人与人之间的物质关系和物与物之间的社会关系。

第二章　交换过程

第二章不仅篇幅更加简短，而且内容也更加容易理解。马克思的目的是明确资本主义商品交换的社会必要条件，并为随后第三章中的对货币出现的思考奠定更加坚实的基础。

由于商品不会自己走向市场，所以，首先我们需要确定商品和把它们带向市场之间的具有可操作性的关系。马克思设想了这样一个社会，在其中商品的“监护人”“彼此承认对方是私有者。这种具有契约形式的(不管这种契约是不是用法律固定下来的)法的关系，是一种反映着经济关系的意志关系。这种法的关系或意志关系的内容是由这种经济关系本身决定的。在这里，人们彼此只是作为商品的代表即商品占有者而存在”。请注意这里对拜物教的反应，不是作为人，而是“作为商品的代表即商品占有者”。这使他进行了更宽泛的论述。在《资本论》中，“人们扮演的经济角色不过是经济关系的人格化”，和它的“承担者”(bearers)——请注意这个词的重复出现，“人们是作为这种关系的承担者而彼此对立着的”。(第178—179页)比起个人的作用，马克思更关注人群所起的经济作用。所以我们将考察买者和卖者、债务人和债权人、资本家和劳动者之间的关系。实际上，在《资本论》中，马克思重点关注的是角色而不是人，并认识到个人不仅能够而且会经常扮演多种不同的角色，甚至有时会处于完全对立的位置(例如，在现代社会中，一名工人可能会持有投入股票市场的养老基金)。这种对角色的关注而不是对个人的关注，就像我们分析曼哈顿大街上的司机和行人之间的关系一样是完全合理的：我们中的大多数人都相应地扮演了一定的角色并由此改变了我们的行为。

资本主义生产方式的角色被严格定义。个人是对他们所占有的商品享有私有权的合法主体，他们在非强迫性的合约条件下进行贸易活动。人们之间存在对合法权利的相互尊重，亚里士多德提出的市场交换对等性原则是值得推崇的道德标准。对于适当发挥作用的市场来说，马克思在这里描述的，就像在自由理论中所描述的那样，是常规的政治和法律框架。在这种情况下，商品是“天生的平等派和昔尼克派”，因为“它随时准备不仅用自己的灵魂而且用自己的肉体去换取任何别的商品”。所有者有意愿处理掉手中的商品，购买者则愿意获得：“一切商品对它们的占有者是非使用价值，对它们的非占有者是使用价值。因此，商品必须全面转手”，但“这种劳动对别人是否有用，它的产品是否能够满足别人的需要，只有在商品交换中才能得到证明”。(第179—180页)

关于资本主义社会中所必需的、社会必要的制度和法律结构的运行的讨论，具有特殊的历史意义。如果我们认识不到资产阶级关于权利和义务概念的历史特殊性，就会导致严重的错误。正是由于这一原因，马克思做了一个大篇幅的脚注，这是对普鲁东无政府主义者的强烈控诉，

> 普鲁东先从与商品生产相适应的法的关系中提取他的公平的理想，永恒公平的理想。顺便说一下，这就给一切庸人提供了一个使他们感到宽慰的论据，即商品生产形式像公平一样也是永恒的。然后，他反过来又想按照这种理想来改造现实的商品生产和与之相适应的现实的法。(第178页，脚注2)

普鲁东实际上抓住了资产阶级的法律和经济关系的特点，并将它们作为另一种公正的社会经济体系得以发展而普遍使用的基础原则。在马克思看来，根本就不存在其他选择，因为这只是在一个人们想象的新的社会形态下，重新规定了资产阶级的价值概念。这个问题始终困扰着我们，不仅因为当代存在普鲁东思想复兴的趋势，而且因为，作为一种人们所设想的、对当代资本主义的社会和政治痼疾的解救措施、有更广泛基础

的自由人权政治的兴起。马克思对普鲁东的批判对当代的政治也直接适用。1948 年发布的《世界人权宣言》是一个资产阶级的、以市场为基础的个人主义的基础性文件，而且就其本身而论，它没有对自由和新自由资本主义进行彻底的批判。坚持资本家的政治秩序符合其自身的基本原则的做法，是否具有政治有用性是一回事，但是，如果幻想这种政治学能够引起对资本主义生产方式出现激进式的替代，那么，在马克思看来，这就是一个严重错误的想法。随后出现了一个重要的重述，马克思经常以某种不同的语言表述重申他早期的观点，即，在这种制度环境中，“货币结晶是交换过程的必然产物”。当他把货币描述成“使商品本性中潜伏着的使用价值和价值的对立发展起来”的“交换的扩大和加深的历史过程”时，他对这一说法进行了回应：

> 需要这一对立在外部表现出来，这就要求商品价值有一个独立的形式，直到由于商品分为商品和货币这种二重化而最终取得这个形式为止，这个需要将一直存在。可见，随着劳动产品转化为商品，商品就在同一程度上转化为货币。（第 181 页）

这里没有出现前文所没有涉及的新内容，但是，马克思解释了在物与物之间存在的这种经济关系对于人与人之间的关系意味着什么。他谈到，在这种市场交换经济中，我们正在与“可以让渡的物的私有者”打交道，而这反过来说明我们都“彼此当作独立的人”。“可以让渡的”是指“物本身存在于人之外”，例如，它们是可自由交换的。这意味着在物的交换者与他们所拥有的物品之间，不存在任何人身依附或限制。这也意味着，社会关系“彼此当作那些可以让渡的物的私有者，从而彼此当作独立的人相对立就行了。然而这种彼此当作外人看待的关系”（第 182 页）是资本主义社会所特有的，而且是商品法律所有权的伴生物。

这种情况无论在“家长制家庭，古代印度公社，还是印加国”并不盛行；交换关系必然要瓦解这些早已存在的社会结构。这种情况是逐渐发生的，马克思指出，这就像在共同体之间发生的、偶然的贸易，演变到“交换的不断重复使交换成为有规则的社会过程”（第 182 页）：

> 随着商品交换日益突破地方的限制，从而商品价值日益发展成为一般人类劳动的化身，货币形式也就日益转到那些天然适于执行一般等价物这种社会职能的商品身上，即转到贵金属身上。（第 183 页）

我已经指出，在某种程度上这是一个令人质疑的历史观点，即由于交换关系的扩大和货币形式的增多，前期存在的社会形式就逐渐面临解体。但这个观点的逻辑内容对于说明社会必须是“价值的适当表现形式”的观点是重要的，而且这种要求通过贵金属如金和银本身所具有的自然属性而得到满足。但是，正如马克思早期指出的那样，这意味着货币商品内化了一个二重性，因为它既是在一般意义上作为一种劳动产品的商品，而且也具有“由它独特的社会职能产生的形式上的使用价值”。在它正式的社会功能中，“货币形式只是其他一切商品的关系固定在一种商品上面的反映”。（第 183 页）

而且，在这一社会功能中，很可能“用它本身单纯的符号”来代替货币商品。然而，只有在“每个商品都是一个符号，因为它作为价值只是耗费在它上面的人类劳动的物质外壳”时，这种替换能力的存在才不奇怪。（第 185—186 页）马克思在这里可以充分论述与现在经常提到的“符号经济”（symbolic economy）相关的方方面面，并直接置于他的分析中。但他并没有去尝试这样做，而且这无疑会要求他对表达方式进行调整。但是我认为，认识到资本主义运行机制的象征性方面已经被包含在他的论点之内是重要的。那些因为符号资本和符号经济已经达到相当发达的程度，而认为当代资本主义已不可同日而语，而且资本主义随后会自动纠正内部错误的人，应该清楚地明白，其实并非必然如此。

作为纯粹想象的或“把这些性质说成是人随意思考”，危险隐含在如何对待这些象征性的性质中，这非常重要。马克思在这里想要推动的是，如果货币商品不作一般等价物，甚至作为与其他所有商品相交换时它所扮演的对所有其他商品的一般等价物它就不能实现其特定价值。他谈到，“困难不在于了解货币是商品，而在于了解商品如何、为什么、通过什么成为货币”：（第186页）

> 一种商品成为(appears)货币，似乎不是因为其他商品都通过它来表现自己的价值，相反，似乎是因为这种商品是货币，其他商品才都通过它来表现自己的价值。（第187页）

换句话说，一旦货币存在，商品就找到了一种简单地衡量它们价值的方法，就像黄金“一从地底下出来”就是“一切人类劳动的直接化身”。他声明，这是需要揭示的“货币的魔术”。“货币拜物教的谜就是商品拜物教的谜，只不过变得明显了，耀眼了”。（第187页）

但是在这一章中，还存在另一个重要的观点。带有货币的“魔术”和“拜物”的性质，

> 人们在自己的社会生产过程中的单纯原子般的关系，从而，人们自己的生产关系具有不受他们控制和不以他们有意识的个人活动为转移的物的形式。（第187页）

这似乎是一个对亚当·斯密观点的隐含求助，他认为，在一个充分的市场经济中，看不见的手在指导私人部门运行。没有任何个体发挥指挥功能，每个人都必须按照马克思后来所称的“竞争的强制规律”来发挥各自的作用。（第433页）

在斯密所构建的理想世界中，国家为充分的市场经济和私有产权建立制度框架，并负责看管好快速积累的国家财富和公民财富。同时，个

人主动性和企业家精神也会通过市场这只看不见的手共同协调，这样带来的结果将对所有人有利。在这样一个世界中，斯密认为，个人的倾向和主动性（在个人贪婪到社会使命之间可能存在很大的不同）不起作用，因为市场中看不见的手会发挥这一功能。

这一章会提出如下难题。一方面，马克思着力重点标注了一个脚注，以谴责普鲁东对资产阶级权利及其合法性观点的接受，并且反感他完全没有提供一种革命性的、有选择的构建。然而，另一方面，在这一章的主要部分中，马克思似乎又接受了自由财产所有权的理论，接受了在法律意义上个人之间的、非强制的市场交换的相互性和均等性，甚至接受了由亚当·斯密提出的市场是看不见的手这样的观点。我们如何调解这些似乎存在的矛盾呢？我想答案应该非常简单，但是对于我们如何去理解《资本论》的其他部分来讲，答案仍然存在重要分歧。

马克思致力于对古典自由政治经济学的批判。所以，他发现有必要接受某些自由主义思想（而且，随着时间的延长，这种思想演变为新自由主义），以便说明在很大程度上古典政治经济学家是错误的，甚至在这些思想的某些概念层面上是错误的。所以，与其说承认充分的市场经济的手永远不可能发挥作用，而且市场通常被政治力量所扭曲，不如说，他接受了自由乌托邦主义关于充分的市场经济和看不见的手的观点，是为了说明上述机制不能对每个人带来有利的结果，相反会使资本家阶级变得出奇的富有，同时造成众所周知的其他所有人群的相对贫困。

这转变成一个对现实存在的资本主义的假设：越是按照这种乌托邦自由主义或新自由主义的观点进行建构和组织，阶级之间的不平等程度越大。而且，即使我们不明确指出，也会继续存在大量的证据支持这样一种观点，即，关于自由市场和自由贸易的花言巧语，以及它们所虚构的普遍的社会福利，即我们在过去三十年所遭受的境遇，已经确切地带来了马克思所预见的后果：在全社会范围内，一个极端是财富和权力的大量集中，另一个极端是其他所有人贫困程度的加剧。但是为了证明这一点，马克思必须接受自由乌托邦主义所倡导的制度基础，而这正是他在这一章里所阐述的内容。

这对我们如何阅读《资本论》提出了一个重要警示。我们必须小心区分以下两种情况，即，马克思谈论并批判处于完美状态下的自由乌托邦观点的情况，和他试图利用所有的市场不完全、权力失衡和制度瑕疵来解剖现实存在的资本主义的情况。正如我们将要看到的，这两个任务有时是相互混淆的。有些混乱的解释就源于这种混淆。所以在接下来的部分我会尝试说明，他在什么时候做了什么，并准确地指出那些偶然出现的混乱部分，包括那些马克思自己的分析中，他原本的期望是完成对古典政治经济学的批判，其实却妨碍了他完成对资本主义生产方式实际动力理解的其他任务。

但在大部分内容中，马克思采用了一种灵巧的方法，即利用对存在于不同政治经济假象中的自由乌托邦主义理论的批判，从而对他所处时代中现实存在的资本主义进行彻底的批判。这对于我们是幸运的，我们生活在一个新自由主义回响的世界中，而且从某些方面来讲，这也是对自由主义的深化，因为马克思对自由市场和自由贸易的批判，对于马克思当时、当地的资本主义和我们现下的资本主义，同样的彻底。

二

货　币

第三章　货币，或商品流通

到目前为止，很清楚的是，关于货币的特定的观点已经从马克思对商品交换的叙述中被概括出来。无疑，在价值的相对形式和绝对形式之间存在对立，随着交换逐渐扩展到一般社会活动范围，就出现了以一种有形货币商品为形式的一般等价物，虽然它掩盖了价值在社会必要劳动时间中的起源，但它代表了价值。我们现在就要更加仔细地研究这种货币形式。

第三章篇幅很长，而且非常难懂。虽然它只讲述了一个简单的故事，因为这应该是现在每个人都熟悉的情况。货币是一个单一的概念，但是它内化了商品中使用价值和交换价值的双重功能。一方面，正像曾经发生的那样，作为黄金的代表，作为社会必要劳动时间的尺度，货币作为价值尺度起作用。在这种角色中，它必须具有特殊的性质，以在最大程度上提供价值尺度准确而有效的标准。另一方面，货币也必须保证交换行为顺畅地扩大，并通过设置最小的麻烦和困难做到这一点。在这种情况下，它也仅仅是作为一种媒介和手段，使处于我们身边的日益增多、大范围的商品运动起来。

在货币的这两种功能之间，存在一种对立和矛盾。例如，黄金作为价值尺度非常适合。它性质稳定且能够被永久保存；人们可以定量地分析它的质量；人们可以了解并控制它的生产和流通。所以黄金作为价值尺度是非常好的。但是，假设你每次去买一杯咖啡，都必须用一粒黄金去付款(就不现实了)。从大量小额商品流通的角度看，黄金是一种非常低效的货币形式。可以想象每个人都带着装有黄金颗粒的袋子，而如果某人在数金粒时打喷嚏，会出现怎样的情况呢？虽然黄金作为价值尺度非常适合，但它是一种低效的流通手段。

所以马克思将货币作为价值尺度(第一部分)和货币作为流通手段或媒介(第二部分)做了对比。那么，最终只存在一种货币(第三部分)。解决货币作为一种有效的价值尺度和有效的流通手段之间存在的对立，存在部分的可能性，或者说是一种必要性，即，另一种形式的流通即信用货币的存在，而且这种说法是有争议的。在此之后债务人和债权人之间的关系，不仅开启了资本另一种流通形式的可能性，而且也开启了其必要性。换言之，在这一章出现的不仅是资本概念的可能性，同时也包括资本的现实性。同样，就像货币是从交换过程中产生的可能性一样，也存在资本从货币作为价值尺度和流通手段的矛盾中产生出来的可能性。这些内容在如此庞大篇幅的章节中是一个重要部分。如果你在头脑中不断地思考这一问题，就更容易关注许多难懂而且有时甚至是混乱的细节。

第一部分：价值尺度

“货币”和“货币商品”之间存在一种区分。马克思为了强化他早期的观点，也就是说，价值本身在物质上是不可衡量的，而是一种调节交换关系的表现，于是从假设黄金是单一的货币商品开始。这是“货币作为价值尺度，是商品内在的价值尺度即劳动时间的必然表现形式”。(第188页)在货币商品作为价值的“一种表现形式”和所有商品都和它进行交换的关系中，价值被表现出来(或者我们能够称为“存在于”)。如果没有这种表现形式，商品的价值就不会被认识到并且被人们所掌握。

然而，这就产生了某些复杂情况并揭示了一些矛盾，需要我们详细研究。马克思首先关注价格是如何附着在商品上的。他谈到，价格是可以想象的，或者说是理想的(ideal)(这意味着是一种思想逻辑原则的产物或与“现实的”或从实证中得出的结论相反)。他谈到这样一个事实，即，当我生产一件商品时，在没有把它带到市场之前，我不知道它的价值。我带着对它价值的一些想象的、理想的想法来到市场。所以我在它上面挂上了一个价签。这告诉了潜在的购买者我认为我的商品价值几何。虽然我不知道我是否能按那个价格把它卖出去，因为我没有对它的“市场”价值有任何预先的概念：

> 货币在执行价值尺度的职能时，只是想象的或观念的货币。这种情况引起了种种最荒谬的学说。尽管只是想象的货币执行价值尺度的职能，但是价格完全取决于实在的货币材料。(第190页)

想象的、理想的价格和市场上实现的价格之间形成了一种关系。卖者得到的价格应该是“理想的”，它代表商品的真实价值，但它只是一种表现，一种代表，而且是价值的一种不完全的表现。

我们明显地倾向于价值的定量表现是稳定的衡量标准。虽然黄金是一种特殊的商品；它的价值由体现在它身上的社会必要劳动时间所赋予，而且这也不是我们已经看到的那种稳定的情况。在具体的生产条件中产生的波动会影响黄金(或其他货币商品)的价值。然而，因为“这种变动会同时影响一切商品”，所以“在其他条件相同的情况下，尽管这些价值这时都是在比过去高或低的金价格中表现出来，但它们相互间的相对价值不会改变”。(第191—193页)

马克思还介绍了白银作为一种潜在的货币商品的选择，这是为了表达一个简单的观点：虽然黄金看起来是一种价值的可靠标准，但为了比较其他所有商品的相对价值，它被用来确立绝对价值却不可靠。(第192—193页)例如，在1848年淘金热的时代，大量的黄金流入市场，随后黄金价格突然下降，那么所有商品的价格都必须上调（所以当16世纪西班牙人从拉丁美洲带入黄金时，出现了严重的通货膨胀）。我们经常将货币商品当作具有具体使用价值的东西，而且它自身生产的条件对它所代表的价值是有影响的。在最近几年，世界各地的黄金价格一直震荡（其原因我们会简短说明）。马克思在这里想强调的是，虽然任何货币商品都会造成价值尺度的变化，但是它的不稳定性没有使市场上被交换的商品的相对价值产生差异。（第192—193页，同见146页）

马克思继续观察到，“作为价值尺度和作为价格标准，货币执行着两种完全不同的职能。”此处，在货币理论中出现了次级的二重性，它不应与作为价值尺度的货币和作为流通媒介的货币间的巨大差异相混淆。货币商品“作为人类劳动的社会化身，它是价值尺度”，它是“理想的”表现形式，但它也是“要使金充当价格标准，必须把一定重量的金固定为计量单位”。是后者使我们认识到这种商品确实“值”这么多盎司的黄金。这一数量，即黄金的重量，是之前在我们的头脑中已经存在的，而且我们希望在商品交换后拿到手里。虽然“由于各种原因”，这些最终会成为历史的原因，“使金属重量的货币名称同它的通常重量名称分离”。（第192—193页）

目前，在《资本论》中没有明确的关于国家的理论，但是如果你回顾全文中的许多表述，就会明显发现国家在资本主义生产体系中起到了基础性的作用（我们已经在第二章描述私有产权制度和一个适当发挥作用的市场时，暗含地提出了这一点）。正如我们即将看到的，国家最重要的功能之一，是组织货币体系，调节货币名称，并保持货币体系的有效性和稳定性。

> 这些历史过程使金属重量的货币名称同它的通常重量名称的分离成为民族的习惯。因为货币标准一方面纯粹是约定俗成的，另一方面又需要得到公认，所以，最后就由法律来规定了。（第194页）

然而，货币名称是一种拜物的建构。“物的名称对于物的本性来说完全是外在的。即使我知道一个人的名字叫雅各，我对他还是一点不了解。同样，在镑、塔勒、法郎、杜卡特等货币名称上，价值关系的任何痕迹都消失了”。也就是说，与社会必要劳动时间的关系被这些货币名称进一步掩盖了。马克思总结道，“价格是对象化在商品内的劳动的货币名称。”（第195页）货币名称（镑，达克特）与货币商品（黄金）不同，作为社会必要劳动时间，它与价值的关系变得前所未有的晦涩；但是，体现在商品中、作为劳动的货币名称的价值的概念，是需要记住的重要内容。

马克思继续做了两个重要的观察。存在这两种可能性，他写道，“价格和价值量之间的量的不一致的可能性，或者价格偏离价值量的可能性”，而且这两种可能性内在地属于价格形式本身。“这并不是这种形式的缺点，相反地，却使这种形式成为这样一种生产方式的适当形式，在这种生产方式下，规则只能作为没有规则性的盲目起作用的平均数规律来为自己开辟道路”。（第196页）他在这里想要表达的意思是：如果我把我的商品带到市场上，并标上价签（一个货币名称或设想的价值表现），你也把类似的商品带到市场上，并标上你的价格，另外一些人也带来其他的商品并标上不同的价格，那么，就会出现一个相同商品标有不同价格的市场。在将来的某一天，这种商品会在实际上达成的平均价格，取决于有多少人想要购买这种商品，以及有多少人来到市场上愿意卖掉它。所以，平均的、实现了的价格会根据供求关系的变化而上下波动。

均衡价格正是通过这一机制出现的。这种均衡价格，或者古典政治经济学家所称的“自然”价格，是供求关系达到均衡时的价格。马克思将在后面指出，到达这一均衡点后，供求关系就无法解释其他现象了。供给和需求不能解释为什么一件衬衣在平均水平上比一双鞋的成本低，以及在衬衣和鞋子间存在的平均价差。虽然在某一天，价格的波动会告诉你那一天鞋子的供求状况，以及为什么相比昨天价格出现了上升或下降。在马克思看来，这种平均价差是价值的反应，是在不同商品中凝结的社会必要劳动时间的反应。所以，我们将货币名称置于商品上，并将价值尺度转变为这种理想的形式即价格的形式的事实，保证了可以通过价格的波动去平衡市场的供求，而且这也使我们能够更进一步地去明确作为均衡价格或自然价格的价值的一种适当的表现形式。价格的波动将会趋向于一种生产某种商品所需的社会必要劳动时间的水平。如果不存在这种量化的不协调，就不能排除市场中存在的供求差异，并集中反映在代表价值的社会平均价格上。

第二个观察理解起来更加困难：

> 价格形式不仅可能引起价值量和价格之间即价值量和它自身的货币表现之间的量的不一致，而且能够包藏一个质的矛盾，以致货币虽然只是商品的价值形式，但价格可以完全不是价值的表现。有些东西本身并不是商品，例如良心、名誉等等，但是也可以被它们的占有者出卖以换取金钱，并通过它们的价格，取得商品形式。因此，没有价值的东西在形式上可以具有价格。在这里，价格表现是虚幻的，就像数学中的某些数量一样。另一方面，虚幻的价格形式——如未开垦的土地的价格，这种土地没有价值，因为没有人类劳动对象化在里面——又能掩盖实在的价值关系或由此派生的关系。（第197页）

如果你可以对某种物品进行标价，那么从原则上讲，你就可以对任何物品标价，包括良心和荣誉，更不用说身体的某一部分或儿童。你可以对自然资源标价，对瀑布景观标价；当然你也可以对土地标价，并在转手中从土地价格中投机。价格体系可以在其他这些维度上运行，并引起质的和量的不协调。这随后产生了一个问题：价格是否可以在它们的价值之外附加其他的东西？它们是否在任何情况下都会出现与价值无关、在所有范围内的量化波动，并且马克思为什么如此关注劳动价值论？传统的政治经济学家，甚至是当今的经济学家所提出的观点，即，价格概念已经包含了我们能够观察到的所有现象以及所有具有实际意义的东西，这种说法是否正确？如果是这样，那么它们就与劳动价值论不相关了？

马克思在这里没有维护他自己的判断；如果劳动价值论已被当代李嘉图学派的学者所广为接受的话，那么他这样做就不是特别必需的。但是在当今，由于劳动理论广泛地被一些马克思主义经济学家所质疑或抛弃，这就需要我们对此做出某种回应。我认为马克思可能会求助于物质基础的概念：如果每个人都试图以瀑布的壮丽场景为生，或进行良心和荣誉的交易，那么将没有人能够生存。实际生产，通过劳动过程的实际的自然变换，对我们的存在至关重要；而且正是这种物质劳动形成了所有人类生活的生产和再生产的基础。我们不能穿良心和荣誉(记住皇帝的新衣的传说)，我们不能穿瀑布的壮丽景观；衣服不是这样来的，它们是通过人类的劳动过程和商品交换提供给我们的。即使在华盛顿特区这样的城市，似乎那里正发生大量的关于良心和荣誉的交易，但仍然会一直存在每个人的早餐从哪来的问题，还包括维持日常生活的电力、纸张、汽车、房屋和高速公路。为了将所有这些都神奇地伪装成来自市场，凭借正好在我们口袋中的货币的神奇来实现，就要使全部现象服从于商品的拜物教。为了打破拜物教，我们需要将价值的概念确定为社会必要劳动时间。

你是否相信马克思选择的这一立场是正确的，取决于你自己的决定。虽然如果你想按照马克思的原意理解《资本论》，你就必须准备好在某种程度上、按照这些原则去接受某个论点，至少直到你读到书的结尾时都应该是这样。而且，同样非常重要的是，你要认识到，马克思在这里承认有些事情非常重要。那就是，价格体系实际上是一种表面的表现，它有自己的客观现实(它确实是“正如它所表现的那样”)，以及一个重要功能，即对需求和供给的波动的调节，这样它们就会最终集中到一个均衡的价格水平上，而且这一体系能够轻易地摆脱它本身的控制。正如我们即将在随后的内容甚至在本章中看到的，定量和定性的不协调会对市场体系和货币形式的运作产生严重的后果。（它们甚至不仅会造成爆发金融和货币危机的可能，而且还会造成危机的不可避免！）

但是马克思的假定——而且如果你能够理解他，你就必须在这一点上容忍他，即，价值使社会必要劳动时间成为问题的核心。如果我们假设价值是固定的（虽然技术和社会与自然关系的持续变化不断提醒我们实际情况与此截然相反），那么我们将会看到长期以来，价格将围绕“自然”价格，在需求和供给之间的均衡状态下波动。这种均衡价格仅仅是一种表现，是形成凝结在货币中的价值的社会必要劳动时间的代表。而且这一价值确实是市场价格围绕它波动的。市场价格持续地并且是必然地围绕价值波动；如果不是这样，就不能使市场均衡。由于性质上的不协调，某些价格（例如，在土地价值和地租中的投机）在城市化进程和生产空间中起到了（这一内容直到第三卷都没有得到阐述）重要的物质作用。但这不是这里能够考虑的问题。

第二部分：流通手段

仔细研究马克思的导读段落是有用的，因为这些段落通常标志的是我们需要记住的一般论点或主题。在这里他提醒我们，“商品的交换过程包含着矛盾的和互相排斥的关系”。（《文集》第五卷，第 124 页）他指的是什么？让我们回到关于价值的相对和等价形式的部分。在那里，马克思明确了货币商品的三种特性。第一，“使用价值成为它的对立面即价值的表现形式”；第二，“具体劳动就成为抽象人类劳动的表现”；第三，“私人劳动成为它的对立面的形式，成为直接社会形式的劳动”。（第 148、150、151 页）

黄金是一种被生产出来的特殊商品，个人是可以支配的，具有一种特殊的使用价值，而且所有这些特性在某种程度上被掩盖在货币商品的一般等价性中了。“商品的发展并没有扬弃这些矛盾，”马克思观察到，“而是创造这些矛盾能在其中运动的形式。”这里有一些线索，要特别注意这一段，“这些矛盾能在其中运动的形式”——正如马克思的辩证法的特点。他谈道，“这就是实际矛盾赖以得到解决的方法。例如，一个物体不断落向另一个物体而又不断离开这一物体，这是一个矛盾。椭圆便是这个矛盾借以实现和解决的运动形式之一”。（第 198 页）

在前面的讨论中，我将辩证法描写成一种扩大了的逻辑形式。有些人喜欢将辩证法严格地理解为论点、对比和综合。但是马克思在这里所阐述的是没有经过综合的论点。这里只存在矛盾的内化和更大程度上的适应。矛盾永远不能得到最终解决；它们只能在一个永恒运动的体系中（像椭圆），或者在更大范围内被复制。但也存在解决矛盾的时刻，就是当货币形式从交换中结晶出来时，可以解决所有商品有效流通的问题。所以我们能松口气说，感谢上帝，我们有货币，这是一个好综合，我们不需要考虑更多的东西。而马克思却说，不，不，我们现在必须分析货币形式内化的矛盾，这些矛盾会在一个更大范围内成为问题。正像过去一样，这些矛盾存在一种永久扩张的趋势。

由于这一原因，我对将马克思的辩证法当成一种封闭的分析方法的人们有些不耐烦。它不是确定的，相反，它不断地扩大，而且在此他正在准确地解释它是如何扩大的。我们只需要重新考虑我们曾经在阅读《资本论》中经历的情况。这种论点的变化是一个持续的重塑过程，包括对矛盾陈述的重新措辞和扩展。这也解释了为什么在《资本论》中会出现这么多重复的地方。马克思的思想每前进一步都需要追溯到前面所论述的矛盾，以便解释下一个矛盾将会在哪里出现。这种导言部分的重新考虑，有助于澄清马克思的意思：它让我们更好地理解马克思展开他的观点时，试图在每个部分所阐述的内容。

我们在关于货币章节的第二部分看到了这一过程的运行，在那里马克思检验了他所说的通过交换的“社会的物质变换”和“商品形态变化”。交换，正如我们已经看到的，“一个商品的每次形式变换都是通过两个商品即一个普通商品和货币商品的交换实现的”。当我们把这些置于动态状态，我们会看到，随着每次的换手，商品和货币都各自朝相反方向运动。当一种运动（货币的交换）被认为是为另一种运动（商品的运动）提供手段时，就存在一种反向的流动，这就形成了“对立的形式”（第198—199页）不断增长的可能性。这确定了对商品变化进行分析的步骤。

交换是一种交易，在其中价值发生了形式的变化。马克思将这一运动链条，商品变为货币，货币变为商品，标记为“C－M－C”的关系。（这与“C－C”或物物交换的商品——商品运动不同。）这一过程是同一个价值在两方面的变换，从C到M和从M到C。（第199—200页）

虽然表面上看这些是镜像，所以在原则上等价，但实际上它们是不对称的。在交换的C－M一方，销售环节，包含着由一种特殊商品的形式向一般等价物，即货币商品的变化。从特殊到一般是一种运动。为了售出你的特殊商品，你必须在市场上找到需要它的人。如果你把商品带到市场上但没有人要你的商品，那将会怎样？这引起了一系列的问题，如需求，以及需求的产生，例如，如何通过广告影响交换过程：

> 商品可能是一种新的劳动方式的产品，它声称要去满足一种新产生的需要，或者想靠它自己去唤起一种需要。一种特殊的劳动操作，昨天还是同一个商品生产者许多职能中的一种职能，今天就可能脱离这种联系，独立起来，从而把它的局部产品当作独立商品送到市场上去。这个分离过程的条件可能已经成熟，或者可能尚未成熟。某种产品今天满足一种社会需要，明天就可能全部地或部分地被一种类似的产品排挤掉。（第201页）

所以，从C到M的转化在很大程度上被供给和需求条件复杂化了，这种供需条件存在于特定时间的市场中：

> 我们看到，商品爱货币，但是“真爱情的道路绝不是平坦的”。把自己的“分散的肢体”表现为分工体系的社会生产的有机体，它的

> 量的构成，也像它的质的构成一样，是自发地偶然形成的。所以我们的商品占有者发现：分工使他们成为独立的私人生产者，同时又使社会生产过程以及他们在这个过程中的关系不受他们自己支配；人与人的互相独立为物与物的全面依赖的体系所补充。（第202页）

这就是，市场这只看不见的手——市场交换的混乱，所有这些长期存在的不确定性，在从商品到一般等价物直接转换的方式中设置了的障碍。

C－M－C是一个单一的过程，一个交换，可以从它的两“极”（第203页）的任何一端来看。在交换的M－C一面，购买，是从货币到商品的转换；它需要一种从一般到特殊的移动。然而，这不是简单的C－M的颠倒。从原则上讲，将货币变成商品更容易；你带着你的货币进入市场并购买你想要的任何东西时，有把握的是，潜在的购买者可能会遇到找不到他想购买的东西的挫折；但是，即使是在这种情况下，由于货币商品的一般等价性，他们也经常能够买到其他东西。

所以在交换的过程中，价值实际上从一种状态（商品状态）变化到另一种状态（货币的状态），并再次回到原来的状态。从整体看，这一过程是

> 我们首先就会看到，这个形态变化由两个互相对立、互为补充的运动C－M和M－C组成。商品的这两个对立的转化是通过商品占有者的两个对立的社会过程完成的，并反映在商品占有者充当的两种对立的经济角色上。作为卖的当事人，他是卖者，作为买的当事人，他是买者。但是，在商品的每一次转化中，商品的两种形式即商品形式和货币形式同时存在着，只不过是在对立的两极上，所以，对同一个商品占有者来说，当他是卖者时，有一个买者和他对立着，当他是买者时，有一个卖者和他对立着。（第206页）

马克思强调对比，说明存在一个潜在的对立，而不只是那种买者和卖者之间的对立，这是因为“这两种角色不是固定的，而是在商品流通中经常由人们交替扮演的”。矛盾存在于作为整体的商品中，例如，在商品的整体流动中，因为“商品本身具有对立的规定”，（第206—207页）从它的所有者的角度，它不曾作为使用价值存在，而对于购买行为而言，对购买者就是一种使用价值。

商品流通过程越来越多地以货币为媒介。我们要再次注意对于马克思的论述来说，交换关系的扩大是多么重要：

> 在这里，一方面，我们看到，商品交换怎样打破了直接的产品交换的个人的和地方的限制，发展了人类劳动的物质变换。另一方面，整整一系列不受当事人控制的天然的社会联系发展起来了。（第207页）

这样，在商品的流通过程中哪里是矛盾的？相反一个被购买的商品，对于它的消费者来说具有使用价值，可能“退出流通”，但货币并没有退出并消失。它仍在运动就像“流通不断地把货币像汗一样渗出来”。（第208页）在这种情况下，马克思对被称为萨伊定律的某些理论提出了明确和猛烈的反击，这一定律曾经在古典政治经济学中是一个强有力的观点，而且直到今天对于货币主义经济学家而言仍然是一种强大的信念。① 法国经济学家J·B·萨伊认为，在资本主义社会中不会出现生产过剩的总危机，因为每一次的卖出都是一次购买，而每一次的购买都是一次卖出。按照这一逻辑，在市场上总存在购买和销售之间的某种累计的均衡：可能存在鞋子相对于衬衣，或橘子相对于苹果的过度生产，而社会中总的生产过剩不可能出现，因为采购和销售之间在总体上是均衡的。

---

① See the sophisticated defense of the law in *Say's Law: An Historical Analysis* (Princeton, NJ: Princeton University Press, 1972) by the conservative economist Thomas Sowell.

马克思的反驳如下：

有一种最愚蠢不过的教条：商品流通必然造成买和卖的平衡，因为每一次卖同时就是买，反过来也是一样。如果这是指实际完成的卖的次数等于买的次数，那是毫无意义的同义反复。但这种教条是要证明，卖者会把自己的买者带到市场上来。作为两极对立的两个人即商品占有者和货币占有者的相互关系，卖和买是同一个行为。但作为同一个人的活动，卖和买是两极对立的两个行为。因此，卖和买的同一性包含着这样的意思：如果商品被投入流通的炼金炉，没有炼出货币，没有被商品占有者卖掉，也就是没有被货币占有者买去，商品就会变成无用的东西。这种同一性还包含这样的意思：如果这个过程成功，它就会形成商品的一个休止点，形成商品生命中的一个时期，而这个时期可长可短。既然商品的第一形态变化是卖又是买，这个局部过程同时就是一个独立的过程。买者有商品，卖者有货币，也就是有一种不管早一些或晚一些再进入市场都保持着能够流通的形式的商品。没有人买，也就没有人能卖。但谁也不会因为自己已经卖，就得马上买。流通所以能够打破产品交换的时间、空间和个人的限制，正是因为它把这里存在的换出自己的劳动产品和换进别人的劳动产品这二者之间的直接的同一性，分裂成卖和买这二者之间的对立。说互相对立的独立过程形成内部的统一，那也就是说，它们的内部统一是运动于外部的对立中。当内部不独立(因为互相补充)的过程的外部独立化达到一定程度时，统一就要强制地通过危机显示出来。商品内在的使用价值和价值的对立，私人劳动同时必须表现为直接社会劳动的对立，特殊的具体的劳动同时只是当作抽象的一般的劳动的对立，物的人格化和人格的物化的对立——这种内在的矛盾在商品形态变化的对立中取得发展了的运动形式。因此，这些形式包含着危机的可能性，但仅仅是可能性。(第 208—209 页)

对于经济危机可能性的充分论述，我抱歉地说，你必须要阅读第二卷和第三卷，同时还包括三卷本的《剩余价值理论》，因为，正如马克思所指出的，我们需要在我们能够详细地解释危机来自何处前了解得更多。虽然，这里为了我们的目的，值得注意“物的人格化和人格的物化”回应了来自第一卷中关于拜物教的观点。

在马克思反对萨伊定律的核心论述中包含了如下论点。我从 C 开始，走向 M，但是没有任何力量能促使我直接花钱购买另一个商品。如果我愿意，我能够简单地持有货币。如果我觉得在经济中存在一些不安全性，对未来担心并想储蓄的话，我可能这样做。（在困难时期你更想在手中持有什么：一种特定的商品或一般等价物？）但是如果每个人都突然决定持有货币，那么商品的总循环会怎样？商品的购买将会停止，而且循环将会终止，这就会导致一个总危机的爆发。如果世界上所有人突然决定三天不使用他们的信用卡，那么全球经济将处于严重的麻烦中。（回想一下在“9·11”事件爆发后我们所有人是如何被劝说使用信用卡，并重新进行购物的。）这就是为什么政府作出这么多努力来把我们钱包里的钱掏出来，并使这些货币不断处于流通状态。

在马克思的时代，大多数的经济学家，包括李嘉图，都接受了萨伊定律。并且部分地由于受李嘉图学派的影响，这一定律主导了 19 世纪直到 20 世纪 30 年代的经济思想。随之（典型的，直到今天）所有经济学家的观点是，“如果经济按照我的教科书所写的那样运行，就不会出现危机！”而大萧条的事实促成了一种占主导地位的、否认出现总危机的可能性是站不住脚的经济理论。

随后，在 1936 年，梅纳德·凯恩斯发表了他的《就业、利息和货币通论》，在这本书中他完全抛弃了萨伊定律。在他的《凯恩斯散文选》中，凯恩斯重新检验了萨伊定律的历史发展，而且他还反思了经济理论造成的可悲的后果。凯恩斯花费了大量精力研究了他所称的“流动性陷阱”，在其中一些市场上发生，使那些持有货币的人感到紧张，所以他们更愿意继续持有货币而不是用于投资或花掉它，从而造成了对商品需求的下降。突然间人们不能卖掉他们的商品。不确定性越来越多地困扰着市场，而且更多的人也都紧紧抓住他们手中的货币，这是他们安全的保证。其后，整体经济就呈螺旋状下降。凯恩斯的观点是，政府必须介入经济，并通过创造不同的财政刺激政策来扭转这一进程。随后私人储藏的货币将被引诱回市场中。

正如我们已经看到的，马克思在《资本论》中同样将萨伊定律作为一种愚蠢、无意义的东西加以抛弃，而且自20世纪30年代以来，已经出现了关于马克思和凯恩斯经济理论之间关系的对话。马克思明确地站在那些认为存在总危机爆发可能性的政治经济学家一边，在这段时间的文献中，这些经济学家被称为“一般供大于求”的理论家，持这种观点的人相对很少。法国人西斯蒙第就是其中之一；托马斯·马尔萨斯(由于人口理论而著名)是另外一个，正如我们将在后面看到的，他在某些方面是不幸的，因为马克思没有遵从马尔萨斯的观点。

另一方面，凯恩斯在《凯恩斯散文选》中突出地表扬了马尔萨斯，但很少提到马克思，这可能是由于政治原因。实际上，凯恩斯承认他从未读过马克思的著作。我怀疑他读过，但即使没读过，他也被像琼·罗宾逊这样的经济学家所包围，而他们肯定读过马克思的作品，而且肯定告诉了凯恩斯马克思是反对萨伊定律的。凯恩斯的理论主导了战后时期的经济思想；随后出现了20世纪70年代后期反凯恩斯主义的革命。主导当今的货币主义和新自由主义理论对萨伊定律的接纳更加贴近。所以，如何确定萨伊定律的恰当地位的问题是有趣的，值得进一步研究。虽然在这里，对我们的研究目标有影响的是马克思对萨伊定律的断然拒绝。

马克思下一步的讨论陷入了对货币流通的分析中。我不想在这一问题的细节上花费更多的时间，因为马克思基本上已经回顾了当时关于货币主义的文献。他在这里提出的问题是：为了一定量商品的循环，需要多少货币？他接受了被称为“货币数量理论”的版本，这与李嘉图的观点相似。在几页详细讨论后，他得出了一个预想的定律：循环媒介的数量“在每一段时期内执行流通手段职能的货币的总量，一方面取决于流通的商品世界的价格总额，另一方面取决于这个商品世界的互相对立的流通过程流动的快慢”。(第 219 页)(货币流通的速度只是对货币流通率的衡量，例如，一天内一美元货币转手多少次。)然而，他在前面已经注意到，“这三个因素，即价格的变动、流通的商品量、货币的流通速度，可能按不同的方向和不同的比例变动”。(第 218 页)这样，所需要的货币数量就会有很大差异，它取决于这三个变量如何变化。如果你能发现一些加速流通的方法，那么货币的速度就会加速，正像通过使用信用卡和电子银行所发生的情况那样，例如：货币流通的速度越快，我们需要的货币越少，相反也一样。坦率地说，货币流通速度的概念是重要的，而且目前美国联邦储备局为了获得准确控制它的方法也正在绞尽脑汁。

对货币数量理论的考虑，将他带回到我在这一章开始时提出的观点——在商品流通时，小数量的黄金是没有效率的。更有效的是使用金属代币、铸币、纸币，或像现在这样，计算机屏幕上的数字。但是，马克思说道，“正像确立价格标准一样，铸造硬币也是国家的事”。(第 221—222 页)所以国家在用符号形式的金属代币替换金属货币商品时，起了至关重要的作用。马克思提供了他形象的描述：

> 金银作为铸币穿着不同的国家制服，但它们在世界市场上又脱掉这些制服。这就表明，商品流通的国内领域或民族领域，同它们的普遍的世界市场领域是分开的。(第 222 页)

这种关于世界市场和世界货币的重要性的论述在这一章的末尾再次出现。

从地方上讲，货币的有效形式的问题变得至关重要。“辅币在支付最小金币的尾数时与金同时出现”，(第 224 页)这导致出现了“不可逆转的、有国家发行，强制流通的纸币”。一旦货币符号出现，许多其他的可能性和问题也就会出现了：

> 纸币是金的符号或货币符号。纸币同商品价值的关系只不过是：商品价值观念地表现在一个金量上，这个金量则由纸象征地可感觉地体现出来。（第 225 页）

马克思还注意到“正如本来意义的纸币是从货币作为流通手段的职能中产生出来一样，信用货币的自然根源是货币作为支付手段的职能”。（第 224 页）货币商品，黄金，被所有其他支付手段所替代，如铸币、纸币和信用。这种情况发生是因为一定重量的黄金不足以作为流通手段来使用。放弃黄金，而使用其他象征性形式的货币，成为“社会必需”。

对于这一带有逻辑性的论点，可以称为是一种历史的观点或者二者兼有？当然，不同货币形式的历史和国家权力的历史是复杂地纠结在一起的。但这种情况是否是必然的，而且这些关联是否存在一些不可避免的形式？直到 20 世纪 70 年代早期，大多数的纸币被认为是可以兑换为黄金的。这就是我们所设想的带给纸币稳定性的地方，或者，正如马克思所要表述的，它们与价值的关联性。然而，将货币兑换成黄金，从 20 世纪 20 年代开始，在许多国家对于私人而言是不可行的，而且在国家间经常性账户结算领域也受到了更多的限制。整个体系在 20 世纪 60 年代晚期和 70 年代早期崩溃了，而且目前我们还拥有一个不具清晰物质基础、纯粹象征性的系统，一种通用的货币商品。

那么，在当今，不同的纸币（例如，美元、欧元、比索、日元）和商品的价值之间的关系如何？虽然黄金仍然扮演着一个有趣的角色，然而它不再发挥代表价值的基础性作用了。货币和社会必要劳动时间的关系，甚至对黄金来讲都有问题，而且问题已经变得更加深入和令人难以捉摸了。但是，虽然它隐含、深入而且难以捉摸，并不是说这个问题不存在。国际货币市场上的混乱与不同国家经济体中的物质生产率的不同有关。马克思所提出的现有的货币形式和商品价值之间存有问题的关系，目前仍伴随着我们，而且他率先提出的分析提纲是非常开放的，虽然当代的表现形式与当时非常不同。

第三部分：货币

马克思已经对货币的价值尺度进行了研究，并揭示了其中的一些矛盾，特别是它作为价格的“理想的”功能方面和随后出现的在价格和价值之间关系的“不一致”方面。他已经从流通的角度研究了货币，并且揭示了另外一组矛盾(包括爆发普遍危机的可能性)。这是马克思的典型做法，他回到了我们这里并且说，好，最终只存在一种货币。这在某种程度上意味着，在货币作为价值尺度和作为流通的媒介之间存在矛盾，必须存在“移动的空间”，或者这一矛盾甚至可能已经解决了。

这样，他从重申这样一个基本观点开始，即货币“作为价值尺度并因而以自身或通过代表作为流通手段来执行职能的商品”。(第 227 页)所以我们回到了这一单一的概念，但是我们必须要研究在早期已经被明确的矛盾是如何在其内部运行的。价值与其表现形式之间的松散联系为人们的操作提供了空间，但是要做到这一点，就要以与一个实际和稳固的货币基础相联系为基础。从这一点看，马克思深入探究了将货币体系进化的形式特性化这一矛盾。他从考虑贮藏现象开始：

> 随着商品流通本身的最初发展，把第一形态变化的产物，商品的转化形态或它的金蛹保留在自己手中的必要性和欲望也发展起来了。出售商品不是为了购买商品，而是为了用货币形式来代替商品形式。这一形式变换从物质变换的单纯中介变成了目的本身。商品的转换形态受到阻碍，不能再作为商品的绝对可以让渡的形态或作为只是转瞬即逝的货币形式而起作用。于是货币硬化为贮藏货币，商品出售者成为货币贮藏者。(第 227—228 页)

（这一段预示着另一种流通过程，正如我们将要看到的，其中 C－M－C 被作为 M－C－M 来看待，同时货币的实现处于流通过程本身的一端。）

但是人们为什么这么做？马克思提供了一个包括两方面考虑的有意思的答案：一方面，存在一种对货币力量的热烈渴求，但是另一方面，也存在一种社会需要。为什么要储存对商品交换的社会需求？这里他提出了协调不同商品的销售和采购的时间性问题，即需要在不同的时间来生产它们并带到市场上。一位农民以手工为基础进行生产，但他也以日常为基础去购买；所以他需要从每一次收获中储存一部分以备下一季使用。除非存在一个信用系统，否则任何一个想要购买贵重物品（如一幢房子或一辆车）的人，都需要先储存货币。“在交易的各个点上，有不同数量的金银贮藏”。（第 229 页）

但是持有交换手段的能力（在与萨伊定律的对抗中）也唤醒了一种热情，一种“求金欲”。他谈到，“贮藏货币的欲望按其本性是没有止境的”。这证明了克里斯托弗·哥伦布的说法：“金真是一个奇妙的东西！谁有了它，谁就成为他想要的一切东西的主人。有了金，甚至可以使灵魂升入天堂。”（第 229—230 页）马克思在这里引用了哥伦布的话，回到了这样一种观点，即一旦你对某些事物标上了价格标签，你就可以对任何东西标价，甚至是一个人的灵魂，正如他对中世纪基督教会声名狼藉、出卖赦免的做法的影射那样（例如，许诺进入天堂的罗马教皇的赦免）：

> 流通成了巨大的社会蒸馏器，一切东西抛到里面去，再出来时都成为货币的结晶。连圣徒的遗骨也不能抗拒这种炼金术。（《文集》第五卷，第 229 页）

对赦免的出卖被认为是资本主义商品化的第一次重要高潮。这无疑为所有在梵蒂冈积累财富的人们奠定了基础。讨论良心和荣誉的商品化！

所以，没有什么事情不能和货币等同；在商品的流通中，它是“激进的平均主义者把一切差别都消灭了”。（第229页）这种关于货币是激进的平均主义者的观点非常重要。它标志着在一定程度上的货币的民主，一种在货币中存在的平等主义：在我口袋中的一美元与在你口袋中的一美元价值相当。拥有足够的货币，你就可以购买到通往天堂的道路，而不管你犯下了多大的罪恶！

但是“货币本身是商品，是可以成为任何人的私产的外界物。这样，社会权力就成为私人的私有权力”。（第229—230页）这在马克思的论述中是一个关键的步骤。注意这一步是如何回应关于相对价值和等价形式部分所揭示的货币形式的第三个“特殊性”的，也就是说，货币向私人劳动提供一种表现社会劳动的手段的倾向。通过这一步骤，马克思颠倒了货币和劳动的逻辑关系的初步形成顺序。这里的问题是，私人活动被包含在一般等价物的生产中。在此，他描述了私人能够将一般等价物用于他们私人目的的方法，而且，我们逐步看到了私人的、将来会变成阶级的权力在货币形式中集中的可能性。

但是情况不会一直这样下去。“古代社会咒骂货币是自己的经济秩序和道德秩序的瓦解者”。（第230页）这是一个马克思在《大纲》中用了大量篇幅研究的主题，在那里他写道，货币是如何通过形成自己的共同体，即货币的共同体，来摧毁古代的共同体的。①这就是我们正身处的世界。我们可能会想象我们属于这个或那个文化的共同体，但实际上，马克思论述道，我们基本的共同体是由货币的共同体提供的，即，将我们的早餐放到餐桌上的，不管我们喜欢与否、普遍的流通体系：

> 还在幼年时期就抓着普路托的头发把他从地心里拖出来的现代社会，则颂扬金的圣杯是自己最根本的生活原则的光辉体现。（第230页）

① Marx, *Grundrisse*, 224.

附着在货币上的社会权力是不受限制的。虽然贮藏的动机可能无穷，但对于贮藏者来说，他在任一给定时间所拥有的货币，还是存在适度限制的。“货币的这种量的有限性和质的无限性之间的矛盾，迫使货币贮藏者不断地从事息息法斯式的积累劳动”。(第231页)这是在《资本论》中第一次提到积累，而且我们注意到马克思通过揭示贮藏货币的行为中内在的矛盾而得出了这个概念。

货币积累的无限潜在性引发人们思考。使用价值的积累存在一个物理限制。但是这一巨大的数量仍然是一个确定的数额。你能拥有多少辆法拉利，或者多少幢豪宅？如果考虑货币的力量，那么广阔的天空都似乎是有限的。无论他们挣多少钱，所有的首席执行官和百万富翁都想而且能够得到更多。2005年，美国业绩优异的对冲基金经理的个人收入达到约两亿五千万美元，但是到了2008年，他们中的少数几个，包括乔治·索罗斯，收入了近三十亿美元。作为无限制的社会权力，货币的积累是资本主义生产方式的基本特征。当人们试图积累这种社会权力时，他们会以一个完全不同的方式开始。一旦一般等价物被作为所有社会必要劳动时间的代表时，进一步积累的潜在性就变得有限了。

这带来了大量的后果。资本主义生产方式基本是以无限的积累和无限的增长为基础的。另一种社会形式的形成会在某些历史的或地理的时点上达到极限，而当这种情况发生时，它们就崩溃了。但是从资本主义的发展历程看，虽然出现了一些明显的干扰阶段，但它仍带有稳定性并且似乎具有无限增长的特性。数学的增长曲线从总收入角度描述了资本主义的发展历史，它对总财富和总货币流通的思考也令人惊奇(伴随着它们所暗含的资本主义所带来的激进的社会、政治和环境后果)。如果资本主义的价值表现不会以看起来无限的方式积累到私人手中，那么这种资本主义增长的综合征就不可能出现。这些内容《资本论》都未明确涉及，但它帮助我们建立了一个重要的联系。马克思确立了他关于在货币力量积累的无限潜在性和使用价值积累的有限可能性之间存在矛盾的观点。这就是我们将要看到的，他对我们今天所说的“全球化的”资本主义的增长动力和扩张的本性的解释的前兆。然而在这一点上，他只是站在贮藏者的角度，对于他们来讲，以货币为形式的社会权力积累的无限性，是最大的激励（除了附着在美丽的白银和黄金物品上的具有美感的价值）。马克思注意到，贮藏与货币作为价值尺度和作为流通的媒介之间存在的矛盾关系中，具有一种潜在的有用的功能。贮藏的货币形成一种储备，当商品生产出现高峰时，它可以被投入流通，但当流通需要的货币数量缩减时（例如，由于速度的提高），它也可以被收回。在这种情况下，储备的形成对于减轻在流通中的货币的“低潮和流动”变得非常重要。（第231页）然而，贮藏发挥这一作用的范围，取决于它是否被恰当地使用。当需要的时候，贮藏的货币是如何被吸引回流通领域的？例如，提高黄金和白银的相对价格，能够诱使人们购买价格变得相对便宜的商品。这个观念就是“这个条件是靠货币的贮藏形式来实现的。货币贮藏的蓄水池，对于流通中的货币来说，既是排水渠，又是引水渠，因此，流通中的货币永远不会溢出它的流通的渠道”。（第232页）

马克思随后考虑了正在作为支付手段被使用的货币的含义。这里的问题又一次出现在分解不同商品生产的时间性上。农民生产粮食，在9月份可以投放到市场上。那么农民在一年的其他时间如何生存？他们会持续不断地需要货币，但他们在一年中只能一次得到所有的货币。如果不贮藏，那么唯一一个解决办法就是将货币作为一种支付手段。这在商品交换和货币交换之间形成了一个时间差；需要确定一个未来结算日期。（在英国，米迦勒日成为一个传统的结算日，它反映了那里的农业周期。）商品靠“标记”流通。货币成为一种账面货币，它是写在账本上的。由于在结算日前，没有货币会发生实际地运动，所以只需要较少的累积货币用于商品流通，而且这有助于缓解货币作为价值尺度和作为流通的媒介之间存在的紧张状况。（第232—233页）

结果是在债务人和债权人之间形成了一种新的社会关系，这种社会关系造成了一种不同的经济交易和一种不同的社会动力：

> 卖者成为债权人，买者成为债务人。由于商品的形态变化或商品的价值形式的发展在这里起了变化，货币也就取得了另一种职能。货币成了支付手段。（第 233 页）

但是，仔细注意："债权人或债务人的角色在这里是从简单商品流通中产生的"，但是这也有可能出现短暂的变化，偶尔"更牢固地结晶起来"，通过上述论述，他提出了一个更加确定的阶级关系。他将这种动力与古代世界的阶级斗争和中世纪的争斗"以负债封建主的破产，他们的政治权力随着它的经济基础一起丧失而告终"相比较。（第 233 页）所以，在债券人和债务人的关系中，存在一种权力关系，虽然其性质还需进一步确定。

那么，在一般商品流通中，信用的作用如何？假如我是一个债权人。你需要货币，我把钱借给你，同时认定我随后将钱要回。流通的形式是 M－C－M，这与 C－M－C 有很大不同。为什么我为了稍后取回同样数额的货币而流通货币呢？在这种流通方式中，对我没有任何好处，除非我最终得到的比我开始时拿出的货币更多（可能读者已经很清楚这一分析内容在书中什么地方处于主导地位了。）

随后是非常重要的一段话，而这段话的重要性太容易部分地因为马克思用了复杂的语言表述方法而被人们错过了。我几乎引用了这段话的全部内容：

> 现在我们回到商品流通领域来。等价物——商品和货币——不再同时出现在卖的过程的两极上。现在，第一，货币在决定所卖商品的价格上执行价值尺度的职能。由契约规定的所卖商品的价格，计量买者的债务，即买者到期必须支付的货币额。第二，货币执行观念的购买手段的职能。虽然货币只是存在于买者支付货币的承诺中，但它使商品的转手实现了。只是当支付日期到来时，支付手段才真正进入流通，就是说，从买者手里转到卖者手里。流通手段转化为

> 贮藏货币，是因为流通过程在第一阶段中断，或商品的转化形态退出了流通。支付手段进入流通，但这是在商品已经退出流通之后。货币不再是过程的中介。它作为交换价值的绝对存在，或作为一般商品，独立地结束这一过程。卖者把商品转化为货币，是为了通过货币来满足某种需要，货币贮藏者把商品转化为货币，是为了以货币形式保存商品，欠债的买者把商品转化为货币，则是为了能够支付。如果他不支付，他的财产就会被强制拍卖。**因此，现在由于流通过程本身的关系所产生的一种社会必要性，商品的价值形态即货币就成了卖的目的本身。**（第233—234页）

这段话可以被解释为，这意味着，需要一种流通形式，其中货币将会被交换以获得货币：M－C－M。这是有关不同的世界观点的转变。如果目标是通过商品生产和商品交换获得其他的使用价值，那么，虽然是以货币为媒介，我们正在做的仍然是C－M－C。相反，M－C－M是以货币而不是以商品为目标的流通形式。为了找到这种做法的根本原因，就需要我将会比开始投入更多。这是我们在《资本论》中第一次看到的，资本的流通以货币形式之间存在的矛盾为媒介，从商品的流通中结晶出来的地方。在作为商品的交换媒介的货币流通，与货币被用于资本之间，存在很大的不同。不是所有的货币都是资本。货币化的社会并不必然是资本主义社会。如果所有问题都以C－M－C流通过程为中心，那么，货币将只是作为一个媒介，而没有其他的作用。当货币被投入流通以获得更多货币时，资本就出现了。

现在我想暂时停下来，以研究马克思的理论到目前为止所具有的特点。此时，我们可以说，商品交换的扩大必然导致货币形式的出现，而且，在货币形式之间存在内部矛盾，反过来，也必然会导致资本主义流通形式的出现，在其中货币被用于得到更多的货币。这就是到目前为止可以粗略总结出的《资本论》中所阐述的观点。

我们首先需要决定的是，这是一个历史的还是一个逻辑的观点。如果是前者，就会在一般意义上存在一个历史的目的论，以及具有特殊意义的资本主义历史；资本主义的出现是人类历史上不可避免的阶段，它的出现源于商品交换的逐渐扩大。我们可以在马克思的著作中找到支持这一历史论观点的论述，而且他经常使用“必须”一词，以肯定支持他的这样一种解释。我自己对此并不信服，如果马克思确实相信这一点，那么我认为他是错误的。

这留给我们逻辑的合理性的问题，我发现这种说法更具说服力。它集中在对展开的论点所使用的方法上：作为体现在商品中，在使用价值和交换价值之间的辩证和关联性的对立；作为一种对价值的表现方式和保证商品交换的手段，在货币不同形式之间的对立的外部化；在货币形式同时作为流通媒介和价值尺度之间存在的矛盾的内化；通过将货币作为支付手段而出现在债务人和债权人之间的关系，对这一矛盾的解决。目前，我们站在一个立场，去理解作为一个特殊的循环过程的起点和终点的货币，它们可以被称为资本。马克思的论点的逻辑，揭示了内化的辩证关系，这种辩证关系描绘了一种充分发展的资本主义生产方式(被作为一个整体来理解)的特性，特别是在16世纪后的英国，这种生产方式出现了逐渐的演化(由于偶然的历史原因)。

当然，我们也许需要通过简单地将“必须”这样的语言，转化为“可能”或者甚至是“也许”或“好像”，以对历史的合理性做出某些妥协。我们还会认为，货币形式中存在的矛盾提供了一种资本主义流通方式产生的可能，这甚至可能指的是特定的历史环境，在这种环境中，从那些矛盾中释放出来的压力变得具有主导地位，以至于直接导致了对资本主义的突破。可以肯定地说，马克思更多地归于“社会必须”的那部分内容似乎就说明了这一点。我们同样可以指那些在“传统的”社会中已经得到发展、以阻止资本主义流通方式成为社会主导的严密的障碍，以及由于受商品贸易或黄金白银供给、阶段性的富足或缺乏所制约的那些社会所经历的不稳定。不同的社会秩序(例如，中国)，在不同的时期，已经以它们各自的方式克服了这些矛盾，而没有陷入受资本统治的状态。然而，当代中国是否已陷入资本主义阵营，或是否可以持续驾驭资本主义这只老虎，是一个非常重要的问题，而且是一个需要深入讨论的主题。然而，现在我必须总结对一系列问题的研究结果。

在《资本论》中，马克思继续谈到了一些更加特殊的问题。他提出，“货币作为支付手段的职能包含着一个直接的矛盾”：

> 在各种支付互相抵消时，货币就只是在观念上执行计算货币或价值尺度的职能。而在必须进行实际支付时，货币又不是充当流通手段，不是充当物质变换的仅仅转瞬即逝的中介形式，而是充当社会劳动的单个化身，充当交换价值的独立存在，充当绝对商品。（第235页）

那就是说，当货币进入流通领域去解决这种不均衡性时，一些拥有一般等价物的人有目的地将它投入市场，为了某些原因，而且我们必须知道这些原因可能是什么。如果不是出于好心，那些持有货币的人是不会这样做的，这是对其他人需求或是对市场需要更多货币供给的回应。但是，一般等价物的“独立性”，和它与日常商品流通的分离，会产生深远的后果。

自此，马克思的论述出现了一个令人惊奇的转变：

> 这种矛盾在生产危机和商业危机中称为货币危机的那一时刻暴露得特别明显。这种货币危机只有在一个接一个的支付的锁链和抵消支付的人为制度获得充分发展的地方，才会发生。当这一机制整个被打乱的时候，不问其原因如何，货币就会突然直接地从计算货币的纯粹观念形态转变成坚硬的货币。这时，它是不能由平凡的商品来代替的。（第236页）

换句话说，你不能用更多的欠条来结账；你必须去找到流通的现金，即

一般等价物，来支付它们。这就造成了一般性的社会问题：流通的现金将从哪里来？马克思继续谈道，

> 商品的使用价值变得毫无价值，而商品的价值在它自己的价值形式面前消失了。昨天，资产者还被繁荣所陶醉，怀着启蒙的骄傲，宣称货币是空虚的幻想。只有商品才是货币。今天，他们在世界市场上到处叫嚷：只有货币才是商品！他们的灵魂渴求货币这惟一的财富，就像鹿渴求清水一样。在危机时期，商品和它的价值形态(货币)之间的对立发展成绝对矛盾。因此，货币的表现形式在这里也是无关紧要的。不管是用金支付，还是用银行券这样的信用货币支付，货币荒都是一样的。(第236—237页)

让我们回到2005年，那时存在一种共识，即在世界市场上游荡着大量的流动性剩余。银行家持有剩余的基金，几乎向所有人出借，甚至包括那些没有信誉的人，正如我们在之后所发现的那样，借给了那些不值得信任的人，等等。没有收入的人能够去购买一所房子？当然他们会这么做，为什么不呢？这件事情与钱没有关系，因为像房子这样的商品是一种安全的赌博。但是，后来房子的价格不再上升了，而且当债务到期时，有越来越多的人无力偿债。在那个时候，流动性突然枯竭。钱在哪里？美联储突然间不得不向银行系统注入大量的基金，因为现在“货币是唯一的商品”。

正如马克思在其他地方曾经有趣地指出的那样，在繁荣的经济体中，每个人的行为都像一个新教徒，他们都凭借纯粹的宗教信仰做事。虽然，当衰退期到来时，每个人又都潜入以真实的黄金为基础货币的“天主教教义”保护中。但是，正是在这些时候，实际价值和可靠的货币形式的问题被提了出来。纽约正在实行的对所有这些债务控制的计划和实际生产之间的关系如何？他们是否正在处理纯粹虚拟的价值？现在仍然存在马克思为我们提出的，那些在繁荣时期被人们遗忘，而在危机

时刻却有规律地返回来干扰我们的问题。一旦货币体系变得越来越依附于价值体系，而不是黄金标准，那么对于社会与自然的关系来说，各种激烈的伴随着潜在破坏性后果的可能性就会出现。

在一定的历史时刻，流动媒介的突然短缺，同样也会引起危机。从市场上收回短期信用，可能引起商品生产的萎缩。一个典型的例子发生在1997年和1998年的东亚和东南亚。一个业绩非常令人满意的生产商品的公司却债务累累，要是不出现一个突然的对短期流动性的收回，他们就能够轻易地以他们自己的方式从沉重的债务中摆脱出来。但是银行家收回了流动性，造成了经济衰退，能够存活的公司也倒闭了，它们由于缺乏获得支付手段的渠道而不得不出售公司。西方资本和银行随后进入并以几乎免费的成本全部收购了这些公司。流动性随后得到恢复，经济状况重获新生，而短期内倒闭的公司又获得了重生。它们现在属于银行和华尔街(没有其他差别)，这些人可以将它们再次出卖并获得巨额利润。在19世纪，曾经爆发了几次这种流动性危机，马克思对此都给予了密切关注。在1848年，他发现了某次流动性危机中隐含的一个深层因素。从那个年代走出来的人都变得非常富有并拥有权力，猜猜是哪些人？是那些控制黄金的人，例如，罗斯柴尔德家族。他们轻易地颠覆了政府的统治，因为在那样一个特殊的时刻他们控制了黄金。在《资本论》中，马克思说明了在资本主义条件下，为什么这种爆发危机的可能性在货币体系的运动中以矛盾的方式无所不在。(第236页)

这后来导致了马克思坚持认为，越是需要较少的货币，相互间就会存在更多的支付平衡，而且会有更多的货币将会变得仅仅是一种支付手段，从而对货币数量理论进行修改。“商品在流通，而它的货币等价物只有在将来才出现”。在这种情况下，“信用货币是直接从货币作为支付手段的职能中产生的。由出售商品得到的债券本身又因债权的转移而流通”。目前这种做法在华尔街被制度化为债务抵押债券(CDOs)。(第237—238页)

> 另一方面，随着信用事业的扩大，货币作为支付手段的职能也在扩大。作为支付手段的货币取得了它特有的各种存在形式，并以这些形式占据了大规模交易的领域，而金银铸币则主要被挤到小额贸易的领域中去。在商品生产达到一定水平和规模时，货币作为支付手段的职能就越出商品流通领域。货币变成契约上的一般商品。地租、赋税等等由实物交纳转化为货币支付。（第 238 页）

根据这一理论，马克思预见了将来所有事物都将被货币化，以及信用和金融将以一种彻底改变经济和社会关系的方式不断扩散开来。

其底线是，“由于充当支付手段的货币的发展，就必须积累货币，以便到期偿还债务”。（第 240 页）这又一次说明积累和贮藏是相伴的，但它们具有不同的功能：

> 由于充当支付手段的货币的发展，就必须积累货币，以便到期偿还债务。随着资产阶级社会的发展，作为独立的致富形式的货币贮藏消失了，而作为支付手段准备金的形式的货币贮藏却增长了。（第 240 页）

这导致马克思修改了他早期提出的货币数量理论：流通中需要的货币数量总额是商品的总和，乘以它们的价格，而且受支付手段的流通速度和支付手段发展的影响。现在对此还必须加入一个储备基金（一种贮藏），这可以保证流动期间更具灵活性。（第 240 页）（当然，在当代条件下，这种储备基金不是由私人持有，而是存在于一个公共机构的特权中，在美国这就被相应地设计为联邦储备局。）

这一章的最后一部分讨论了世界货币问题。正如我们看到的，为了保证经济体系的有效运转，任何货币体系都需要作为一个铸币和货币符号的调节者，并且作为货币质量和数量的监督者，深层次地参与国家的部分功能（而且在我们的时代，还要作为储备基金经理）。独立的国家会以一种特殊的方式，典型地管理自己的货币体系，而且在这样做的过程中，可以进行大量的周密考量。然而除此之外，还存在一个世界市场，国家的货币政策不会免除国家对跨越世界市场的商品交换的流动所起的规制性的影响。所以，当国家处于其地理边界内，在本国的货币体系稳定中起到重要作用时，它也与世界市场相连，并服从于世界市场的发展动力。马克思在这里所指的是贵金属扮演的角色；正如以前一样，黄金或白银是世界金融体系的通用语。这一金属性的基础无论对于国内关系还是对于外部(国际)关系都非常重要。(第241—243页)

所以，源自它的这种金属性的基础和货币形式(特别是铸币)的安全对全球资本主义变得非常重要。有趣的是要注意到，在同一时代，约翰·洛克认为宗教应具有宽容度，并谴责将异教徒烧死在火刑柱上的做法，与此同时，他亲密的同事艾萨克·牛顿却被召去作为皇家铸币厂的专家来维护货币的质量。他不得不面对货币贬值的问题，这种贬值是通过削薄银币上的一些白银，以制造更多的硬币达到的(如果你认真考虑，这确实是一种制作货币的简易方法)。被定罪的制作者在泰伯恩刑场被公开吊死——对上帝的冒犯可以被原谅，而对资本和财富的冒犯却招致了最重的惩罚!

所以这带给我们这样一个问题，在一个即使没有货币商品、没有金银基础其金融体系也能运行的世界中，正像自1971年以来所发生的那样，马克思的观点又是如何与此相关的。你将会注意到，黄金仍然是重要的，而且可能会怀有疑虑，即在这种混乱的国际货币市场的困难时期，你是否愿意持有黄金、美元、欧元或日元。所以黄金没有完全从现实中消失，有些人提出回归黄金标准，以对付经常困扰国际金融交易的不稳定性和混乱的投机行为。如果我们回想黄金的角色，可以发现它曾被马克思简单地描述为一种社会必要劳动时间的价值的代表。1973年以后出现的所有现象是黄金代表形式的变化。但是马克思本人也注意到了铸币、纸币、信用和其他代表形式的多种变化，所以在某种程度上可以说，在当前的情况下，没有什么可以挑战他已提出的分析方式。实际上，已经发生的情况是，在面对其他所有货币时，一种特殊的货币的价值决定于一个国家内部生产的所有商品的总价值。简单地说，经济整体中的总生产率，在它的所有部分中是重要的变量；所以，应该将重点放在公共政策中有关生产率和效率的方面上。

现在，如果坚持马克思的逻辑，我们应该马上能观察到从这一逻辑中产生的矛盾。一开始，存在一种对国家经济的虚构，它与国家货币的“国家统一”相吻合。这种经济是一种“理想”，一种通过收集大量的关于生产、消费、交换、福利和其他项目的统计资料，而变成了现实的虚构。这些统计数据对于评价民族国家至关重要，而且在影响货币间汇率中起到了重要作用。当统计数据显示消费者信心和就业状况良好时，货币就会升值。实际上，当现实不存在这种情况时，这些数据就形成了国家经济的虚构：用马克思的话，这是一种拜物的建构。但是，投机者可能会随后进入，并对这些数据提出挑战（很多数据是在十分不稳定的基础上组织起来的），并且提出一些比其他指标更重要的指标，如果他们的说法占据优势，那么他们就能够对货币的运动进行巨额赌博。例如，乔治·索罗斯，在与欧洲汇率机制相关的英镑的赌博中，仅在几天内就赚了十亿美元，他就是通过说服市场相信他对国家经济持有更加乐观的态度做到的。

马克思在他的分析模式中所建构的说服方式，是为理解存在于价值（凝结在商品中的社会必要劳动时间）和货币体系代表的那种价值的方式之间令人担忧和有问题的联系。他剖析了这些表现以及它们所造成的矛盾的神秘和想象，并且说明了，如果不存在这些理想因素，资本主义生产方式就不能运行的原因。正如他之前所指出的那样，我们无法铲除拜物教，而且人们都在责备，我们生活在一个人与社会的关系和物与物之间的物质关系混乱和颠倒的世界中。前进的道路就是要对内在矛盾作出分析，了解它们运动的方向并为发展（就像信用体系那样）开启新的可能的方式，以及发生危机的潜在可能性。马克思的研究方法，在我看来，甚至对于我们用它来理解我们目前的危险处境都是有示范作用的。

最后一点。关于货币这一章，内容丰富而复杂，第一次阅读后很难充分吸收。由于这一原因，正如我在开头所提到的，许多人放弃了《资本论》第三章。我希望你已经发现了足够继续和它相伴的吸引力。但你也将会很高兴地了解到，为了继续读下去，你不需要理解这一章中的所有内容。这里所要表达的更多的意思是，它与下一卷的关系比与第一卷其他部分的关系更紧密。以这一章中观点的一些基本的但是精华的知识作为武装，你可能在没有太多困难的情况下，掌握其他的材料。从这里开始，马克思论述将会变得更加简单。

《资本论》,第二部分

三

从资本到劳动力

我们现在开始阅读关于资本与劳动力的三章内容。我想你将会发现，这些章节中的内容，比我们已经阅读过的其他部分更加直接和清晰。在许多情况下，人们可能会疑惑，为什么有时相当简单的问题，却向我们解释得如此详尽，而有些时候，特别是在前面的章节中，如此艰深的思想却几乎没有进行任何解释就呈现出来。在某种程度上，这是马克思在写作期间某个阶段的产物。任何在那个时代对政治经济学感兴趣的人，一定熟悉劳动价值论（尽管是以李嘉图的方式），然而，我们不仅熟悉它，而且还生活在更多的经济学家，甚至一些马克思主义者认为它是不可冒犯的时代。如果马克思现在撰写《资本论》，他会对此做出态度强硬的维护，而不是只进行简单的陈述。相反，这些下述章节中所涵盖的材料，更加激进地偏离了马克思时代的常规的思想，但对于当今我们而言却更加熟悉。

然而，我们现在对这三章中的论点采取一个宏观层面上的转变，这在开始时就提出来是有用的。《资本论》是从以商品的物物交换为基础的交换方式开始的，在这里它被（不现实地）想象为，同等的社会必要劳动时间被相互交换。随后，马克思从 C－C 的关系，转移到去检验交换是如何通过货币形式的增加被媒介化和普遍化的。对 C－M－C 交换体系的认真分析，把我们带回到货币一章的最结尾，以明确 M－C－M 形式的流通，在那里货币成为交换的目标和客体。在 C－M－C 流通中，等价交换具有意义，因为它的目的是活的使用价值。我需要衬衣和鞋子，但是我不需要或者不想要我已经生产出来的苹果和梨。但是在 M－C－M 的情况下，等价交换就显得很荒唐。为什么经历了这一过程中的所有麻烦和风险后，最终的结果却是同样数额的货币价值呢？只有结果会带来价值的增值，即M－C－M＋ΔM时，M－C－M才有意义，ΔM被确定为剩余价值。

这提出了一个问题：如果按照古典政治经济学事先提出的交换规律，M－C，然后是C－M，赋予的是等价交换，那么，这一剩余价值源自何处？如果人们观察到的交换规律只是一种理论论述，那么，人们必然会发现某种商品，它具有生产出比其自身拥有的价值更多价值的能力。在第六章，马克思提出，这种商品就是劳动力。这是在这三章中讲述的广泛转化的过程。论述的焦点开始从商品的交换转变到资本循环。

然而，在这些章节中存在下面一个重要特点值得进行基础性的认真研究。我已经对下述问题提出过多次质疑，即，马克思是在进行一种逻辑的论述（以对古典自由政治经济学的乌托邦主张的批判为基础），还是对现实存在的资本主义的演化做一个历史性的论述。总的来说，虽然在为资本主义生产方式的增长提供条件所必需的环境的考虑中（例如，国家的作用与不同货币形式之间的关系），可能会获得重要的历史洞察，但我更倾向于采取那种历史性的逻辑阅读的方式。这种研究方法与他在其他地方所使用的论述方法应该是一致的，即只有从我们所处的时代回顾过去，才能恰当地理解历史。下面是他在《大纲》中提出的重要观点：

> 资产阶级社会是最发达的和最多样性的历史的生产组织。因此，那些表现它的各种关系的范畴以及对于它的结构的理解，同时也能使我们透视一切已经覆灭的社会形式的结构和生产关系。资产阶级社会借这些社会形式的残片和因素建立起来，其中一部分是还未克服的遗物，继续在这里存留着，一部分原来只是征兆的东西，发展到具有充分意义，等等。人体解剖对于猴体解剖是一把钥匙。①

---

① Marx, *Grundrisse*, 105.

但是“低等动物身上表露的高等动物的征兆，只有在高等动物本身已被认识之后才能理解”，这不应该误导我们对“把一切社会形式都看成资产阶级社会形式”的典型研究，或者是认为“资产阶级经济的范畴适用于一切其他社会形式”。①马克思不接受辉格党对历史的解释或认为这只是目的论。资产阶级革命从根本上是将预先存在的因素重新整合到从根本上是全新的形式中，同时保证我们以一种新的视角看待那些预先存在的因素。

第四章　资本的总公式

在这三章中，解读历史对理论化似乎起了一个重要的且独立的作用。例如，他从第四章开始，进行了一个历史的叙述：“世界贸易和世界市场在16世纪揭开了资本的现代生活史。”同时在叙述中，即“商品流通的这个最后产物是资本的最初的表现形式”，（第247页）他也提出了一个逻辑起点。这样，逻辑的和历史的观点马上被并列起来。所以，我们需要对出现在这些章节中的这些论点是如何结合在一起的，给予细心的关注，以理解马克思在《大纲》中使用的研究方法和设计思路是如何在《资本论》中得以体现的。

马克思在研究封建主义社会到资本主义社会的转型过程中，是从资本如何历史地面对土地产权问题开始的。在这一转型中，商人资本和高利贷资本——资本的特殊形式，扮演了重要的历史角色。但是这些资本形式，与马克思所认为的在充分发展的资本主义生产方式中处于中心地位的“现代”产业资本形式不同。（第247页）封建秩序、土地所有权和封建土地控制权的解体，在很大程度上是通过商人资本和高利贷资本的力量完成的。你也可以在《共产党宣言》中找到对这一主题非常明确的论述。有意思的是，在《资本论》中，这是假设了一个逻辑地位的历

① Marx, *Grundrisse*, 105.

史，因为我们从高利贷资本中特别能够看到的是，货币（和货币持有者）所具有的独立的社会权力，即马克思在货币章节所描述的，在资本主义生产方式中是社会必需的那种权力。正是通过对这种独立权力的行使，高利贷和高利贷者可以胁迫封建主义服从于它的膝下。

这将马克思带回到理解货币（与商品不同）在流通过程中的作用这一起点上。货币可以用来流通商品，可以被用来衡量价值，贮藏财富，等等。然而，资本是以一定的方式使用货币的。M－C－M 的过程不仅是 C－M－C过程的倒转，而且正如马克思在前面章节所观察到的，“货币又不是充当流通手段，不是充当物质变换的仅仅转瞬即逝的中介形式，而是充当社会劳动的单个化身，充当交换价值的独立存在，充当绝对商品”。（第 235 页）价值的代表（即货币），换句话说，成了流通的目的和客体。然而，这种流通方式，“比如说，100 镑和 100 镑交换，那么这个流通过程就是荒唐的、毫无内容的了”。（第 248 页）等价交换对于使用价值来讲是非常完美的，因为是质在起作用。但是在 M－C－M 流通中存在唯一的逻辑性的原因，正如我们在第三章看到的，是由于在终点会比在起点时持有更多的价值。马克思通过勤奋的努力获得了这一相当明显的结论：

> M－C－M 过程之所以有内容，不是因为两极有质的区别（二者都是货币），而只是因为它们有量的不同。最后从流通中取出的货币，多于起初投入的货币。例如，用 100 镑买的棉花卖 100 镑 +10 镑，即 110 镑。因此，这个过程的完整形式是 M－C－M′。其中的 M′=M＋ΔM，即等于原预付货币额加上一个增殖额。我把这个增殖额或超过原价值的余额叫作剩余价值。（第 251 页）

由此，我们首次遇到了剩余价值（surplus value）的概念。当然，它是马克思所有分析的基础性概念。

这里出现了一种情况，“原预付价值不仅在流通中保存下来，而且在流通中改变了自己的价值量，加上了一个剩余价值，或者说增殖了。正是这种运动使价值转化为资本”。(第252页)在这里，最终还是“资本”的概念。对于马克思来说，资本不是一个物，而是一个过程，特别是一个价值流通的过程。在这一过程中，价值在不同点上凝结在不同的事物中：如在第一个例子中，一开始是货币，而在随后返回到货币形式前，是商品。

现在，这种对资本的过程性的定义是非常重要的。这标志着它与你即将发现的在古典政治经济学中的定义是完全脱离的。在古典政治经济学中，资本被传统地理解为一种资产的储存(机器，货币，等等)，也像在常规的经济学中占主导地位的定义一样，被当作一种“生产要素”。常规经济学在实践中很难衡量(评价)生产要素，即资本。所以他们只把它标为K，并把它纳入他们所设立的等式中。但是实际上，如果你问道，“K是什么，你如何衡量它？”那么答案远不是这么简单。经济学家们提出了所有的测量方法，但他们不能对资本实际“是”什么达成一致。它直接地以货币的形式存在，但是，它也作为机器、工厂和生产手段而存在；而且你如何将一个独立的货币价值放到生产手段上，放到它们帮助生产的独立的商品价值上？就像我们已经提及的出现在20世纪70年代早期所谓的关于资本的论战那样，整个当代经济理论危险地建立在一个近乎同义反复的基础上：物理资产形式中的K的货币价值，由人们所假设的解释来决定，即，被生产出来的商品的价值决定。①(第208—209页)

马克思又再一次将资本作为一个过程来研究。我通过从口袋中掏出钱，并把它投放到流通中以获得更多的货币，来获得资本。或者，我可以简单地通过选择将货币放回到口袋里，将资本从流通中取回。随后出现的结果是，不是所有的货币都是资本。资本是以一定的方式使用的货币。对资本的定义不能与人们将货币的力量投放到这种流通中的选择分

① 马克思引用了萨伊关于流通理论中相同的对资本同义反复的定义。

开。但是这引起了一系列的问题。首先出现的问题是，可以获得多少增量的资本。让我们回想在货币章节中的第一个发现，即货币权力的积累具有潜在的无限性，马克思在这里重复了这一观点。（第 235 页，第 256—257 页）然而，它的全部重要性将只能在后面的部分阐述。（特别是在第 23，第 24 章）

马克思谈道，资本家“作为这一运动的有意识的承担者，货币占有者变成了资本家。他这个人，或不如说他的钱袋，是货币的出发点和复归点”。随后的内容是“绝不能把使用价值看作资本家的直接目的”，那就是说，资本家生产使用价值只是为了获得交换价值。资本家实际上不关心被生产出来的是哪种价值或是什么使用价值；它可以是所有的使用价值，只要它能允许资本家获得剩余价值。资本家的目的，其实并不奇怪，就是“谋取利润的无休止的运动”。（第 254 页）这听起来像巴尔扎克的作品《欧也妮·葛朗台》的情节！

> 这种绝对的致富欲，这种价值追逐狂，是资本家和货币贮藏者所共有的，不过货币贮藏者是发狂的资本家，资本家是理智的货币贮藏者。货币贮藏者通过竭力把货币从流通中拯救出来所谋求的无休止的价值增殖，为更加精明的资本家通过不断地把货币重新投入流通而实现了。（第 254 页）

所以，资本是运动中的价值。但是这种运动中的价值是以不同的形式表现的。“各种特殊表现形式固定下来”——请再次注意这句话——“如果把自行增殖的价值在其生活的循环中交替采取的各种特殊表现形式固定下来，就得出这样的说明：资本是货币，资本是商品”。（第 255 页）现在马克思明确了资本的过程的定义：

> 但是实际上，价值在这里已经成为一个过程的主体，在这个过程中，它不断地变换货币形式和商品形式，改变着自己的量，作为剩

> 余价值同作为原价值的自身分出来，自行增殖着。既然它生出剩余价值的运动是它自身的运动，它的增殖也就是自行增殖。它所以获得创造价值的奇能，是因为它是价值。它会产仔，或者说，它至少会生金蛋。（第 255 页）

当然，马克思在这里的论述富有深厚的讽刺意味。我在此提到这一内容，是因为我曾经读到一篇论文，这篇文章将自我扩张的神秘特质严肃地归于资本。在这篇结构紧凑的文章中，内容通常是相当简单的，以不至于失掉其幽默性。在这个例子中，资本的“神秘的”品质和它能下“金蛋”的、看似神奇的能力，只存在于“表面的王国”中。但是，不难看到，这种拜物的建构会如何被真实的——依赖于这一非常虚构的体系的资本主义体系所取代，正如我们在第一章看到的。你把货币放入储存账户，而在年末金额增长了。你是否曾经问过自己这部分的增长从何而来？人们的倾向是假设将这一扩大简单地归属于货币的天然属性。当然，我们也经历过储蓄利率为负的时候，例如，当通货膨胀率很高，而利率很低时，对于储蓄者来说回报是负的（就像 2008 年现在这种情况）。但是这种情况确实出现了，就像你放在银行里的钱自然会随着利率的增长而增长那样。马克思想知道在拜物的背后隐藏着什么。这正是需要解决的谜团。

他谈道，在流通过程中存在这样一个时刻，而且我们经常会回到这一时刻，所以这是比其他时刻更为重要的时刻，也就是货币的时刻：M－M。为什么？因为货币是价值的普遍代表和最终价值尺度。所以，只有在货币的时刻，在资本家的普适性的时刻，我们才能够分清我们在与价值和剩余价值之间的关系中处于什么位置。如果只是研究商品的特殊性，那么分清它是困难的。“因此，货币是每个价值增殖过程的起点和终点”。（第 255 页）在马克思的例子中，结论应该是从资本家开始时的 100 英镑变成 110 英镑。

资本家知道，一切商品，不管它们多么难看，多么难闻，在信仰上和事实上都是货币，是行过内部割礼的犹太人，并且是把货币变成更多的货币的奇妙手段。（第256页）

为了说明马克思提出的关于反犹太主义的重要争论，这些类型的短句阶段性地突然出现在马克思的著作中。当时的环境中弥漫着反犹太主义的气氛。（例如，在狄更斯的《雾都孤儿》中对教唆犯的描写。）所以，你或者可以得出结论，即马克思来自一个犹太家庭，处于维持工作岗位的考虑，他有所转变，从而下意识地走向他过去立场的对立面，或只是草率地回应了他所处时代所持有的偏见。或者，至少在这个例子中，你可以得出结论，他的倾向是，那些所有特别地附加给犹太人的耻辱都确实应该放到作为资本家的资本家身上。我会让你自己对此作出结论。

回到文本中，我们发现马克思仍然在剥开拜物的表象：

它不是表示商品关系，而可以说是同它自身发生私自关系。它作为原价值同作为剩余价值的自身区别开来，作为圣父同作为圣子的自身区别开来，而二者年龄相同，实际上只是一个人。这是因为预付的100镑只是由于有了10镑剩余价值才成为资本，而它一旦成为资本，一旦生了儿子，并由于有了儿子而生了父亲，二者的区别又马上消失，合为一体——110镑。因此，价值成了处于过程中的价值，成了处于过程中的货币，从而也就成了资本。（第256页）

下一步，我们将资本基本定义为：处于过程中的价值，处于过程中的货币。这与资本作为一种固定资产的库存或作为一种生产要素有什么区别？（所以，这就是马克思，而不是经济学家，不是那些因为提出处于静态的“结构性的”公式而受到批判的经济学家！）资本“离开流通，又进入流通，在流通中保存自己，扩大自己，扩大以后又从流通中返回来，并且不断重新开始同样的循环”。（《文集》第五卷，第181页）流动的重大意义是显而易见的。资本是过程，而且就是如此。

马克思很快回到了商业资本和高利贷资本(他的历史的起点，而不是逻辑的起点)。对于他所真正关注的产业资本，他必须认识到，还存在其他的流通方式——商人资本(低价买入为了高价卖出)和承载利息的资本，通过这些资本，一种似乎是价值本身的自我扩张也可以完成。所以我们看到了不同的可能性：产业资本，商业资本，和承载利息的资本，所有这些资本都具有 M－C－M＋ΔM的流通形式。他总结道，这种流通形式是“直接在流通领域内表现出来的资本的总公式”。(第 257 页)正是这种流通方式，需要被放到显微镜下进行认真研究，以揭开它的“神秘”特质。所以：资本是不是可以自己下金蛋呢?

第五章　总公式中的矛盾

马克思通过检验 M－C－M＋ΔM流通形式中的矛盾，来着手寻找答案。基本的问题十分简单：增殖的部分，即剩余价值来自何处？在它们的纯粹形式中，交换的规则和规律(正像在乌托邦自由主义中所假定的)，在从 M 到 C 和从 C 到 M 的转化中必须存在一种等价交换原则。所以，剩余价值不能从单纯的交换形式中产生。“在平等的地方，没有利益可言”。当然，在实践中，“诚然，商品可以按照和自己的价值相偏离的价格出售，但这种偏离是一种违反商品交换规律的现象”。这些规律是在古典政治经济模型所假设的、充分发挥作用的市场条件下存在的。“商品交换就其纯粹形态来说是等价物的交换，因此，不是增大价值的手段”。(第 260—261 页)

面对这一谜团，资本家和他们的经济学家们，像孔迪亚克，试图将增加的部分归入使用价值领域。但是马克思否认了这点：不能突兀地寻求通过使用价值来解决从等价交换中产生的问题。

假如互相交换的是交换价值相等的商品，或交换价值相等的商品和

> 货币，就是说，是等价物，那么很明显，任何人从流通中取出的价值，都不会大于他投入流通的价值。在这种情形下，就不会有剩余价值形成。商品的流通过程就其纯粹的形式来说，要求等价物的交换。（第 262 页）

但是，马克思很清楚地知道“在实际上，事情并不是纯粹地进行的”。这增加了多种可能性。一种是，卖方“享有某种无法说明的特权，可以高于商品价值出卖商品”。但当你开始考虑在普遍化的市场上买者与卖者之间的关系时，这就不能实现，而更可能实现的是，购买者拥有在商品价值以下的价格购买商品的特权。“剩余价值的形成，从而货币的转化为资本，既不能用卖者高于商品价值出卖商品来说明，也不能用买者低于商品价值购买商品来说明”。（第 262—263 页）

随后，他简短地考虑了我们现在所称的有效需求的问题，在那个时代，这一观点主要是由马尔萨斯表述的（虽然这很奇怪，即马克思没有参考马尔萨斯在《政治经济学原理》中关于这一问题的关键部分）。（第 264—265 页）马尔萨斯认为，在市场中，针对资本家生产的、为了获得剩余价值的剩余商品，存在一种明确的总需求不足的趋势。谁具有购买这些商品的能力？资本家正在进行再投资，所以他们没有消费掉他们所具有的消费能力。工人不能消费所有产品的总和，因为他们正处于被剥削的状态。所以，马尔萨斯总结到，土地所有者阶级扮演了重要角色，或者正如马克思将他们称之为，所有类型的资产阶级寄生虫，他们在消费中尽可能多地做了有益的事情，以保持经济的稳定。这样马尔萨斯证明了一种非生产的消费阶级会永久存在（在面对李嘉图的批判中，马尔萨斯也将他们称之为非生产的寄生虫）。

马尔萨斯还通过提出这一消费者阶级也可能存在于国家之外，从而在某种程度上修正了他的观点，即对外贸易，甚至外国的供奉（例如，向帝国主义国家支付白银），也有助于解决这一问题。这在后来成为罗莎·卢森堡研究的重要问题之一，即在资本主义体系中必须存在的有效需求

（她感觉马克思在《资本论》中没有给予充分的论述），最终只有靠与外部建立某种联系来保证——简而言之，通过施加帝国主义者强加给她的对供奉的索取。英国皇室的逻辑导致了鸦片战争的爆发，就反映了这一点：在中国有很多白银，所以他们的想法是将印度的鸦片卖到中国，在这笔对英国有利的买卖中得到所有的白银，这样可以支付所有正在曼彻斯特生产的物品，并把它们卖到印度。当中国拒绝开放门户进行鸦片贸易时，英国的反应就是通过军事力量敲开中国的大门。

马克思对于下述观点给予了严厉的驳斥，即，在某些地方存在这样一个消费者阶级或其他人群，他们从只有上帝知道的地方获得他们的价值，并且他们能在某种程度上，从资本主义社会关系体系的内部或外部，带来剩余价值。他谈道，在资本主义社会中的每个人（甚至是食利阶级中的成员），都需要从某些地方获得他们的价值，而如果他们能从体系内部得到他们的价值，那么，这种价值就是来源适当的价值、来自对价值的生产负有责任的其他人（例如，资本家或是工人）。通过市场手段不能解决剩余价值的生产问题，而且由于这一原因，我们在很大程度上肯定不能证明消费者的非生产阶级能够永久存在。从长期来讲，对外贸易也不能起到这样的作用，因为在某些情况下，等价交换的原则必须是占主导地位的。（第265页）

从某些方面讲，上述关于有效需求的论述存在问题，而且罗莎·卢森堡在这一问题上，也向马克思提出了一个强烈的挑战，她认为，以帝国主义为主导的、与非资本主义相对立的社会形成，为解决有效需求问题提供了部分答案。①从那以后一直存在对这些问题的争论。但是，在这些段落中，马克思只是关注剩余价值是如何生产的，而没有关注它可能通过消费，如何被支付和实现的。剩余价值必须在它被消费之前被生产出来，我们不能通过诉诸消费过程来了解它的生产过程。

所以，这些关于有效需求的观点不能解释剩余价值是如何被生产

---

① Rosa Luxemburg, *The Accumulation of Capital* (New York: Routledge, 2003), 104－5.

的，特别是，如果“我们还是留在卖者也是买者、买者也是卖者的商品交换范围内吧”。如果考虑马克思在前期对萨伊定律的否定，那么现在乍看起来，这似乎是一个奇怪的评价。即使在他增加了“我们陷入困境，也许是因为我们只把人理解为人格化的范畴，而不是理解为个人”(第265页)的内容后，似乎也无所助益，虽然我们将要看到为什么他在短期内还是遵循了这一路径。我想，正是在这里，我们遇到了马克思文本中的一个真正的对抗，即他对古典政治经济学中对于乌托邦主义趋势批判的信任，和他为我们理解并描述现实存在的资本主义性质的愿望之间的对抗。实际上，马克思正在谈论的是，我们必须在一个地理意义上封闭的和完全的资本主义生产方式内，去寻找剩余价值来源问题的答案；在这种理想的状态下，将剩余价值的来源归因于食利阶级，消费主义，或者对外贸易的观点，都必须被排除掉。随后他将在《资本论》中明确这些假设。可见，这里他策略性地通过反驳所有外部因素的解决方案来引出这些问题。在分析中，他没有将有效需求在一般意义上作为非相关的因素，因为在这里，在第一卷，他只关注生产问题。只有在第二卷，他才将着手研究价值在市场和消费领域的实现问题。

所有这些考虑，使他在这一阶段排除了对地理扩张、空间固定、资本主义生存所必需的帝国主义和殖民主义的社会必要条件等问题的分析。他只假设了一个完全的和封闭的资本主义体系，而且只是在这个意义上，解释了剩余价值的来源问题。当这一假设限制了他理论能力的作用范围时(特别是在理解资本主义现实的历史的和地理的动力方面)，就会使他的分析更加深入和尖锐。正如我在其他地方所指出的，特别是在《资本的空间：批判地理学刍论》①中提出的，当马克思寻求去研究更加重大的问题，即去理解国家、对外贸易、殖民主义和世界市场的构建时，这些更加宽泛的问题就是他更加深入的思考。但是在《资本论》的

① David Harvey, *Spaces of Capital: Towards a Critical Geography* (New York: Routledge, 2001).

这一部分，不管当时盛行何种历史与地理条件，他只关注剩余价值的生产不能来自市场交换。必须要找到另一个方法去解决，在等价交换中，一个非等价物是如何产生的这一矛盾(例如，剩余价值)。

采取如此狭隘观点的做法，也解释了为什么马克思即刻转变到研究个人而不是社会角色。个人确实可以通过以高于价值的价格卖出商品而击败他人，而这确实可能发生并且一直在发生。但是当你系统地并且从累积的社会条件的角度观察时，其效果简直就是抢劫了彼德去支付给保罗。单个的资本家可以欺骗他人并逃离，但是随后有些人会以另一些人的损失获益，所以不存在累计的剩余价值。这样，就必须找到一种让所有资本家都能获得剩余价值的方法。在一个功能完善的和适当的经济体中，所有的资本家都能赚取一个稳定的、有回报的利润率。

> 可见，无论怎样颠来倒去，结果都是一样。如果是等价物交换，不产生剩余价值；如果是非等价物交换，也不产生剩余价值。流通或商品交换不创造价值。由此可以了解，为什么我们在分析资本的基本形式，分析决定现代社会的经济组织的资本形式时，开始根本不提资本的常见的、所谓洪水期前的形态，即商业资本和高利贷资本。(第 266 页)

这在历史上也许是真实的，正如本杰明 · 富兰克林曾观察到的，即“战争是掠夺，商业是欺骗”。(第 267 页)显然，在资本主义的起源中，在世界各地存在很多对剩余价值的掠夺、欺骗、抢劫和偷盗行为。马克思没有否认这种情况的历史重要性。这种情况同样适用于高利贷资本，即便高利贷资本曾长期面临，而且有时甚至是极端严格地反对收取利息的限制。例如，根据伊斯兰的教规，禁止收取利息。也许并不广为人知，但是直到 19 世纪中叶，天主教堂都禁止收取利息，而且这种做法具有巨大影响。例如，在那时的法国，保守的天主教徒通常将投资房产比作投资妓院，而将金融运作当成是一种卖淫行为。我在《巴黎：现代性之都》一书中使用的一个例子，描述了一名妇女试图引诱一位年老而十分恐惧的男人投资房地产，她说道，“无论你愿意投资多少，我的回报率都是令人满意的。我会非常和善地对待你。”①

所以，商人资本和高利贷资本(或者是承载了利息的资本)都具有重要的历史作用。但是，马克思总结道，

> 在我们研究的进程中，我们将会发现，生息资本和商业资本一样，也是派生的形式，同时会看到，为什么它们在历史上的出现早于资本的现代基本形式。(第267页)

他谈道，这种资本流通的形式，在产业资本出现以前就历史性地存在了。但是，正如我们将要看到的，产业资本将成为这样一种资本形式：它在一种纯粹的状态下确定一种资本主义生产方式。而且一旦这种产业资本成为主导，它就需要商人卖掉产品，也需要利息承载的资本能够变换投资，以解决长期固定资本投资和其他问题。为了使这些都能实现，资本循环的基本方式必须服从金融资本和商业资本的特殊需要。在《资本论》第二卷，马克思将着手研究这种情况是如何发生的以及它的后果如何的问题。

从我们表述的角度，从总体上对资本主义内部的商业资本和利息承载的资本的潜力进行评估是重要的。当然，可以举出一个看似合理的例子，即它们从16世纪和17世纪处于支配和主导地位，到19世纪就变得服从于产业资本了。但是现在可能很多人，甚至包括我自己，都会认为金融资本再次占据了主导地位，特别是从20世纪70年代开始。如果事实是这样的话，那就需要我们去评价这意味着什么，并且分析这种现象预示着什么。

然而，这并不是我们在这里所要讨论的问题。我们的目的是要注意

---

① David Harvey, *Paris: Capital of Modernity* (New York: Routledge, 2003), 119.

到，马克思所假设的(而且这可能在那个时代是正确的)产业资本的周转变得具有支配性了，所以，必须在这一框架内解决剩余价值生产的问题。所以他总结道：

> 资本不能从流通中产生，又不能不从流通中产生。它必须既在流通中又不在流通中产生。这样，就得到一个双重的结果。货币转化为资本，必须根据商品交换的内在规律来加以说明，因此等价物的交换应该是起点。我们那位还只是资本家幼虫的货币占有者，必须按商品的价值购买商品，按商品的价值出卖商品，但他在过程终了时取出的价值必须大于他投入的价值。他变为蝴蝶，必须在流通领域中，又必须不在流通领域中。这就是问题的条件。这里是罗陀斯，就在这里跳跃罢！(第268—269页)

粗略地说，口语化的解释是，“带着这个球跑吧。”

第六章　劳动力的卖和买

矛盾的结果变得容易解决了。这一内容在这章的题目中并没有体现。马克思提出了下述论点：

> 要从商品的消费中取得价值，我们的货币占有者就必须幸运地在流通领域内即在市场上发现这样一种商品，它的使用价值本身具有成为价值源泉的独特属性，因此，它的实际消费本身就是劳动的对象化，从而是价值的创造。货币占有者在市场上找到了这样一种独特的商品，这就是劳动能力或劳动力。(第270页)

劳动力由凝结在商品中的体力的、智力的和人的能力组成。但是为了使它自己成为商品，劳动力必须具有一定的特点。第一，“劳动力占有者要把劳动力当作商品出卖，他就必须能够支配它，从而必须是自己的劳动能力、自己人身的自由所有者”。所以，自由劳动者的观点变得至关重要——奴隶和农奴将不会成为商品。劳动者不能放弃他或她自己，他或她能够做的是对体力的、智力的和人的能力进行交易，以形成价值。“他必须始终让买者只是在一定期限内暂时支配他的劳动力，消费他的劳动力，就是说，他在让渡自己的劳动力时”，把它交给其他人，但“不放弃自己对它的所有权”。（第271页）

所以资本家不能拥有劳动者，他们所拥有的是劳动的能力和在一段时间内生产价值。

> 第二个基本条件就是：劳动力占有者没有可能出卖有自己的劳动对象化在其中的商品，而不得不把只存在于他的活的身体中的劳动力本身当作商品出卖。（第272页）

换句话说，劳动者不是处于为他们自己进行生产的位置。

> 货币占有者要把货币转化为资本，就必须在商品市场上找到自由的工人。这里所说的自由，具有双重意义：一方面，工人是自由人，能够把自己的劳动力当作自己的商品来支配，另一方面，他没有别的商品可以出卖，自由得一无所有，没有任何实现自己的劳动力所必需的东西。（第272—273页）

简言之，劳动者必须已经被剥夺了所有的生产资料。

马克思对自由的评论确实与我们当代的理解相反。它意味着什么？例如，美国总统乔治·W·布什不断提出的带给世界的自由是什么？他在第二次就职演说中，曾使用了五十次左右的“自由”和“解放”这两个词汇。按照马克思批判性的解释，这可能意味着布什正在鼓动一场战役，以使世界上尽可能多的人们从生产资料的直接控制下解放出来，并争取获得生产资料。是的，实际上，在劳动市场上，个体劳动者将享有他们自身的权利和个人的法定权利。从原则上讲，他们有权利将他们的劳动力出卖给他们选择的任何人，并且有权利用得到的工资，在市场上购买任何他们想要的东西。造就这样一个世界，是帝国主义政治的资本主义形式在过去两百年间一直做的事情。国内人口和农民被剥夺了生产资料，并且在全球范围内全部被无产阶级化。这一同样的过程也发生在更近时期的新自由主义版本中，全世界人口中，甚至包括在发达资本主义国家中，越来越多社会阶层的资产被剥夺了，包括独立获得生产资料或其他生存手段（例如，工人的养老金，或者是国家的福利支付）。

马克思没有遗忘对包含在这种“双刃”式的资产阶级自由推动中的意识形态和政治的反讽。当今我们按照自由的正面因素被推销一系列的商品的同时，也在被迫接受民主的不可避免的甚至是天然的负面因素。自由主义理论是以个人权利和自由为基础建立的。从洛克到哈耶克再到以后的学者，所有自由主义和新自由主义的思想都坚信，对这种个人权利和自由的最好的捍卫，是以私有产权和资产阶级独立的规则、相互的和公正的个人主义为基础建立的市场体系，就像马克思在第二章所描述的（而且，为了研究的需要，也是他所接受的）那样。

由于反对普遍的并且自由的概念是困难的，我们很容易被说服去坚持这样一种说法，即好的民主（例如市场的选择）远比坏的民主（像资本家剥削其他人劳动的自由）重要。而且如果我们对剥夺人们获得生产资料的行为采取一些镇压手段，并且保证市场自由的存在，那么它就被证明是合理的。很快我们就会发现我们自己处于麦卡锡主义或关塔那摩湾中，并失去了得以站立的另一条腿。美国伟大的自由主义总统伍德罗·威尔逊，寻求建立国家同盟。他将这一思想在1907年哥伦比亚大学的演讲中以这种方式表达出来：

由于贸易无视国家的界限，而生产厂商却坚持将全球视为一个完整的市场，他的国家的旗帜必须跟随他，而那些对他紧闭的国门，必然会被撞开。对金融家的让步，必然要由国务部长保驾护航，即使在这一过程中会侵犯不情愿国家的主权。必须要获取或根植殖民地，以保证世界上没有任何有用的角落有可能会被忽略或遗弃不用。

马克思最根本的意识形态的目标，是尖锐地指出处于资产阶级自由概念核心的谎言(更多地，像他质疑普鲁东对资产阶级正义概念的诉求)。在乔治·布什所使用的关于解放和自由的修辞和关塔那摩湾之间所进行的对比，正是我们所期望看到的。

但是，劳动者如何在这种双重含义中获得“自由”？为什么自由的工人会在市场上带着他的劳动去接近资本家？马克思观察到，“对这个问题货币占有者不感兴趣。他把劳动市场看作是商品市场的一个特殊部门。我们目前对这个问题也不感兴趣。”(第273页)在这里，马克思简单地假设无产阶级化已经发生，而且一个发挥效用的劳动市场已经存在。但是他仍然想澄清“一件事情”：

自然界不是一方面造成货币占有者或商品占有者，而另一方面造成只是自己劳动力的占有者。这种关系既不是自然史上的关系，也不是一切历史时期所共有的社会关系。它本身显然是已往历史发展的结果，是许多次经济变革的产物，是一系列陈旧的社会生产形态灭亡的产物。(第273页)

如果只是将工资劳动的范畴坚持到底，而不比资本家或价值本身更“自然”，那么就必须认识到工资劳动体系所具有的特殊的历史起源。无产阶级化的历史将在后面的第八部分中被更详细地研究。这里他只想假设一个羽翼丰满的劳动市场已经存在。他还认识到，我们前面所考察的经济范畴，也都带有自己的历史痕迹。产品成为商品，需要有一定的历史条件。要成为商品，产品就不应作为生产者自己直接的生存资料来生产。如果我们进一步研究，在什么样的状态下，全部产品或至少大部分产品采取商品的形式，我们就会发现，这种情况只有在一种十分特殊的生产方式即资本主义生产方式的基础上才会发生。（第 273 页）

于是这里需要提醒的是，资本主义生产方式，而不是其他的生产方式，是马克思唯一关注的问题。

过去，商品生产的存在采取了不同的形式，同时货币循环也历史性地以多种形式存在，而这明显与马克思头脑中的劳动形式的增加相关。在对资本主义生产方式的支配作用增大的同时，这些变革是相互关联的。这里又再次出现了历史观点和逻辑观点的互相纠缠。社会必要的关系在逻辑上限制了商品生产，以使其货币化，而且二者反过来，造成工资劳动的商品化，使其具有特殊的历史起源。对于我们来讲，工资体系和劳动力市场的作用看起来是明显的和有逻辑的，但对于欧洲封建主义的终结，却几乎肯定不是这样的。

有了商品流通和货币流通，绝不是就具备了资本存在的历史条件。只有当生产资料和生活资料的占有者在市场上找到出卖自己劳动力的自由工人的时候，资本才产生；而单是这一历史条件就包含着一部世界史。因此，资本一出现，就标志着社会生产过程的一个新时代。（第 274 页）

然而，劳动力是一种特殊的商品，是一种与其他任何商品不同的特殊商品。首先，这是唯一一种具有创造价值能力的商品，这点是最重要的。是劳动者的社会必要劳动时间被凝结在商品中，而且是劳动者将他们的劳动力出卖给资本家。反过来，资本家使用劳动力去组织剩余价值的生产。然而需要注意的是，劳动力流动的形式是C－M－C(劳动者将他们的劳动力带入市场，并出卖它以获得货币，然后这些货币保证他们去购买他们生存所必需的商品)。所以，应该记住，劳动者总是处在C－M－C流通中，同时，资本家在M－C－M′循环中忙碌。所以，对于他们如何理解各自的处境，存在不同的规则。劳动者能够接受等价交换的原则，因为是使用价值在起作用。另一方面，资本家必须解决在等价交换之外获得剩余价值的问题。

如果是这样的话，那么是什么将劳动力的价值固定为商品呢？答案是复杂的，因为劳动力不是通常意义上的商品，这不仅因为它自身就能创造价值，而且因为无论在原则上还是在细节上，它的价值的决定因素与衬衣和鞋子是不同。马克思在谈到这些区别时，几乎没有作任何详细阐述：

> 劳动力的价值也是由生产从而再生产这种独特物品所必要的劳动时间决定的。就劳动力代表价值来说，它本身只代表在它身上对象化的一定量的社会平均劳动。劳动力只是作为活的个人的能力而存在。因此，劳动力的生产要以活的个人的存在为前提。假设个人已经存在，劳动力的生产就是这个个人本身的再生产或维持。活的个人要维持自己，需要有一定量的生活资料。因此，生产劳动力所必要的劳动时间，可以归结为生产这些生活资料所必要的劳动时间，或者说，劳动力的价值，就是维持劳动力占有者所必要的生活资料的价值。(第274页)

劳动力的价值是固定的，所以这一价值是由在给定的生存状态下，再生产劳动力所需要的所有商品的价值决定的。我们加入面包的价值、衬衣和鞋子的价值，以及其他所有维持和再生产劳动力所需要的东西，其总和就是确定的劳动力的价值。

这看起来是非常简单的计算，似乎与其他商品在原则上没有区别，但是“需要”是如何决定的？需要将劳动与其他所有商品区分开来。第一，在劳动过程中，“耗费人的一定量的肌肉、神经、脑等等，这些消耗必须重新得到补偿”。（《文集》第五卷，第199页）可以说，如果劳动者被要求从事一定类型的劳动（例如，下井挖煤），他们可能需要更多的肉类和土豆以维持他们的劳动。更进一步讲，“生活资料的总和应当足以使劳动者个人能够在正常生活状况下维持自己”。再次出现的问题是，什么是“正常水平”？存在“由于一个国家的气候和其他自然特点不同，食物、衣服、取暖、居住等等自然需要本身也就不同”。（第274—275页）在北极的工人的需要与在温带的工人的需要不同。但随后出现了下述重大的且真实的转变：

> 另一方面，所谓必不可少的需要的范围，和满足这些需要的方式一样，本身是历史的产物，因此多半取决于一个国家的文化水平，其中主要取决于自由工人阶级是在什么条件下形成的，从而它有哪些习惯和生活要求。因此，和其他商品不同，劳动力的价值规定包含着一个历史的和道德的要素。（第275页）

这意味着劳动力的价值与阶级斗争的历史相关。更进一步说，一个国家的“文明程度”，将会由于如资产阶级改革运动的强度等因素的不同而不同。受人尊敬和道德崇高的资产阶级有时由于看到大众的贫困状态而受到惊吓，并且产生罪恶感，由此得出结论，认为在一个体面的社会中，大众在如此的境况下生活是不可接受的。他们坚持提供体面的住房，体面的公共健康服务，体面的教育，体面的这个和那个。这些措施中的一部分可以被认为是对他们自己有利的（其原因就好像霍乱的流行并不会在不同阶级边界间止步），但是，在任何地方，没有一个资产阶级社会不具有某种文明价值的含义，而且这种含义在劳动力价值的决定中起了至关重要的作用。

马克思寻求这样一种原则，即存在一个商品的总和，它能确定在一个特定的社会和一个特定的时间，一种被认为是合理的工资水平。但他没有讨论这些特殊性的任何一点。或者我们可以进行一个历史性的研究，假定劳动力的价值是固定的而且是已知的，甚至虽然这一数字处于永远变动的状况，而且在任何情况下都必须是灵活的，它也反映了作为劳动力再生产成本的其他特征，如从对技能的培训和再生产，到维持一个家庭和劳动阶级的再生产（既包括它的数量，也包括它的质量）。（第275—276页）

劳动力作为商品的另一个特性也是值得关注的。资本家进入市场，并在将它们投入生产前，需要偿付所有的商品（原材料，机器等），但是对于劳动力，资本家雇用了劳动力，只有在他们已经完成工作后，才支付给它的提供者。实际上，劳动者提前将劳动力商品交给了资本家，并希望在一天结束时得到报酬。然而，情况并不总是这样，因为宣布倒闭的公司可以不支付工资。（第277—278页）例如，在当代中国，在某些产业（建筑业）和某些地区，特别是在北方，劳动力中的很大一部分工人曾被克扣工资，这导致了大范围抗议活动的爆发。

马克思在这里的观点是，自然、社会、政治和历史环境不同的一个劳动者对可接受的生活标准的观点是不同的。显然，一个社会可接受的标准（假如说，是当代的瑞典）与另一个（当代中国）是不同的，而1850年在美国可以接受的标准，在当今是不被接受的。所以劳动力的价值存在很大差异，不仅取决于物质需要，还取决于阶级斗争的状况、国家的文明程度和社会运动的历史（有些情况还远远超出了工人们自己直接斗争可能想要达到的目标）。可能会存在社会民主党，他们坚持推行普遍的健康服务、提供教育机会、足够的住房、公共基础设施，如公园、水、公共交通、卫生，同时包括以最低工资标准提供充分的就业机会。所有这些都可以被认为是文明国家的基本义务，它取决于社会和政治情况。

关键的一点是劳动力与其他商品不同。它是唯一的价值创造者，同时，作为一个历史的和道德的因素，参与商品价值的决定。而且这种历史的和道德的因素受政治的、宗教的和其他力量这些广泛因素的影响。甚至在梵蒂冈都颁布了关于劳动条件的、强有力的罗马教皇通谕，而且，当自由的宗教在拉丁美洲处于鼎盛时期时，它在鼓动以改善贫困人口生活条件为主题的、20 世纪 60 年代和 70 年代的革命运动中起到了关键作用。所以劳动力价值不是固定的。它上下波动，不仅因为维持生存的商品的成本不同，而且还因为再生产劳动力所需要的商品总和受所有这些广泛范围的力量的影响。简而言之，劳动力的价值对支撑它们所需要的商品的价值的变化是敏感的。低廉的进口商品会降低它的价值，所以沃尔玛现象已经对美国的劳动力价值产生了重要影响。在中国存在对劳动力的过度剥削，并通过价格低廉的进口商品使美国的劳动力价值下降了。这也可以解释，为什么在许多资本家阶级的联盟中，存在对中国商品设置进入壁垒或关税的抵制，因为这样做会提高美国的生活成本，导致美国工人对更高水平工资的需求。

马克思简短地提到了这种问题，并将它们放在一边，并总结道，“但是，在一定的国家，在一定的时期，必要生活资料的平均范围是一定的”。(第 275 页)马克思将他所承认处于流动状态的，而且永远处于流动状态的东西固定为在一个国家、一个既定时间上的“已知的数据”。这种运动有多大合理性？从理论上讲，它保证了马克思能够转到去解释剩余价值是如何能被生产出来的问题，但是这样做是有代价的。

在许多国家的经济体中，已经找到了许多决定这一数据该是多少的方法。例如，关于最低工资的立法，我们就已经认识到在一个给定的地点和时间，一个固定的数据的重要性，同时，关于是否提高这一标准的政治学，是政治斗争在劳动力价值决定中的作用的精彩例证。近些年关于“生存工资”的地方性斗争也证明了一个普遍的数据和关于这一数据应该是什么标准的社会斗争的观点。

与马克思的等式并存的一个更有趣的观点，存在于我们所说的贫困线的决定中。在 20 世纪 60 年代中期，莫利 · 欧桑斯基(Mollie Orshansky)

通过确定以货币金额计算的、以购买再生产所注定需要的特殊的商品的总和，比如说，一个四口之家在最低的可接受的水平上所需要的货币额，形成了一种确定贫困线的计算方法。这就是马克思所说的那种已知的数据。然而，从20世纪60年代开始，人们对这一定义就一直存在争论，这成为制定公共政策的基础（例如，福利和社会保障的支付）。商品的市场篮子的确切内容究竟是什么——多少用于交通，多少用于衣服，多少用于食品，多少用于房租（而且现在是否确实需要一部移动电话？）——变成了一个人们争论的话题。目前，对于一个四口之家，这一数字超过每年两万美元。右翼人士认为，我们一直在使用错误的商品总和，因此夸大了贫困程度。然而，研究显示，在高成本的地方，例如纽约市，这一水平应该在两万六千美元，或者更高。显然，在这里，历史的、政治的和道德的观点都是影响因素。

让我们通过了解C－M－C流通，以及在C－M－C流通和资本家在上述流通过程中和在C－M－C＋ΔC流通过程中的努力程度之间的差别，来回到劳动力流动的观点。马克思评论道，

> 货币占有者在交换中得到的使用价值，在劳动力的实际使用即消费过程中才表现出来。这个过程所必需的一切物品，如原料等等，是由货币占有者在商品市场上买来并且按十足的价格支付的。劳动力的消费过程，同时就是商品和剩余价值的生产过程。劳动力的消费，像任何其他商品的消费一样，是在市场以外，或者说在流通领域以外进行的。（第279页）

而且，接下来观点发生了巨大转变：

> 让我们同货币占有者和劳动力占有者一道，离开这个嘈杂的、表面的、有目共睹的领域，跟随他们两人进入门上挂着“非公莫入”牌子的隐蔽的生产场所吧！在那里，不仅可以看到资本是怎样进行生

产的，而且还可以看到资本本身是怎样被生产出来的。赚钱的秘密最后一定会暴露出来。（第 279—280 页）

然后，马克思以对资产阶级的制度和法律的一个摇摆的控诉作为结论。抛开流通和交换手段的环境，抛开作为“这个领域确实是天赋人权的真正伊甸园”制度性地建立起来的环境。市场“那里占统治地位的只是自由、平等、所有权和边沁”。

自由！因为商品例如劳动力的买者和卖者，只取决于自己的自由意志。他们是作为自由的、在法律上平等的人缔结契约的。契约是他们的意志借以得到共同的法律表现的最后结果。平等！因为他们彼此只是作为商品占有者发生关系，用等价物交换等价物。所有权！因为每一个人都只支配自己的东西。边沁！因为双方都只顾自己。使他们连在一起并发生关系的惟一力量，是他们的利己心，是他们的特殊利益，是他们的私人利益。正因为人人只顾自己，谁也不管别人，所以大家都是在事物的前定和谐下，或者说，在全能的神的保佑下，完成着互惠互利、共同有益、全体有利的事业。（第 280 页）

随着马克思对自由资产阶级制度和市场规律的、标准形式的极具讽刺意味的描述，下面开始他对最终转型阶段的论述：

一离开这个简单流通领域或商品交换领域，——庸俗的自由贸易论者用来判断资本和雇佣劳动的社会的那些观点、概念和标准就是从这个领域得出的——就会看到，我们的剧中人的面貌已经起了某些变化。原来的货币占有者作为资本家，昂首前行；劳动力占有者作为他的工人，尾随于后。一个笑容满面，雄心勃勃；一个战战兢兢，畏缩不前，像在市场上出卖了自己的皮一样，只有一个前

途——让人家来鞣。（第 280 页）

这种对资产阶级权利的进一步揭示，回应了人们所假设的劳动力的自由的二重性。它将论点深入一个对正在发生的、几乎看不到的生产时刻的考虑中，特别是在工厂里。在进入了这一王国后，我们会继续跟随马克思的思想前进。

《资本论》,第三部分

四

劳动过程和剩余价值的生产

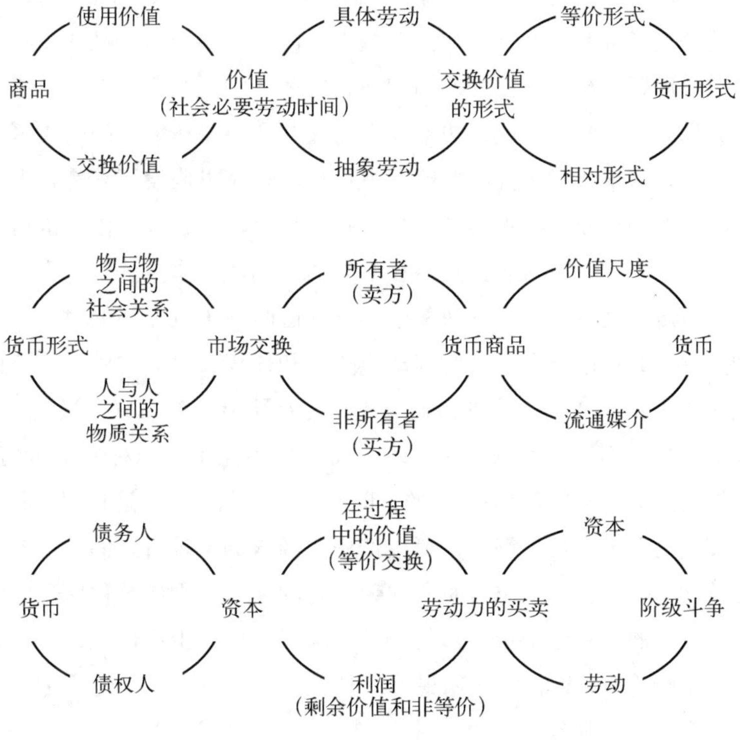

马克思《资本论》第一卷观点的发展路径

我想以马克思到目前为止已经阐述的观点为指导，做一个回顾。我将在对他的论述所做的辩证链条（见上图）的帮助下，完成这一工作。将马克思的观点缩减到这种形式，不可否认是对他思想的丰富性的一种不公平的做法，但是我想，将他的观点做成某种认知性的图表是有帮助的，因为这样你就能够更加容易地把控它。

他从单一的商品这一概念开始，在其中嵌入了使用价值和交换价值的二重性。在交换价值背后隐藏的是作为社会必要劳动时间（“社会必要”意味着一些人想要或需要这种使用价值）定义的单一的价值的概念。价值内化了具体劳动和抽象劳动的二重性，使它们通过价值在价值的相对形式和等价形式的二重性中被表示出来，从而在一种交换活动中结合起来。从这一点开始，一种货币商品作为价值的普遍表现而出现。但是，这掩盖了价值作为一种社会关系去生产商品的拜物主义的内在的含义，它被理解为在人与社会之间和与物之间的物质关系。在市场上，人们与其他人之间的相关性，并不是作为人与人而是作为物品的买者与卖者的关系。这里，正如在自由理论中那样，马克思假设了私有财产权、合法的个人和充分发挥作用的市场。在这种环境下，货币作为价值的代表，扮演了两个不同的而且是潜在对立的角色，即作为价值尺度和流通手段。但是，最终只存在一种货币，而且这两种角色之间的对立，看起来被一种新的货币关系所化解，即债务人和债权人之间的关系。这使人们关注的焦点从 C－M－C 的流通形式，变为 M－C－M 形式。当然，资本的典型概念并不是作为物被定义的，而是作为能生产一种使用价值（利润）的价值的循环形式而被定义的，即 M－C－M＋ΔM。这在假设的纯粹市场交换的等价原则与剩余价值生产中所要求的不等价之间，形成了一个矛盾。这一矛盾由于作为商品的劳动力的存在而再次被化解，因为劳动力可以被购买并被出售到市场，而且随后被用来生产价值，这样就可以生产剩余价值。这样，我们最终就获得了在资本和劳动之间的、关于阶级关系的重大概念。

这里需要注意的是，这不是一个论点的因果关系的链条。它确实需要逐渐地展开，按照不同层次的复杂性分层。作为论点，它从商品中简单的对立，扩展到对资本主义生产方式是如何运行的不同方面的越来越深入的理解。这种辩证的扩展持续贯穿全书，例如阶级关系和阶级斗争的出现，绝对剩余价值和相对剩余价值的二重概念。而且这种扩展上升到在整个第一卷主要关注剩余价值的生产的领域，而第二卷基本的关注点是在剩余价值的流通和实现上，即两卷之间的宏观的二分法上。在生产和实现之间的对立（矛盾）支持了第三卷中的危机理论。但是我还会继续对此进行表述。

这一认知图帮助我们预见了马克思是如何有机地“生成”了他的观点，并且是通过什么完成了辩证的跳跃的。但是，请记住，这一图表只是一个构架，围绕这一结构，马克思对一种动态的、进化和矛盾的资本主义生产方式，添加了真实的有血有肉的分析。

第七章　劳动过程和它实现价值的过程

现在我们离开“喧嚣的”市场环境，即自由、平等、产权和边沁主义的环境，进入劳动过程内部，即某种标志所说的：“非公莫入。”然而，这章内容在某一方面是特别的。在大多数的篇幅中，马克思的论述是果断的，他只是研究在资本主义生产方式内和接近资本主义生产方式中形成的概念范畴。例如，价值不是一个普遍的概念，而是在资产阶级时代出现的资本主义特有的东西（正如我们已经看到的，亚里士多德就没有提到这一概念，因为他生活在奴隶社会条件下）。但是，在这一章的前十页或更多的篇幅中，马克思开始了一种讨论，它是一般性的，适用于所有可能的生产方式。“劳动过程首先要撇开每一种特定的社会的形式来加以考察”，他谈道，这样就确认了他在前面的一个立场，那就是劳动是“不以一切社会形式为转移的人类生存条件，是人和自然之间的物质变换即人类生活得以实现的永恒的自然必然性”。（第133页）

然而，我们不应该以一个熟悉的资产阶级的方式解释这些叙述，这种方式假设在“人类和自然”、文化和自然、自然的和人造的、精神的和物质的之间存在一个明确的区分，而且在其中，历史被当作是在两种独立的力量即人性和自然之间进行的一种规模庞大的斗争。在马克思看来，劳动过程内部不存在这种明显的区分。劳动过程是完全自然的同时也是完全人性的。它被辩证地解释为一个“物质变换”的过程，在其中不可能将自然从人类中区分出来。

但是，在劳动过程这一单一的概念中，正如在商品的情况中发生的一样，我们马上识别出了一种二重性。那就是马克思所说的“是人和自然之间的过程，是人以自身的活动来中介、调整和控制人和自然之间的物质变换的过程”。人类在与他们周围世界的关系中，是活跃的主体。所以，

> 人自身作为一种自然力与自然物质相对立。为了在对自身生活有用的形式上占有自然物质，人就使他身上的自然力——臂和腿、头和手运动起来。当他通过这种运动作用于他身外的自然并改变自然时，也就同时改变他自身的自然。（第283页）

这就是我们最明确地面对马克思关于与自然之间关系的辩证形成的地方。如果我们不能改变我们自己，我们就不能改变我们周围正在发生的事情。反过来，如果我们不能改变我们周围正在发生的每件事，我们就不能改变我们自己。这种辩证关系的单一特性，虽然需要一种对自然的“外部化”和对社会的“内部化”，但它永远不会被替代。这种辩证关系，即通过改变世界而永久地改变自我，反之亦然，是理解人类社会演化和自然本身演化的基础。但是这一过程并不是人类独有的，蚂蚁是这样，海狸也是这样，所有的有机体都是这样。在地球上的生命的全部历史中都盛行着这种辩证的互动。例如，詹姆斯·洛夫洛克（James Lovelock）在他的盖亚假设中提到，现在支撑我们生存的大气并不总是在那里，但是，它是由曾经以甲烷为生并产生氧气的有机体形成的。有机生命的辩证关系和自然世界的演化，一直处于中心地位。

在马克思的早期著作中，他在很多地方提出了一种不同的人类“物种”的观点（可能来自康德的人类学和后来费尔巴哈的关于人类形成的理

论）。这一观点在《资本论》的论点中处于次要地位，但是正如在这个例子中一样，它偶尔会产生隐蔽的影响。所以，是什么使我们的劳动成为人类的独特行为？“一只蜘蛛，”他写道，

> 蜘蛛的活动与织工的活动相似，蜜蜂建筑蜂房的本领使人间的许多建筑师感到惭愧。但是，最蹩脚的建筑师从一开始就比最灵巧的蜜蜂高明的地方，是他在用蜂蜡建筑蜂房以前，已经在自己的头脑中把它建成了。劳动过程结束时得到的结果，在这个过程开始时就已经在劳动者的表象中存在着，即已经观念地存在着。

这是一个重要的论述。马克思谈道，我们会有这样一种想法，然后将它变为现实。所以，总是存在一个“理想的”（精神的）时刻，一个乌托邦的时刻，在人类的生产性活动中所需要的时刻。而且，这一时刻还不是随意的：“他不仅使自然物发生形式变化，同时他还在自然物中实现自己的目的。”活动是有目的的。“这个目的是他所知道的，是作为规律决定着他的活动的方式和方法的，他必须使他的意志服从这个目的。但是这种服从不是孤立的行为。”马克思需要，同样我们也需要对此给予密切关注，而且

> 劳动的内容及其方式和方法越是不能吸引劳动者，劳动者越是不能把劳动当作他自己体力和智力的活动来享受，就越需要这种意志。（第 284 页）

对于这些重要段落，需要作出一些直观重要的评论。首先，毫无疑问，马克思在这里反对傅立叶关于劳动过程的观点。傅立叶认为，劳动如果不是单纯玩耍，但也应该是喜悦、耐心和性情的投入。马克思认为真实情况从来都不是这样的。要想将人们的想象从根本上变成现实，实现一个有意识的目的，就需要付出大量艰苦的工作并且自律。第二，在这

里，马克思同意精神概念对于有意识的和有目的的活动的重要作用，而且这与他提出的一个其他观点相对立，也就是物质环境决定意识，这经常是由于他本人造成的，那也就是我们所认为的，物质环境如何决定我们的生活。这里他明确地说道，让理想（精神）来调整我们做什么的时刻是不存在的。对于建筑师，我想在这里拿建筑师作为一个比喻，比将它作为一个职业更重要，因为他应该有能力对这个世界进行思考，并且将这个世界按照所想象的样子去进行装点。有些分析家认为，马克思或许简单地忘记了他自己在这一部分中的格言，或者他确实得了精神分裂症，因为存在两种马克思主义：一种是这一段的马克思，他允许对观点和精神活动的自由把玩，另一种是决定论的马克思，他实际上认为，我们的意识和同时我们所想的和所做的，由我们的物质环境决定。我认为，两种看法中没有一个观点是合理的。它不同于在《资本论》中的其他地方，在一部著作的一个中心章节中，为了出版的目的而被小心谨慎地修改（而且后来的修改也是对批判的回应）。马克思会采取这样一种立场，它不会与他理解世界的方法在很深程度上是一致的。如果这些段落出现在他的一本笔记中，或者甚至出现在《大纲》中，那将会是一回事。但是，这出现在《资本论》的论点中，说明这是一个处于核心地位的转型的时刻。所以，它值得我们对此进行严肃的阅读和谨慎的解读。

马克思对劳动过程的辩证理解，直接说明了人类的观念不可能没有任何出处。在某种意义上，观念的出现是完全自然的（在黑格尔唯心主义看来，这一观点从根本上是奇怪的）。所以，认为观念来自物质与自然的物质变换的关系，而且一直带有那种起源的烙印的说法是不奇怪的。我们对世界的精神概念，不能与我们的物质经历、我们对世界的核心参与分开，所以，它们是与那些参与活动相关的。但是，存在（与货币和商品的情况同时存在）一种关于内部关系的不可避免的外部化，而且按照同样的方法，货币的世界（特别是当它被假设为象征性的形式），都可以表现为并“确实是”（见拜物教的观点）与商品世界和它们的使用价值是对立的，所以，我们的精神概念被移入了我们将要重塑的物质世界的外部关系中。这样，当想象被自由放飞时，当事实能够而且确实允许我将建造这个而不是那个，以那样一种方式用自然的力量（包括人类的肌肉），去重塑物质要素，去生产一些新的和不同的东西（例如，在飞轮旁的陶工）时，就存在一种辩证的运动。这是在马克思的观点中捕捉到的，对观念和精神概念的一定程度的开放。通过同样的方式，货币体系会失控并引发金融危机，所以，我们的精神概念（我们意识形态的固化）也会失控并且引发危机。实际上，这正是马克思带有其鲁宾逊漂流记的幻想，和它对虚构的、占有的个人主义和充分发挥作用的市场的庆祝，在全世界资产阶级方面所采取的立场。货币体系也是以同样的方式，在某些时候被迫回到与社会必要劳动的物质世界关系的意义上。所以，如果我们要想解决当代资本主义社会中日益突出的社会和环境问题，那么，资产阶级的世界的概念，这种仍然与我们存在密切的关系概念，必须让位于对精神概念更恰当的整合。在这种情况下，对于恰当精神概念的斗争（经常"只不过"被作为上层建筑，虽然应该注意到马克思确实明确了，这是一个王国，在其中我们对问题"变得有意识"，并且可以"通过斗争加以解决"）具有重要意义。另外还有什么原因，使马克思这样强烈地进行斗争，去撰写《资本论》这部巨著？在这种情况下，当马克思提出精神的概念、意识、目的性和使命这些观点时，它们与社会演变和自然转变的动力之间是通过劳动发生联系的，所以这并不是超越常规的。相反，这是基本规律。

马克思还谈道，一项工程（如建造一座房屋）需要艰苦的工作才能完成，而且一旦我们已经开始了一项工程，我们常常会变得被它的限制所囚困。如果想要完成它，我们就必须去满足它的需要，使我们自己和我们的耐心服从于它的目的性的紧张程度。例如，每次我着手写一本书时，我都是从听起来辉煌且令人兴奋的想法开始的，但是在我完成的时候，感觉就像从监狱中被释放出来一样！这里存在一个更加宽泛的含义，即在马克思的批判意识的核心，存在这样一种观点，所有人类对于他们自己的产品和项目，都能非常轻易地陷入被囚困的状况，更不用说他们对世界的错误思想和概念了。这种批判的意识可以像被应用于资本主义一样，被应用于对共产主义社会、社会主义社会和古罗马社会的研究中，马克思将会以最强有力的和最令人信服的方式使用这种批判的意识。

关于这些段落，还存在其他一些内容使它们对我来说充满情趣。看来，马克思对于生产过程，不仅附加了创造性的含义，还附加了高贵的含义。我发现他的这个观点非常浪漫。马克思无疑受到19世纪早期浪漫主义的影响。他的早期作品也受到了浪漫情感和浪漫含义的灌输。而且，在他的后期写作中，当他被这种意识征服时，不难找到浪漫因素的种种表现(甚至异化的概念，从《经济学和哲学手稿》中陷入深深的痛苦之中，到《资本论》中的更具技术性的含义)。但是，在这里他直接说道，凭借想象和带有目的的想法，人类能够以激进的方式改变世界，并且能够意识到他们正在做什么。而且在这样做的过程中，他们也有力量改变他们自己。所以，我们必须要考虑我们的目的，变得能够意识到我们如何以及在什么时候干预这个世界，同时改变我们自己。我们能够而且必须创造性地抓住并持有这种辩证的可能性。所以，在外部化的自然界与我们的关系中，不存在一种中性的转变。我们在“那里之外”所做的事情，对我们在“这里内部”有很大的影响。马克思使我们能够明确地思考辩证法对我们意味着什么，同时对自然意味着什么，在其中我们只是一部分：这就是理解劳动过程的一般的方法。这说明人的天性并不是固有的，而是在不断演变的。

根据我自己对它的理解，马克思在这里提出的观点是有争议的。而且存在大量的机会可以对此进行争议。例如，你可以站在傅立叶的立场，或者是马克思主义者，如Tony Negri、John Holloway和Harry Cleaver的立场上，Harry Cleaver的《从政治视角阅读〈资本论〉》①一书，对我们之前的情况进行了详细研究。但是在这里，你必须凭借对马克思所论

① Harry Cleaver, *Reading Capital Politically* (Leeds: AK/Anti-Thesis, 2000).

述的问题的一定理解来做出妥协，并认识到这就是他的立场，这就是他关于创造性的劳动和变化的世界的潜力的全部究竟是怎样的观点。

所以，劳动过程随后是如何能够作为一个人类存在可能性的一般条件，被赋予它的特性的？马克思区分了三种不同的因素："有目的的活动或劳动本身，劳动对象和劳动资料。"（第 284 页）从根本上说，劳动的客体存在于土地、原材料的概念中。但是他很快从这里转移到区分原始的自然和原材料上，那是已经被部分的人类劳动转变、创造和提取的世界的某些方面。在劳动资料中也有一个相似的区分。有些劳动资料可以被直接提供——我们能使用的棍棒、石头，等等。但是，还存在有意识地制造的劳动资料，例如，刀子和斧头。所以，当地球可能是我们"原始的储藏室"和"我们原始的工具房"时，人类长期以来一直根据意识的设计，在成功地转化土地和劳动资料。马克思带有些许赞赏地引用了本·弗兰克林（Ben Franklin）的话，他谈到，"人们"可以被定义为"制造工具的动物"。（《文集》第五卷，第 915 页）"劳动资料的使用和创造，虽然就其萌芽状态来说已为某几种动物所固有，但是这毕竟是人类劳动过程独有的特征"。（第 285—286 页）随后，马克思提出了一个片面的观察，对此随后他将给予详细的说明：

> 各种经济时代的区别，不在于生产什么，而在于怎样生产，用什么劳动资料生产。劳动资料不仅是人类劳动力发展的测量器，而且是劳动借以进行的社会关系的指示器。（《文集》第五卷，第 286 页）

其含义是，我们使用的劳动资料的改变，对我们的社会关系会产生影响，而且反之亦然，随着我们的社会关系的变化，我们的技术也必须要改变。所以，在这里他形成了在技术和社会关系之间存在一种辩证的关系的观点，而且这一观点在后面的叙述中是重要的。正如我们已经看到的，这就是一种马克思的典型策略，即插入这样一种评论，作为后文即将讨论问题的铺垫。

但是，我们不仅只关注存在争议的工具。物质基础设施条件，也是由人类劳动生产的。虽然并不直接被包含在直接劳动过程中，但它们对于劳动过程的实施来说是必需的。“这类劳动资料中有的已经经过劳动的改造，例如厂房、运河、道路等等”。（《文集》第五卷，第 211 页）劳动过程不仅依赖于从原始的自然中对材料的提取，也依赖于田野、道路和城市基础设施等人们建设出来的环境（有时将它作为“第二自然”）。

所以，实际的劳动过程本身是怎样的呢？这里，马克思回到一个关于过程和事物之间的关系的思考中。劳动是一个过程：它将某种东西转变成另一种东西。这种转变消灭了一种既已存在的使用价值，并创造了另一种使用价值。更进一步地，“在劳动者方面曾以动的形式表现出来的东西”，即运动，“现在在产品方面作为静的属性，以存在的形式表现出来。劳动者纺纱，产品就是纺成品”。（第 287 页）过程和事物之间的差别总是存在的。

这就是我经常赞赏的马克思思想的形成过程。作为一名教育工作者，我要不断地面对过程和事物之间的关系问题。学生的学习过程最终会通过行为型的事物而被评判，像写论文。但有时这样做是困难的，即如果不能对产生事物的过程进行评价，学生们可能会发现过程是令人惊奇地具有启发性的，并且学到了很多，但是如果他们写的论文很糟糕，那么，他们会得 F。他们会说，“但是我从这门课中学到很多！”而我会说，“你怎么可能写出这样的论文，同时说你自己已经学到了一些知识呢？”这个问题是我们所有人经常要面对的。我们在生产事物时会完全搞糟，但在这一过程中，我们学到了很多。

对于马克思来讲，劳动的核心是过程。与资本作为一个流通过程被解释完全一样，劳动作为一种制造的过程而被解释。但这是一个制造使用价值的过程，而且在资本主义条件下，以商品的形式，为其他人制造使用价值。这种使用价值是否必须被直接使用？不是必须的，因为过去的劳动能够被储存起来用于未来的使用（甚至在原始社会，都经常会保存一些剩余产品，以帮助他们渡过难关）。在我们的世界中，在田野、城市和物质的基础设施中，储存了大量的过去的劳动，而且有些来自很久以前。日常的劳动活动是一回事，而劳动在生产和事物中被储存的方式，也起到了重要的作用。更进一步，劳动过程通常同时产生不同的事物。这就是人们所了解的“共同的产品”的问题。喂养牛会生产牛奶、牛肉和牛皮，而喂养羊是为了它们的肉并生产出羊毛，不管你喜不喜欢。这会提出问题：例如，如何对这些多重联合的产品分别进行估价？其后，还存在这样的问题，即过去劳动的产品如何与目前的劳动活动相关。这在关于机器的价值问题上，变得尤为重要：“机器不在劳动过程中服务就没有用”。其含义是

> 活劳动必须抓住这些东西，使它们由死复生，使它们从仅仅是可能的使用价值转化为现实的和起作用的使用价值。它们被劳动的火焰笼罩着，被劳动当作自己的躯体加以同化，被赋予活力以在劳动过程中执行与它们的概念和使命相适合的职能，它们虽然被消费掉，然而是有目的地，作为形成新使用价值，新产品的要素被消费掉，而这些新使用价值，新产品或者可以作为生活资料进入个人消费领域，或者可以作为生产资料进入新的劳动过程。（第 289—290 页）

所以，与活劳动的结合，唤醒了凝结在过去产品中的死劳动的价值。这一点与生产性消费和个人消费的重要区分相关。生产性消费是过去的劳动，它在一个当前的劳动过程中被消费，以制造全新的使用价值；个人消费是人们在自身的再生产过程中的消费。

“劳动过程，”马克思在一段总结性的段落中提出，“是制造使用价值的有目的的活动，是为了人类的需要而对自然物的占有，是人和自然之间的物质变换的一般条件”（请再次注意在马克思的分析中，物质变

换的互动的观点是多么重要），“人类生活的永恒的自然条件”（它在第133页又重新提到这一问题），

> 它为人类生活的一切社会形式所共有。因此，我们不必来叙述一个劳动者与其他劳动者的关系。一边是人及其劳动，另一边是自然及其物质，这就够了。根据小麦的味道，我们尝不出它是谁种的，同样，根据劳动过程，我们看不出它是在什么条件下进行的。（第290页）

在这几页中，马克思所做的是，对劳动过程提供一种不依赖于任何社会形式的，去除了任何特别的社会含义的，一般的、物质的剖析和描述。我可以在其所有的物质细节中，描述一个人正在挖一道沟渠，包括这一活动本身体现在铁锹中的与过去劳动的关系，但是我不能在这一描述中，区分劳动者是一位疯狂的贵族，他这样做只是为了锻炼身体，还是一位农民，或是一个奴隶，或是一位工薪劳动者，甚或是一名罪犯。所以，存在一种将劳动过程当作纯粹的物质过程的方法，而实际上人们并不了解任何镶嵌在其中的社会关系，也不会参照在其中的，可以说，是在一种资本主义生产方式中的产生的意识形态的和精神的概念。仍然存在的是去思考资本主义是如何有差异地使用这些一般的能力和力量的。

劳动过程的资本主义形式

“我们再回头来谈我们那位未来的资本家吧。我们离开他时，他已经在商品市场上购买了劳动过程所需要的一切因素：物的因素”——那就是，生产的手段——“和人的因素，即生产资料和劳动力”。然而，在劳动力作为商品被买入和卖出中，两个条件附加在了资本与劳动的矛盾上。第一个是“工人在资本家的监督下劳动，他的劳动属于资本家”。（第291页）那就是说，当我开始与资本家接触时，资本家有权指

导我的工作并安排我的任务。现在，如果工作内容对劳动者的生命和四肢来说是有危险的，那么他们可能对这一工作产生争议，即使这样，仍然存在一个普遍的原则，即劳动者将获得货币以维持生存，反过来，资本家也可以指挥劳动者去做这做那。在合同期间，劳动力是一种属于资本家的商品。第二个条件是，在合同期间，无论劳动者生产什么，其产品都属于资本家，而不属于劳动者。即使我是那个制造商品、并将我的具体劳动和价值嵌入其中的人，产品也不属于我。这是对洛克派观点的一个有意思的违背，洛克派的观点是，那些通过将他们的劳动与土地结合以创造出价值的人，对创造出的价值拥有私有产权。总的来说，我想你可以看到，这两个条件，相当于劳动者与附着在劳动和产品上的创造性的潜力的完全分离（虽然马克思在这里没有使用这个词）。“从他进入资本家的工场时起，他的劳动力的使用价值，即劳动力的使用，劳动，就属于资本家了。资本家购买了劳动力，就把劳动本身当作活的酵母”——我们再次遇到了《大纲》中作为一种活动的劳动的“”——“并入同样属于他的各种形成产品的死的要素”。（第292页）

然而，这两个条件保证了资本家这样安排生产：

> 生产出来的商品的价值，大于生产该商品所需要的各种商品即生产资料和劳动力——为了购买它们，他已在商品市场上预付了宝贵的货币——的价值总和。他不仅要生产使用价值，而且要生产商品，不仅要生产使用价值，而且要生产价值，不仅要生产价值，而且要生产剩余价值。

所以，资本家将“劳动过程和价值形成过程”放到一起，以创造出一种新的统一体。（第293页）这是资本家必须做的，这是资本家的有意识的目标，因为利润的来源依赖于剩余价值，而资本家的角色就是寻求利润。

“问题的一切条件都履行了”，（《文集》第五卷，第227页）马克

思说道，

> 商品交换的各个规律也丝毫没有违反。等价物换等价物。作为买者，资本家对每一种商品——棉花、纱锭和劳动力——都按其价值支付。然后他做了任何别的商品购买者所做的事情。他消费它们的使用价值。

通过这样做，他就能够生产出比开始购买的时候，具有更高价值的商品，所以，这就是剩余价值的生产。“这整个过程”，马克思总结到，包括“货币转化为资本”，通过这种方法，它“既在流通领域中进行，又不在流通领域中进行”。（第301—302页）材料和劳动力是以它们本身的价值水平从市场上购买的，但是却被投放到工作中，以便在生产过程中，在市场之外所生产的商品中凝结更多的价值。被“履行的”条件是那些在第五章结尾论述的条件：即货币所有者“必须按商品的价值购买商品，按商品的价值出卖商品，但他在过程终了时取出的价值必须大于他投入的价值”。（第269页）结果看起来是神奇的，因为不仅是资本看起来能够下金蛋，而且

> 当他把活的劳动力同这些商品的死的对象性合并在一起时，他就把价值，把过去的、对象化的、死的劳动转化为资本，转化为自行增殖的价值，转化为一个有灵性的怪物，它用“好像害了相思病”的劲头开始去“劳动”。[这里马克思引用了浮士德]（第302页）

流通的形式看起来像是这样：

$$M - C \begin{matrix} LP \\ \\ MP \end{matrix} \cdots\cdots P \cdots\cdots C - M + \Delta m$$

让我们更密切地观察在这一过程中的不同步骤。资本家必须去购买生产手段(MP)：原材料、机器、半成品，所有过去劳动的产品(凝结的价值)。资本家必须按照交换的规则，以它们的价值为标准，支付这些商品。如果需要一个纱锭，那么体现在纱锭中的社会必要劳动时间就决定了其价值。如果某人使用了金制纱锭，这就不是社会必需的。为了保证劳动过程的运转，资本家需要在市场上获得足够的生产手段。对劳动力的采购所能保证的，是通过劳动过程(P)，使这些“死的”生产手段复活。

> 在劳动过程中，劳动不断由动的形式转为存在形式，由运动形式转为对象性形式。一小时终了时，纺纱运动就表现为一定量的棉纱，于是一定量的劳动，即一个劳动小时，对象化在棉花中。我们说劳动小时，也就是纺纱工人的生命力在一小时内的耗费，因为在这里，纺纱劳动只有作为劳动力的耗费，而不是作为纺纱这种特殊劳动才具有意义。(第 296 页)

换句话说，被并入这种纺纱活动的是抽象劳动，它的价值是以凝结在纱线中的社会必要劳动时间的形式被加入的。结果是

> 由经验确定的一定的产品量，现在只不过代表一定量的劳动，代表一定量凝固的劳动时间。它们只是一小时、两小时、一天的社会劳动的化身。(第 297 页)

更进一步，“在这里具有决定意义的是，在过程的进行中，即在棉花转化为棉纱时，消耗的只是社会必要劳动时间”。(第 296 页)

但是在一天的结束，如果所有事情都进展顺利，资本家就会神奇地发现，他们自己拥有了剩余价值。“我们的资本家愣住了，”马克思采用浓重讽刺的口吻写道。产品的价值不应该“等于预付资本的价值”，

预付的价值没有增殖？（第 297 页）如果按照等价交换的规律，剩余价值从哪里来？“通向地狱的道路”马克思用同样讽刺的口吻写道，“是由良好的意图铺成的”。（第 298 页）

所以，资本家在寻找更加高尚的理由来解释剩余价值。他们首先想到的是节欲。资本家节制当前的欲望，并将他们的储蓄用于投资。他们不期待从他们的节欲中获得某些回报吗？这是一个关于在资本主义的产生中，新教伦理作用的长期争论的主题。第二，资本家为人们提供了就业机会。如果资本家不利用他们的货币进行投资，就不存在就业。可怜的工人们！资本家通过投资他们的货币，而带给他们恩惠。难道资本家不值得对此获得一些回报吗？这是一个十分普通又显而易见，而且相当有说服力的论点——投资不创造工作岗位吗？我过去曾一直与我的母亲就这一问题进行探讨。她说，“但是，我们当然需要资本家！”那我就会说，“为什么，为什么？”她就会说，“如果没有资本家，谁会雇用工人？”她不能想象可能还存在其他雇用人们的方式。“资本家的作用是至关重要的，”她会说，“而且我们将他们维持在我们身边并且友善地对待他们是非常重要的，因为如果他们不雇用劳动者，世界将会变成一个可怕的地方，看看在 20 世纪 30 年代发生了什么！”第三个观点是，资本家说他们自己工作很努力。是他们创建了生产过程，负责管理日常事务，投入他们自己的劳动时间，并且承担了所有经营风险。是的，确实有许多资本家在工作，而且他们当中的一些人工作还很努力，但是当他们工作的时候，他们通常支付给自己双份的报酬，例如，他们会付给自己以他们投资上的回报率为标准的回报，而且他们还会按照经理的工资标准给自己发放报酬。他们会按照首席执行官的标准付给自己报酬，此外，他们还持有股票期权。

马克思将所有这些解释都当作托辞和欺骗的伎俩：

> 他用一大套冗长无味的空话愚弄了我们。为此他不费一文钱。他把这一类虚伪的遁词和空话都交给他为此目的雇用的政治经济学教授

们去讲。他自己是一个讲求实际的人，对于业务范围之外所说的话，虽然并不总是深思熟虑，但对于业务范围之内所做的事，他始终是一清二楚的。（第300页）

资本家可能真的会节俭和节欲，而且他们可能有时也会像他们的工人表达一种慈悲的态度（例如，在经济情况糟糕的时候，他们会不顾一切地试图去维持工人在就业队伍中的工作力量）。马克思的观点是，资本家不可能靠诉诸美德、道德或慈善手段，来维持整个系统的运转，资本家的个人行为，从慈善行为到邪恶贪婪之间的差别，与资本家为了成为资本家而必须做什么无关，也就是说，十分简单的，获得剩余价值。更进一步，他们的角色是确定的，正如马克思将在后面指出的，通过“竞争的强制规律”，促使所有的资本家都做出相似的行为，不管他们是好人或是众所周知的资本家。

随后出现了解释剩余价值问题的全部答案。你支付劳动力价值，回想一下，它是由在一定生活水平下，再生产劳动力所需要的商品的价值决定的。劳动者出卖劳动力商品，获得货币，然后获得生存所必需的一系列商品。但是它将占用劳动者每天中的几个小时，去再生产等值的劳动力。所以，“劳动力一天的维持费”和每天的价值创造，是两个完全不同的事情。“前者决定它的交换价值，后者构成它的使用价值”。回想一下，劳动处于C－M－C循环中，而资本处于M－C－M＋ΔM的循环中。

维持一个工人24小时的生活只需要半个工作日，这种情况并不妨碍工人劳动一整天。因此，劳动力的价值和劳动力在劳动过程中的价值增殖，是两个不同的量。资本家购买劳动力时，正是看中了这个价值差额。劳动力能制造棉纱或皮靴的有用属性，只是一个必要条件，因为劳动必须以有用的形式耗费，才能形成价值。但是，具有决定意义的是这个商品独特的使用价值，即它是价值的源泉，并且是大于它自身的价值的源泉。这就是资本家希望劳动力提供的独特的服务。在这里，他是按照商品交换的各个永恒规律行事的。事实上，劳动力的卖者，和任何别的商品的卖者一样，实现劳动力的交换价值而让渡劳动力的使用价值。他不交出后者，就不能取得前者。（第300—301页）

在劳动所获得的价值和劳动所创造的价值之间，存在一个关键的区别。剩余价值是在一个工作日中凝结在商品中的劳动价值，和劳动者从劳动力作为商品出让给资本家所得到的价值，二者之间的差异的结果。简单地说，劳动者被支付给劳动力价值，仅仅如此。资本家随后将它们以这样一种方式投入生产，即他们不仅再生产他们自己劳动力的价值，他们还生产剩余价值。劳动力对于资本家的使用价值是，它是一种能够生产价值，同时也能生产使用价值的商品。

当然，还有许多微妙之处需要考虑。例如，我们从前一章看到，劳动力价值不是一个固定的数量，而是由于物质需要、一个国家的文明程度、阶级斗争状况和其他所有情况的不同而不同。所以，瑞典的劳动力价值与泰国的或中国的劳动力价值之间，存在很大差异。但是，马克思为了简化分析，在这里他假定劳动力的价值是一个固定的数值。而且在一个既定的社会中的一个既定的时间上，我们可以大致地说出劳动力的价值水平。这保证了马克思能够假设，资本家将支付全部的劳动力价值（虽然他们会在实践中进行坚决的斗争，以支付给他们的工人更少的工资），并且还会使用它，而不管全部的价值是多少，通过挤出在劳动所获得的和劳动所创造的价值之间的差异，去生产剩余价值。这一差异是可以获得的，因为资本家控制了(a)劳动者在工厂里做什么和(b)产品。但是，在这一观点内部的背后，还存在另一个马克思还没有明确分析的变量：劳动者在一天中出卖的劳动时间是多长？如果劳动者在六小时中生产出了与他们的劳动力相当的价值，那么，很简单地，资本家只有通过让他们出卖更多的工时才能获得剩余价值。如果工作日是十小时，那么资本家就获得了相当于四个小时的剩余价值。这就保证了资本家在不以任何方式违背交换规律的情况下，获取了剩余价值。

正是在这一点上，我们需要提醒自己关于马克思的议题的二重性。他希望在此展示的是，即使在一个完全自由的社会中，在那里人们完全遵守所有的交换规则，资本家仍然有办法从劳动者身上获取剩余价值。自由的乌托邦最终变得不那么乌托邦了，而是支持劳动者的潜在的反乌托邦了。马克思并不是说，工资水平的决定机制实际上是这样发挥作用的，而是说，这些古典的自由政治经济学（而且这种倾向持续到了我们的新自由主义时代），在支持资本的过程中被严重地歪曲了。自由、平等、产权和边沁主义的世界只是一种掩饰，一个骗局，是为了保证在不违反交换规律的情况下，从劳动者身上获得剩余价值。

马克思已经开始形成了他的基本理论，即剩余价值来自劳动在劳动力作为商品时所获得的价值，和劳动者在资本的指挥下在劳动过程中所生产的价值之间的差异，这马上提出了一系列的警告。他观察到，例如，“劳动只是在生产使用价值所耗费的时间是社会必要时间的限度内才被计算”，而且这取决于在“正常的条件”下劳动力的作用。这引起了这样一个问题：什么是正常水平？劳动力，更应该具有“正常性质”，这再次给什么是正常水平的问题留出了空间，除非我们认为，这会由于不同专业而有所不同，而且，它意味着拥有“必须具有在该专业占统治地位的平均的熟练程度、技巧和速度”。劳动也必须

> 以通常的平均的紧张程度，以社会上通常的强度来耗费。资本家小心翼翼地注视着这一点，正如他小心翼翼地注视着不让有一分钟不劳动而白白浪费掉一样。（第303页）

由于它在后面作为劳动控制的一个重要方面而突然出现，在此，对“一般的强度”问题的非正式引入是重要的，因为“时间原子”就是“利润的要素”。（第352页）在所有这些过程中，资本家在交换规律下“坚持

他们的权利”，（《文集》第五卷，第 271 页）并充分使用已经购买的商品，也在充分行使处罚那些不与他的期望充分合作的人的权利。这些权利包括，使劳动不被浪费，也就是

> 因为浪费了的材料或劳动资料是多耗费的对象化劳动量，不被计算，不加入形成价值的产品中。（第 303 页）

我们在这里不仅看到的是已经被描绘出的，包含了资本对劳动过程控制的图景，而且正是通过对这些控制手段的实行，在劳动过程中社会必要劳动时间是什么的问题，变得更加清晰明确了。其结果是，出现了一个令人惊奇的二重性！

> 作为劳动过程和价值形成过程的统一，生产过程是商品生产过程；作为劳动过程和价值增殖过程的统一，生产过程是资本主义生产过程，是商品生产的资本主义形式。（第 304 页）

马克思再次区分了资本主义一般形式和资本主义特殊形式的商品生产，它们都利用商品生产去获得剩余价值，这样就形成了一个不同种类的统一体。

最后，他回到了如何解释在劳动过程中，技能差异的影响这一令人担忧的问题。技能劳动被当作“比重较高的劳动”的简单劳动。这种劳动力“比普通劳动力需要较高的教育费用，它的生产要花费较多的劳动时间，因此它具有较高的价值”劳动，相应地，“也就在同样长的时间内对象化为较多的价值”。（第 304—305 页）然而，在脚注中（第 395 页），他指出，较高级劳动和简单劳动，熟练劳动和非熟练劳动之间的区别，有一部分是基于单纯的错觉，或者至少是基于早就不现实的、只是作为传统惯例而存在的区别。他指出，这存在很长的历史，马克思曾经简短地暗示过，但是仍可对此做一些说明。例如，我在我自己的著作《第二帝国巴黎》中发现，对“技能”的定义存在很大的性别特性。任

何女人可以做的工作都被认为是非技能的，所以，当妇女开始进入一个行业时，其影响是将此行业的劳动非技能化。这可以部分地解释一些手工艺群体对妇女就业的敌意，以及普鲁东对妇女不属于工作场所而应该待在家里的主张。妇女就业的问题随后成为19世纪60年代在第一国际内部产生对立的一个主要来源。然而，这无助于解决如何解释被严格训练过的劳动，需要以高成本加以生产和维持的问题。马克思通过假设“在每一个价值形成过程中，较高级的劳动总是要化为社会的平均劳动，例如一日较高级的劳动化为x日简单的劳动。因此，假定资本使用的工人是从事简单的社会的平均劳动”，（第306页）再次绕开了这一棘手的问题。回答这一问题确实存在一系列的困难，那就是众所周知的从技能劳动简化为简单劳动的问题。但是，我在这里也会把它绕过去，为你留下一个将来要去检验的问号。

关于奴隶和工薪劳动之间关系的长篇幅脚注（第303—304页），值得我们对此做一些评论。当这两种劳动体系相互碰撞并变得具有竞争性时，其产生的影响是特别有害的。在市场被整合进资本主义的竞争性鞭挞下，奴隶制会变得更加残忍，同时，相反地，奴隶制也对工资和工作条件施加了强大的负面压力。任何在奴隶主和奴隶之间曾经存在过的人与人之间的关系，都可能将会被摧毁。当然，奴隶制度的内涵也存在很大的不同，但是，马克思所意味的价值的生产却不是这样。它需要一种不同的劳动过程。在一个纯粹的奴隶体系中，不存在抽象劳动。这就是为什么亚里士多德不能提出劳动价值论，因为这一理论只在自由劳动的情况下才起作用。记住，对于马克思来讲，价值不是普遍的概念，而是在资本主义生产方式中的工薪劳动的一个特殊概念。

第八和第九章　不变资本，可变资本和剩余价值率

在随后的两章中，马克思试图去澄清和巩固他的剩余价值理论，对

于这一理论，恩格斯在他为《资本论》第二卷所写的导言中提到，“好像晴天霹雳震动了一切文明国家”。这些章节的内容并不复杂，所以，我会相当简略地带过它们。

马克思首先对他所称的不变资本和可变资本做了区分。不变资本是已经凝结在商品中的过去劳动，它在目前的劳动过程中被用作生产手段。生产手段的价值是既定的，所以问题是，当它被结合进新的劳动过程中时，这一价值发生了什么变化？马克思认为，这一价值被简单地转移到新商品中去了。这一价值由于生产原料、机器等产业的生产率而不同，之所以将这一资本叫做“不变”，并不指它的价值是固定的。马克思想在这里发出的信号是，经过劳动过程的生产资料的价值，将会被凝结在新商品中。价值会像它经过劳动过程时一样保持不变。

由于特定环境的不同，实际的价值转移过程是复杂的。棉花进入一件衬衣，而且在这个例子中，棉花最终物理地成为衬衣的实体，所以，说棉花的价值被结合进了衬衣才是合理的。但是生产衬衣所使用的能量并没有在衬衣中被终止。而且你当然不喜欢机器中的一小部分在衬衣中被终止。所以，在物质转换和价值流动之间存在一种区分。两种流动过程是不同的，因为棉花是一种物理的、物质的使用价值，而价值是非物质的和社会的（虽然如此，但是正如我们在前面提到的，它也是客观的）。就像机器和其他劳动手段一样，原材料中也包含了一定数量的过去的价值。所有这些积累的过去的价值，被由活劳动重新唤醒的死劳动的形式带入了一个新的生产过程。所以，实际上，劳动者保存了已经凝结在原材料、部分制造的产品、机器和其他物品中的价值，并且通过使用它们（在生产性消费中）做到这一点。马克思将指出大量的事实，即劳动者是无偿为资本家作这些贡献的。

这些过去的价值和它们所凝结的价值不会、也不能创造任何新东西。它们只是简单地被使用和保存。例如，机器不能创造价值。这是一个重要的观点，因为持拜物观点的人通常认为，机器是价值的一个来源。但是在马克思的论述框架中，它们绝对不是价值的来源。所发生的事情是，机器的价值在劳动过程中被转移到商品中去。但是对于机器，存在一个问题，因为一台机器可能会使用二十年，而且你会用它生产大量的衬衣，所以问题是，每件衬衣上的机器的价值是多少？解释从机器到衬衣上的价值的流动状态最简单的方法是，例如，对于一台使用二十年的机器而言，每年机器价值的二十分之一将转移到那一年生产的衬衣上。劳动过程通过将它们转移到将在市场上销售的商品上，来保留所有的这些价值。这一情况可以发生，请注意，只是因为价值是非物质但是客观存在的，所以我们能够对它进行这种社会性的解释。

随后，还存在可变资本，即出让的、用于雇佣的劳动者的价值。它是如何流动的，会产生什么后果？死劳动被活劳动重新唤醒，并被转移到新商品的价值里。这是马克思的一个非常重要的观点，你可以直接看到它的政治意义。劳动者可以简单地通过拒绝和不变资本一起工作，就能拥有摧毁不变资本(例如，机器)的力量。如果劳动被“收回”(而且“生产性消费”停止)，那么，从机器到最终产品的资本的转换就会停止，随后不变资本的价值就会降低或全部损失。显然，这潜在地加强了劳动者的力量，而且劳动者发挥这一作用的程度，取决于他们会从这样的行为中得到的相应回报。总之，如果资本家因为他们给劳动者带来了就业，就认为他们有权力占有剩余价值，那么，为什么劳动者不能认为他们也可以占有剩余价值呢？因为没有他们的努力，所有由资本家持有的不变资本价值将会一文不值。

劳动者还通过将社会必要劳动时间凝结在产品中来增加价值。但是，他们创造的价值包括两个部分。第一，劳动者必须生产足够的价值以抵消他们本身被雇佣的成本。这就是说，当被转换到货币形式时，能够允许一个给定的地点和时间、以一个给定的生活水平，再生产劳动力。劳动者用他们的货币购买他们所想要的、需要的或希望得到的商品，以维持生存。在这种情况下，可变资本从文字上看，是通过劳动者的身体在C－M－C流通过程中的循环，这一循环过程通过个人消费和社会再生产，再生产出活的劳动者。可变资本的第二个方面是关于剩余价值的生产，这是一种超过一定生活水平下再生产劳动者所要求的价值的生产。这种剩余价值生产并再生产了资本家。实际上，马克思提出了一种剩余价值生产的价值增殖理论。

商品的总价值是由不变资本、可变资本加上剩余价值组成的(c + v + s)。如果资本家想获得剩余价值，那么可变部分就需要被控制。毕竟，机器不会去罢工，而且机器也不会以暴躁的方式行事(虽然它们有时会显得喜怒无常)。在劳动过程中，活跃的因素是可变资本。这是活的劳动被应用于生产的“形式之火”。马克思想通过警示工人阶级，他们在剩余价值生产和资本积累关系中的真正地位，来面对这种蓄意的拜物化。

所以资本循环的整个过程被确定了，而且也提出了不变资本和可变资本的定义。“那部分资本”，他以一个总结的形式写道，

> 转变为生产资料即原料、辅助材料、劳动资料的那部分资本，在生产过程中并不改变自己的价值量。因此，我把它称为不变资本部分，或简称为不变资本。
>
> 相反，转变为劳动力的那部分资本，在生产过程中改变自己的价值。它再生产自身的等价物和一个超过这个等价物而形成的余额，剩余价值。这个剩余价值本身是可以变化的，是可大可小的。这部分资本从不变量不断转化为可变量。因此，我把它称为可变资本部分，或简称为可变资本。(第 317 页)

这把我们带到第九章，马克思在那里以一种更加结构性的方式，使用了他所刚刚定义的范畴，并检验了它们之间的关系。在这里，他又采用了计算的方法。从表面上看，他在寻找对劳动力剥削程度的“准确表现”。但是，也存在他提出的一些比率的指标，都是有意思的。例如，他考虑了不变资本和可变资本之间的比率，c/v。这一比率是衡量劳动生产率的生产手段的价值，是指能够转移的劳动力的单一价值单位。这一比率越高，劳动越有效率。然后，他考虑了剩余价值和可变资本的比

率，s/v。这一比率衡量对劳动力的剥削率。剩余价值量是可以生产的劳动力的单一的价值单位。这一比率越高，对劳动力的剥削程度越严重。最后，是利润率，它是剩余价值和所使用的总价值(不变资本加上可变资本)之间的比率，s/(c+v)。利润率与剥削率不同。后者关注的是，在一定生活标准下，作为再生产他们自己的价值的回报，劳动者为资本家出让了多少额外的劳动。当然，你可以明显地发现，利润率总是低于剥削率。如果你对高剥削率有抱怨的话，那么，资本家就会向你出示他们的账本，来证明他们的利润率是低的。所以，随后你就会对资本家感到抱歉，并忘记高的剥削率！使用的不变资本越多，利润率越低(假设其他条件不变)。一个低水平的利润率可以和一个高水平的剥削率并存。在《资本论》第二卷，这将是一个重要的观点。资本家自己是以利润率为基础进行工作的，而且他们倾向于按照哪里利润率最高就在哪里去分配他们的资本的原则行事。其结果是造成了一种利润率平均化的趋势(由竞争驱动的)。如果我对某地投资形势进行研究，而且我认为我可以在那里获得更高的利润率，我就会把我的资本带到那里。但是，那不必然导致我是从剥削率最大化的角度去做好的决定，而这正是资本家应该感兴趣的关键因素。实际上，这是这个体系的拜物教吸引资本家的地方。即使资本家已经意识到了所有的这些问题，他们对此也无能为力。竞争驱使他们以利润率而不是剥削率为基础做出决定。如果他们到银行去借钱，银行是以利润率为基础做出决定的，而不是剥削率。

> 当然，不仅剩余价值同直接产生它并由它来表示其价值变化的那部分资本的比率具有重大的经济意义，而且剩余价值同全部预付资本的比率也具有重大的经济意义。因此我们将在第三册中详细讨论后一比率。(第323页)

在第三卷，马克思试图说明，这是驱使资本主义进入利润率下降的周期性危机的机制之一。对这一点我不能比马克思说的更多，所以，在这一点上我想强调的所有问题是，你应该认真注意，存在利润率 s/(c + v)和剥削率 s/v 之间的区别。

对于马克思和工人们来讲，剥削率才是真正重要的。更进一步，要理解资本主义发展的动力，就需要对剥削率进行分析，而不是利润率。所以这是马克思在这一章关注的内容。他谈道，剥削率可以从另一个不同的角度来研究。你可以把它当作剩余劳动(被资本家占有的)和必要劳动(再生产劳动力价值所需要的劳动)之间的关系，当作必要劳动时间和剩余劳动时间之间的关系，或者更正式地说，用于购买劳动力的价值与生产的总价值减去付给劳动力的价值的比率。然而问题是，当所有这些比率都起作用时，在实践中我们却没有办法观察它们。这不像在工作日中，当劳动者已经再生产了 v(或者花了必要的时间去生产 v)时，钟就响了，这样他们就知道，此后他们就是为资本家生产剩余价值了(或将他们的时间免费献给资本家)。劳动过程是一个持续的过程，它以一个其价值由 c + v + s 组成的商品为重点。

由于肉眼看不到凝结在商品中的价值的不同要素，马克思将继续提出这样一种观点，你可能不喜欢，那就是，这种分析模式实际上精确地产生了一种更好的政治经济学，因为它超越了市场的拜物教。资产阶级已经从市场的角度，创造了足够好的科学，但是他们不能从劳动过程的角度理解这一体系是如何运行的，而且他们所做的事情，也只是想掩盖真相。他们享有既得利益，会对工人说，劳动只是你带到市场上的生产的一个因素，那是你的贡献，为此你将得到一个在当前工资水平下的合理回报。他们不可能承认，劳动在自然的改造中是随象赋形、流动的、富于创造性的，它处于任何生产方式的核心，包括资本主义生产方式。没有人能想象资本家会为他们生产的所有价值而表扬工人，当然也包括支撑资本家利润的剩余价值。

马克思以一段有趣的批判结束这一章，他批判了一种典型的对劳动领域的资产阶级的表述。批判从这里开始

> 1836年的一个早晨，以经济学识和文体优美著称的纳索·威·西尼尔，这位在英国经济学家中在某种程度上相当于克劳伦的人，从牛津被召往曼彻斯特。他在牛津教授政治经济学，现在被召到这里来学习政治经济学。（第333页）

在浅显而且不是十分有效的《1833年工厂法案》中已经显示，国家机器至少在原则上准备好了为法定劳动工时立法，曼彻斯特的产业家们对于限定工作日时长到“文明的”十小时而来的政治动荡感到不安。在一本详细论述的小册子中，西尼尔认为，工人在前八个小时必须做的是，生产与被消耗的所有生产手段相当的价值（在马克思的表述中，是不变资本）。所以，西尼尔没有这样的概念，即工人可能转移了已经凝结在商品中的价值，并且他持有一种可笑的观点，即工人必须积极地再生产那些价值。后三个小时被用来再生产被雇佣的劳动力的价值（可变资本），而资本家的利润（剩余价值）只是在最后的一个小时才被生产出来。所以，十二小时工作日是资本家获得利润的绝对的基本条件。如果工作日的长度从十二个小时被缩短到十一个小时，那么，所有的利润都将消失，产业也会停止运行。马克思对此的回应是严厉的：“这位教授先生竟把这种东西叫作‘分析’！”（第334页）他提出。“西尼尔的最后一小时”是一种庸俗的经济理论，它只是为增进制造商的利益而设计的。

然而，西尼尔采取了一种可笑的方式，确认了马克思自己的理论。对资本家来说，工人的时间是至关重要的价值，这也就是为什么他们如此迫切地需要第十二个小时的原因。对工人时间要求的斗争取决于利润的来源，这正是马克思的剩余价值理论所假定的。这再次证实了马克思将价值作为社会必要劳动时间的定义的关联性。那么，关于临时劳动的社会必要是怎样的呢？资本家不仅必须要控制劳动过程、产品和劳动者的时间，而且还必须努力去控制临时性本身的社会属性。西尼尔认识到了这一基本的事实，而且，马克思也使用他的批判工具和他与工人阶级一致的立场，将西尼尔论点的糟粕变成一个启发性的瞬间。这样，对西尼尔最后一小时的批判，发挥了双重的重要性。一方面，它保证了马克思能够描写这样一位经济学家陷入的深度，他们试图在其中为资本家阶级创建一个辩护性的理论，而另一方面，它巧妙地将马克思置于这样一个地位，即他研究了由西尼尔的迷局所揭示的基本真相：对时间的要求是资本主义生产方式内部斗争的中心向量。所以，对西尼尔最后一小时观点的审视，为转到下一章做了一个圆满的转变，所有这些内容都有关于资本家的工时问题。

五

工作日

第十章　工 作 日

与前面的章节相比，第十章是以一种不同的方式建构的，并且是以一种不同的风格撰写的。它关注理论，其中含有充分的历史细节。同时，这一部分也引出了到目前为止我们还没有遇到的特殊范畴。马克思在此关注的是关于工作日长度的阶级斗争的历史。我在前面已经就《资本论》的逻辑和历史观点的复杂并相互交织的关系作了评论，而且在大部分篇幅中，我认为，以逻辑的观点为基础，我们会理解得更加稳妥。但这里的情况是，历史的叙述是合理的，因为我们更加清楚地看到，为什么资本主义生产方式必须通过并由阶级斗争来形成。

马克思是通过提醒我们在劳动价值论和劳动力价值之间存在一个空间开始的。劳动价值论是关于社会必要劳动时间如何通过劳动者被凝结在商品中的理论。这是由货币商品和一般货币代表的价值的标准。在另一方面，劳动力的价值，只是在市场上作为劳动力被出卖的商品的价值。这种商品在某些方面与其他商品类似的同时，也具有一些特殊的性质，因为这里加入了一种历史和道德的因素。不对劳动力价值和劳动价值论进行区分，就会造成人们的基本误解。

“我们已经假定”，马克思写道，“劳动力是按照它的价值买卖的”，而且“它的价值，和其他各种商品的价值一样，是由生产它所必要的劳动时间决定的”。（第 340 页）它与在一定生活水平下生产的，再生产劳动者所需要的那些商品的劳动时间相当。马克思假设这一价值是固定的，虽然我们知道（而且他也知道）这一价值由于商品的成本、文明的程度和阶级斗争的状况而不断变化。

当工人们在劳动过程中把价值附加在商品中，已经创造了恰巧相当于他们自身劳动力的价值时，在一天中就达到了一个点。马克思谈到，让我们假设，这发生在劳动过程的第六个小时后。由于工人的劳动超过了相当于再生产他们的劳动力的价值所需要的小时数，所以剩余价值出现了。他们额外工作了几个小时呢？那取决于工作日的长度。工作日的长度不像那些可以在市场上谈判的东西，以一种商品的形式进行等价交换（就像工资）。它不是固定的，它是流动的。它可以从六个小时，到十个小时，到十二个小时，到十四个小时，存在一个二十四小时的上限——这是不可能的，因为“劳动力的身体界限”，而且“工人必须有时间满足精神需要和社会需要，这些需要的范围和数量由一般的文化状况决定。因此，工作日是在身体界限和社会界限之内变动的”。（第341页）

随后，马克思在资本家和劳动者之间进行了一场虚拟的讨论。资本家，即劳动力的购买者，认为他有权利尽可能长时间地使用劳动力。最终，他，“只是人格化的资本”（提醒大家，马克思研究的是角色，而不是人）。“他的灵魂就是资本的灵魂”，“而资本只有一种生活本能，这就是增殖自身，创造剩余价值”。马克思认为，“资本是死劳动，它像吸血鬼一样”——而且这一章的内容就是如此，在其中我们将看到很多吸血鬼和人狼在周围奔跑，这是与通常人们所掌握的政治经济理论化模式的主要区分——“只有吮吸活劳动才有生命，吮吸的活劳动越多，它的生命就越旺盛”。如果劳动者要求休息或休假，“那他就是偷窃了资本家。可见，资本家是以商品交换规律作根据的。他和任何别的买者一样，力图从他的商品的使用价值中取得尽量多的利益”。（第342页）

工人，与机器和其他形式的不变资本不同，他们会做出反应。他们注意到，他们拥有这种叫做劳动力的产权，而且他们的兴趣就是保留它

的价值以备将来使用。资本家没有权利在每一天都如此压榨他们，这样就会缩短他们的工作生涯。这就是工人所说的，

这是违反我们的契约和商品交换规律的。因此，我要求正常长度的工作日，我这样要求，并不是向你求情，因为在金钱问题上没有温情可言。你可能是一个模范公民，也许还是禁止虐待动物协会的会员，甚至还享有德高望重的名声，但是在你我碰面时你所代表的那个东西的里面是没有心脏跳动的。如果那里面仿佛有什么东西在跳动的话，那不过是我自己的心。我要求正常的工作日，因为我和任何别的卖者一样，要求得到我的商品的价值。（第343页）

请注意，工人和资本家都根据交换的原则站在他们各自的立场。而马克思却不是这样，正如你可能期望的那样，他从一个革命的思想家的角度，大力宣传取消工资体制，但是希望工人和资本家都同意遵守市场交换的等价原则。唯一的问题是劳动者打算出让给资本家多少使用价值（将价值凝结在商品中的能力）。马克思的论述作了上述转变，是因为正如我已经强调的，《资本论》的一个关键目标，是摧毁古典自由主义的政治经济学所提出的乌托邦式的构想。“资本家要坚持他作为买者的权利，他尽量延长工作日”，而且，

工人也要坚持他作为卖者的权利，他要求把工作日限制在一定的正常量内。于是这里出现了二律背反，权利同权利相对抗，而这两种权利都同样是商品交换规律所承认的。在平等的权利之间，力量就起决定作用。所以，在资本主义生产的历史上，工作日的正常化过程表现为规定工作日界限的斗争，这是全体资本家即资本家阶级和全体工人即工人阶级之间的斗争。（第344页）

所以，最终，在三百四十四页篇幅的论述后，我们得出了关于阶级斗争

的观点。这是最终获得的！

这里有许多问题需要澄清。双方对“权利”的动议的接受，是对资产阶级关于权利的动议的霸权主义事实的描述。但是马克思随即指出，工作日长度的问题，不能通过诉诸权利和交换的规则和合法性来解决（这与他早期对蒲鲁东关于永久公正概念的抨击是并行的）。这种问题只有通过阶级斗争才能解决，即“力量”能够决定“公平权利”之间存在的问题。这一发现对理解当代资本主义政治具有分化作用。近期内，在“权利对话”中，出现了一个令人关注的高潮，而且许多政治力量已经投入这样一种观点，即，诉诸个体的人权是塑造一个更人道的资本主义体系的一种途径（如果不是以某种方式的话）。马克思在这里发出的信号是，如果不能重塑阶级斗争的含义，那么，在权利领域产生的许多重要问题就不能得到解决。例如，国际特赦与政治和公民的关系足够密切，但是当这种关注扩展到经济权利时就非常困难，因为如果不站在某一方的立场上，如资本一方或劳动一方，这些矛盾就不能化解。所以，你可以看出马克思的立场。在平等的权利之间（两者都带有交换规则的烙印）不能进行“公正的”判决。所有你能做到的就是，在争论中为你自己所属的一方而斗争。所以，这一章以一个关于一些“‘不可剥夺的人权’这种冠冕堂皇的条目”（第416页）可疑的注释结束，这与通过阶级斗争我们能达到什么目标相反。

在这一语境中，“力量”并不必然是指物理的力量（虽然在这成为至关重要的问题时，已经有了清晰的例证）。这一章的重要推进是关于政治力量，即动员并建立政治联盟和组织（例如，工会），以影响对一个“正常的”工作日具有立法权力的国家机器的能力。在马克思的解释中，存在一些可能的瞬间，它可能被抓住也可能被错过，这取决于政治形势中的偶发事件和参与其中的力量之间的关系。这里用的技巧，与马克思在对《十八世纪雾月革命》的研究中非常庄重地使用的技巧相似，即路易·波拿巴是如何继1848年巴黎革命失败后，夺取法国政权的。对马克思而言，在这一章中引用的材料，一方面，追随了资本主义生产模式的理论，另一方面，又对现存的资本主义社会转型的历史转变过程给予了深入的理解和特别的关注。阶级斗争的出现不是事先决定的。

对阶级斗争概念的引入，标志着一个古典和当代的经济理论中激进的分离。它强烈地改变了描述经济的语言体系，并改变了经济理论关注的焦点。在经济学的入门课程中，从未如此关注工作日的长度，也从未将其作为一个重要的问题来研究。在古典政治经济学中，也没有探讨过这个问题。而在历史上，对工作日、工作周、工作年(带薪假期)和工作生涯(有关退休年龄)的斗争在短期和长期一直都存在，而且这一斗争仍然伴随着我们。这显然是资本主义历史的基本面，也是资本主义生产方式的核心问题。我们怎么会形成忽略这一内容的经济理论呢?

相反，马克思的价值理论，直接将我们引向这一核心问题。之所以这样，是因为价值是社会必要劳动时间，这意味着在资本主义内部时间是基本的问题。正如古话所说，“时间就是金钱”！对时间的控制，特别是对别人时间的控制，一直是集体斗争的焦点。它不能被交易。所以，阶级斗争必须被转移到政治经济理论的中心地位，也应被转移到所有对历史和地理演化的理解的尝试上。正是在《资本论》的这一部分，我们可以开始欣赏马克思关于劳动价值论和剩余价值理论的“使用价值”。同时，当它成为理论指导的实证研究的实践时，将它作为理论工具的某种实证证明是错误的做法，当然会显示它的统一性。

随后马克思是如何引导我们研究这一关于工作日斗争的历史呢? 他注意到，资本主义不是唯一的统治阶级从剩余劳动和剩余价值获取利益的社会：

> 凡是社会上一部分人享有生产资料垄断权的地方，劳动者，无论是自由的或不自由的，都必须在维持自身生活所必需的劳动时间以外，追加超额的劳动时间来为生产资料的所有者生产生活资料。(第344页)

但是，在资本主义条件下，剩余劳动转化为剩余价值。所以，剩余产品的生产是资本家获得剩余价值的一个手段。这为资本主义剥削赋予了一个特殊的性质，因为，正如我们在前面看到的，以货币为形式的价值积累，是没有限制的。

> 如果在一个经济的社会形态中占优势的不是产品的交换价值，而是产品的使用价值，剩余劳动就受到或大或小的需求范围的限制，而生产本身的性质就不会造成对剩余劳动的无限制的需求。（第345 页）

更进一步讲，因为这种占有发生在一个以工薪劳动为特点的社会中，劳动者不会像农奴和奴隶所经历的剩余劳动那样，去经历他们剩余价值的生产（市场交换的拜物教掩盖了它）。马克思引用了中欧的强制劳役体制作为说明。在那里，劳动者被迫对土地所有者贡献一定数量的劳动日，这样，剩余劳动被挪用就是完全透明的。通过 1831 年俄国发布的解放农奴的布告，实际上形成了这样一种形式，强制劳役体制在其中替代了农奴制，在《组织规程》的指导下进行组织，允许确定“日工作”中的一定部分是流动和开放的。土地所有者（波维尔们）提出，“日劳动”不是由实际的一天来衡量的，而是由应该完成多少工作来衡量。这种工作要求不可能在一天内完成，所以，会用越来越多的实际天数，去做一个正式的“日工作”，直到“‘组织规程’规定的 12 日徭役，等于一年 365 日！”。（第 348 页）

这里存在一个重要观点的起源，我们将在《资本论》中多次遇到这一观点。对时间的衡量是灵活的，它可以为了社会的目的而被延伸并操纵，在这个例子中，十二个劳动日变成了三百六十五个实际的天数。这种对时间和时间性的社会的操纵，也是资本主义的一个基本特点。当对剩余劳动时间的获取成为阶级关系复制的基础时，关于时间是什么、谁去衡量它和如何理解时间性的问题，就会转移到分析的最前沿。时间不仅仅是给定的；它是社会地被建构的，而且永远受重建的制约（例如考虑一下，时间的视角在做决定中的作用如何，或者说，金融部门在近些年的转变）。在《组织规程》这种情况中，对时间的延长是明显的。劳动者完全知道他们出让给了领主多少剩余劳动，以及统治阶级延长了多少时间来达到这个结果。但是，19 世纪英国工厂法的突破——这一章的中心部分——是完全不同的：它“是通过资本家和地主统治的国家所实行的对工作日的强制的限制，来节制资本无限度地榨取劳动力的渴望”。（第 348 页）

马克思的论述带来了一个重要问题：为什么一个被资本家和地主统治的国家会同意，甚至经过深思熟虑之后会考虑，限制工作日的长度呢？在《资本论》中，至此，我们只是遇到了劳动者和资本家这样的人物，但是，地主到底做了什么？显然，正如马克思试图去分析一种真正的历史发展形势一样，他不得不去考察现存阶级的整合，以及当工人们不能直接获得国家权力时，阶级联合是如何运行的。在 19 世纪上半叶，英国基本是通过资本家和地主的权力关系来组织的，而且，如果不关注土地贵族的角色，就不可能去分析那段时期的政治。工人阶级运动的力量正处于这种背景之下。“即使撇开一天比一天更带威胁性地高涨着的工人运动不说”，马克思写道，

> 也有必要对工厂劳动强制地进行限制，正像有必要用海鸟粪对英国田地施肥一样。同是盲目的掠夺欲，在后一种情况下使地力枯竭，而在前一种情况下使国家的生命力遭到根本的摧残。英国的周期复发的流行病和德法两国士兵身长的降低，都同样明白地说明了这个问题。（第 348 页）

在国民财富的创造中，如果劳动正如土地一样，是一种关键的资源，如果它被过度剥削而且情况在恶化，那么，持续的剩余价值的生产能力就会被削弱。对于国家的利益来说，也会要求劳动者成为一种有效的军事

力量。所以，工人阶级的健康和处境关乎国家的政治和军事利益(正如在长篇的脚注重所解释的那样【第348—349页】)。例如，在1870—1871年德法战争中，被德国人占领的法国的快速溃败，部分应归因于相对于贫困的法国农民和工人阶级，德国农民拥有更好的健康状态。其政治含义是，使工人阶级状况恶化意味着军事上的危险。在二战期间，这一问题对美国变得重要起来，特别是在当它需要从贫困人口和一些非常特殊的人群中动员某些要素的时候。

马克思所关注的《英国工厂法案》，是出于经济和政治的/军事的原因，由国家推行和设计的，其目的是限制对活劳动的剥削，并防止劳动者状况的过度恶化。法律规定是一回事，但执行是另一回事。这把我们带到工厂视察员这一重要人物上来：他们是谁，他们从哪里来？他们当然不是激进的马克思主义者！他们来自职业的资产阶级。他们是公务员。但是他们在收集信息方面做了出色的工作，而且努力推进按照国家的要求来规制产业的利益。如果没有他们提供的大量信息，马克思就写不出这一章内容。所以，为什么一个由资本和地主掌控的国家，要雇佣工厂视察员来做这项工作？这是“一个国家的文明程度”进入讨论范围的地方，同时还包括资产阶级的标准和国家对军队的关注。在19世纪的英国，出现了一种(例如，查尔斯·狄更斯)强大的资产阶级改良主义的趋势，他们认为，那时存在的一些劳动实践是不应该存在于任何文明社会中的。这被引入了相同的“历史的和道德的因素”影响劳动力价值的讨论。所以，在工人阶级运动实际上正变得更加强大时，如果没有资产阶级改良主义的支持，特别是那一支由工厂视察员代表的派别，它就不会像已经发生的那样走得那么远。

工厂视察员必须面对的问题是，工作日在实践中应该被如何确定。劳动者应该在何时去工作？开始的时间是在工厂内还是在工厂外？而且对于午间休息该如何处理？马克思引用了一个视察员的报告：

“看来，靠超过法定时间的过度劳动获得额外利润，对许多工厂主来说是一个难于抗拒的巨大诱惑。他们指望不被发觉，而且心中盘算，即使被发觉了，拿出一笔小小的罚款和诉讼费，也仍然有利可图。”“如果额外时间是在一天之内零敲碎打地偷窃来的，那么，视察员要想找出违法的证据就会遇到几乎不可克服的困难。”

资本“零敲碎打地偷窃”工人吃饭时间和休息时间的这种行为，又被工厂视察员叫作“偷占几分钟时间”，“夺走几分钟时间”，工人中间流行的术语，叫作“啃吃饭时间”。

马克思随后引用了这一关键的观点：“时间的原子就是利润的要素。”（第352页）我想这是一个十分重要的论述。资本家试图在劳动过程中抓住工人时间的每一刻。资本家不仅简单地购买了一个工人十二个小时的劳动力；他们必须保证在这十二个小时中的每一刻都以最大的强度被使用。这当然成为一个工厂的纪律和监督体系的所有内容。

如果你相信早期的电影，电话接线员有时间和你闲聊（我年龄足够大，甚至能够记住与她们调情的镜头）。但现在电话接线员要遵守一个严格的电话时间表，来处理每一个小时。她们如果不能遵守时间表，就会被解雇。时间表的安排一直是非常严密的，所以，如果你能够占用她们两分钟的时间，就是在享受特权了。我曾经看到这样的叙述，一位接线员在电话上花了半个小时与一位显然是他（她）的妈妈去世了的小孩通话；这位接线员后来被解雇了，因为她没有遵守时间规定。这是普遍地有特点的劳动过程。资本家想占有时间，他们想得到作为利润中因素的那些时刻。这是价值作为社会必要劳动时间这一事实的必然结果。由于它具有所有的抽象性，价值理论揭示了日常实践和在生产场所发生与经历的一些重要问题。它触及到资本家是如何行事的，也触及到工人生活的现实。

在这章的第三部分，马克思详尽地讨论了“在剥削上不受法律限制的英国工业部门”。我不打算再重复这些内容，因为马克思在对火柴行业、壁纸、麻布和特别是烘焙行业（在那里，夜班和面包掺假是一个重大的问题)劳动实践的惊人叙述，是相当令人信服的。马克思还引用了由于加班造成事故的例子，例如，一次发生在铁路上的事故，在这次事故中，验尸官提出，这次由于工人缺乏注意力而导致的事故，很可能是由于他们过长的工作时间造成的。随后，还有一个著名的关于玛丽·安·沃克利的案例，“二十岁的女时装工玛丽·安·沃克利在一家很有名的宫廷时装店里做工”——在这样一种情况下“店里的少女平均每天劳动十六点五小时，在忙季，她们往往要一连劳动三十小时，要不时靠喝雪莉酒、波尔图葡萄酒或咖啡来维持她们已经不听使唤的‘劳动力’——她简直就是直接死于过度工作”。(第364—365页)死于过度工作的情况不仅只发生在19世纪。日本人专门为此发明了一个技术名词，过劳死(karōshi)。人们确实死于过度工作，而且许多人的生命由于他们所忍受的过度工作或他们所面对的工作条件而缩短。在2009年，联合农场工人起诉加利福尼亚职业安全和健康管理部门，因为他们没有保护农场工人，使他们处于致死的高温环境，他们为此引用了三个由于热衰竭而造成的不必要死亡的案例。

马克思在这里描述的是，当资本和劳动之间的权力关系变得如此不平衡时将会发生什么，那就是，劳动力被降低到一个不断恶化的地位，甚至会导致过早的死亡。这一问题由于换班制度的出现而更加恶化，在这一章的第四部分描述了这种制度。没被使用的资本就是损失的资本，提醒大家，资本不是一台机器或一定金额的货币，而是处于运动状态的价值。如果一台机器没有被使用，它就是死的资本，所以就有使它不停运转的压力。生产过程的连续性变得非常重要，特别是在如鼓风炉和重金属工程那样的产业中，因为这些行业使用了大量的固定资本装备。对保持固定资本被使用的需求，要求一种二十四小时的工作日安排。由于单个的工人不能二十四小时连续工作，就使用了换班制度，后来还补充使用了夜班和倒班制。请记住：工人不仅生产剩余价值，他们还能使固定资本复活。其结果是通过换班制度的夜班倒班工作制来做到这一点。所以，不存在一种“自然工作日”，而只存在对它的不同建构，这与资本家不惜以任何代价来保持一种流动的持续性的要求相关。

第五部分讨论了为争取正常工作日的斗争。在资本可能消费劳动力的时候，劳动力每日的价值已经被支付，但工作时间的长度如何？直接地说，资本，将尽可能拿走它能够拿走的数量。对于资本来讲，

> 工人终生不外就是劳动力，因此他的全部可供支配的时间，按照自然和法律都是劳动时间，也就是说，应当用于资本的自行增殖。至于个人受教育的时间，发展智力的时间，履行社会职能的时间，进行社交活动的时间，自由运用体力和智力的时间，以至于星期日的休息时间(即使是在信守安息日的国家里)——这全都是废话！但是，资本由于无限度地盲目追逐剩余劳动，像狼一般地贪求剩余劳动，不仅突破了工作日的道德极限，而且突破了工作日的纯粹身体的极限。它侵占人体的成长、发育和维持健康所需要的时间。它掠夺工人呼吸新鲜空气和接触阳光所需要的时间。它克扣吃饭时间，尽量把吃饭时间并入生产过程本身。(第 375—376 页)

当我阅读这些段落时，我经常记起查理 · 卓别林的《摩登时代》中装配线的场景。资本

> 因此对待工人就像对待单纯的生产资料那样，给他饭吃，就如同给锅炉加煤、给机器上油一样。资本把积蓄、更新和恢复生命力所需要的正常睡眠，变成了恢复精疲力竭的有机体所必不可少的几小时麻木状态。在这里，不是劳动力维持正常状态决定工作日的界限，相反地，是劳动力每天尽可能达到最大量的耗费(不论这是多么强制和多么痛苦)决定工人休息时间的界限。资本是不管劳动力的寿命长短的。它惟一关心的是在一个工作日内最大限度地使用劳动力。它靠缩短劳动力的寿命来达到这一目的，正像贪得无厌的农场主靠掠夺土地肥力来提高收获量一样。(第 376 页)

土地的耗尽和劳动者的活力并存，回应了马克思在第一章中的叙述，在那里马克思引用了威廉·配第的观点，即“劳动是物质财富之父，土地是财富之母”。(第134页)但是这也意味着，生产所有财富所要求的对资源的过度使用，会对资本主义自身带来危险。在某些情况或其他情况下，资本家也会认为，一个正常的工作日可能不算是一个糟糕的想法。

> 既然资本无限度地追逐自行增殖，必然使工作日延长到违反自然的程度，从而缩短工人的寿命，缩短他们的劳动力发挥作用的时间，那么，已经消费掉的劳动力就必须更加迅速地得到补偿，这样，在劳动力的再生产上就要花更多的费用，正像一台机器磨损得越快，每天要再生产的那一部分机器价值也就越大。因此，资本为了自身的利益，看来也需要规定一种正常工作日。(第377页)

然而，问题是，相互竞争中的单个资本家，不会停止对基础性资源——劳动和土地的过度使用。由于在“可持续的”劳动力中的资本家的阶级利益和面对竞争的资本家的短期的个人行为之间存在对抗，所以存在这种可能。因此，应该对他们之间的竞争施加一些限制。

马克思指出，奴隶的所有者，假如他们手边有一个廉价奴隶的新来源，如果他们愿意，就能够通过过度工作来杀死他们现有的奴隶。但是，这对于劳动市场也是一样的：

> 把奴隶贸易换成劳动市场，把肯塔基和弗吉尼亚换成爱尔兰以及英格兰、苏格兰和威尔士的农业区，把非洲换成德国再看看罢！我们已经听到，过度劳动使伦敦的面包工人不断丧生。(第378页)

马克思在这里引入了另一个重要概念：剩余人口。剩余人口保证了资本家能够过度剥削他们的工人，而不顾他们的健康或福利状况。当然，剩余人口对于资本家来讲，必须是可获得的。马克思在这里引用了《贫困法》官员的案例，他被指示去“把农业区的‘过剩人口’送往北方，并表示工厂主们将吸收和消费这批人”。（第378页）在他们为制造业地区提供剩余劳动的同时，农业区很方便地使他们自己推卸掉了他们在《贫困法》中被规定的义务。

一般说来，经验向资本家表明：过剩人口，即同当前资本增殖的需要相比较的过剩人口，是经常存在的，虽然这些人发育不良、寿命短促、更替迅速、可以说尚未成熟就被摘掉。另一方面，经验向有头脑的观察者表明：虽然从历史的观点看，资本主义生产几乎是昨天才诞生的，但是它已经多么迅速多么深刻地摧残了人民的生命根源；工业人口的衰退只是由于不断从农村吸收自然生长的生命要素，才得以缓慢下来；甚至农业工人，尽管他们可以吸到新鲜空气，尽管在他们中间自然选择的规律（按照这个规律，只有最强壮的人才能生存）起着无限的作用，也已经开始衰退了。（第380页）

剩余人口影响了资本家是否要去关心劳动力的健康、福利和生活期望的行为。作为单个的资本家，他们也可能会关心。但是受到在竞争条件下的利润最大化的强制，单个资本家没有其他选择。

我死后哪怕洪水滔天！这就是每个资本家和每个资本家国家的口号。因此，资本是根本不关心工人的健康和寿命的，除非社会迫使它去关心。人们为体力和智力的衰退、夭折、过度劳动的折磨而愤愤不平，资本却回答说：既然这种痛苦会增加我们的快乐（利润），我们又何必为此苦恼呢？不过总的说来，这也并不取决于个别资本家的善意或恶意。自由竞争使资本主义生产的内在规律作为外在的强制规律对每个资本家起作用。（第381页）

不管他们是出于好心还是歹意，资本家迫于竞争，不得不使用与他们的竞争对手相同的劳动管理方法。如果你的竞争对手缩短了他们所雇用的工人的生命，那么，你也必须这样做。这就是竞争的强制规律的作用。“竞争的强制规律”这个短句，将会重新回到我们的讨论中，而且会多次出现。重要的是，正如它们在这里所起的作用一样，我们要注意到这些强制规律会在哪里起到决定性的作用。

这促使马克思去思考“几个世纪以来资本家和工人之间斗争的结果”，它导致了“正常工作日的规定”。他饶有兴趣地注意到“但在这个斗争的历史中，出现了两种对立的倾向”。（第 382 页）在中世纪时期，很难使人们成为工薪劳动者。如果人们不能使他们自己以土地为生，他们会成为流浪者、乞丐甚至公路上的抢劫犯（像罗宾汉那样）。所以，（统治阶级）制定了法律，以明确工资关系，采取延长工作日长度的做法，并将乞讨者和流浪者治罪。实际上，一种规制性的手段被创立出来（而且马克思将在第八部分再次讨论这个问题），以将人口社会化为工薪劳动者的角色。在他们被要求进行一个好的“日劳动”前，流浪者被鞭打，并被戴上枷锁。而且，在第一个这种身份中，一个好的“日劳动”被确定为十二小时的工作日，从 1349 年开始。劳动纪律就是在英国这样实施的。你将发现，在 19 世纪及后期，相似的问题还出现在殖民统治地区。当时的报告显示，在印度或非洲存在的问题是，你找不到当地人去从事一个“正常的”工作日的工作，更不用说一个“正常的”工作周了。他们通常的做法是，只做一点点工作，然后就消失了。当地人的时间观念不符合时钟定时的观点，并且由于时间是利润的要素，所以妨碍了资本家获取价值的能力。当地人缺乏时间的纪律是殖民统治者经常提出的抱怨，他们已经做了大量的努力，来灌输劳动纪律的意识和一种恰当的时间观念。（我已经听说，当代的大学管理者也对学生们有相似的抱怨，甚至还开设了一门由哈佛大学教育天才所讲授的课程，他坚持认为，要正确地教育大学生，我们首先必须要做的事情，是灌输一种恰当的时间纪律观念。）

关于中世纪和中世纪后期，人们对时间的态度的研究，以及伴随着资本主义(或者像一些人所偏好的说法，是“现代性”)的兴起，人们在时间观念上的转变，现在可以得到一份详尽的文献。例如，我们都太容易忘记，“小时”这个概念在很大程度上可能是13世纪的发明，“分钟”和“秒”只是在17世纪后期才开始成为通用的计时单位，直到最近一段时期，像纳秒这样的概念才被发明出来。时间单位的发明，不仅有自然的，而且有社会的决定因素，它们的发明与封建主义到资本主义的转变相关。当福柯谈到治理的起源时，他实际上讨论的是这样一个时刻，即在人们开始将时间纪律的观念内化，而且学习在几乎不做任何思考的情况下，可以按照这一观念生活。当我们达到这样一种程度，即当所有人都已经将这种观念内化时，我们就掌握了一定的对时间性和它所额外附加的实践的思考方法。对于马克思来讲，这种时间性的产生，与作为社会必要劳动时间的价值的出现相关。对于他来讲，阶级斗争的作用处于中心地位，而福柯对这一问题则倾向于采取回避或低估的态度。马克思说道，

> 我们看到，这些按照军队方式一律用钟声来指挥劳动的期间、界限和休息的细致的规定，决不是议会设想出来的。它们是作为现代生产方式的自然规律从现存的关系中逐渐发展起来的。它们的制定、被正式承认以及由国家予以公布，是长期阶级斗争的结果。(第394—395页)

认为“在平等的权利之间，力量就起决定作用”，不再是一个重要的问题，但是，认识到关于世界的、时间思考的、霸权形式的阶级特点，则是一个重要问题。这里就不仅涉及时间性，因为空间性也出现了。对于思想家们而言，存在的问题是，像1770年《论手工业和商业》的匿名作者所说的，对劳动人口的一部分，采取“缓解和懒惰”的态度是一个“至关重要的”倾向(第387页)。马克思引用了该文：

> 只有我们的工业贫民情愿做6天工而依旧领取现在做4天工所得的工资，情况才能根本好转。为了这种目的，也为了“根除懒惰、放荡和对自由的奢望”，同时也为了“减轻济贫税、鼓励勤勉精神和压低手工工场的劳动价格”，我们的忠于资本的埃卡尔特提出了一个行之有效的办法，就是把这些依赖社会慈善事业的工人，一句话，把需要救济的贫民关进“理想的习艺所”。“这种习艺所应当成为恐怖之所。”在这种“恐怖之所”，这种“理想的习艺所”里，“每天”应当劳动“14小时，不过其中包括适当的吃饭时间，因此净剩的劳动时间是整整12小时”。(第388页)

马克思随后做了他的回答。这对贫民来说相当于一个恐怖之所，他写道，

> 需要救济的贫民的“恐怖之所”在1770年还只是资本灵魂的梦想，几年以后，它却作为工场手工业工人自身的庞大的“习艺所”矗立起来了。它叫作工厂。但是这一次，理想在现实面前大为逊色。(第389页)

空间的组织是由工人承担的纪律规训手段的一部分。这几乎肯定地启发了福柯在他的书，例如《疯癫与文明》、《规训与惩罚》和《临床医学的诞生》中，关于空间组织的纪律规训手段(像他的模板，带有圆形监狱)的不同研究。当他这样明确地将马克思对工作日的分析作为一个启发时，我想这是具有讽刺意味的，因为在英语世界中，福柯经常被认为是一位与马克思的观点完全相左的思想家。在我看来，福柯完成了一项出色的工作，他将马克思的观点普遍化，并赋予了它实质性的内容。虽然在他的后期作品中，他摆脱了马克思主义者(特别是当时在法国的毛主义者和共产主义者)的观点，但他早期的关于精神病院、监狱和诊所的文本，在我看来，应该被理解为是对马克思关于规训的资本主义的出现，

在其中工人不得不被社会化并接受管理以接受资本主义劳动过程的时空逻辑观点的继续，而不是脱离。

当然，问题是如何形成并维持目前仍伴随我们的工人的纪律规训。随后存在的问题是，对那些因为不遵守纪律，就被认为是奇怪甚至是不正常的人，该怎么办。这是福柯的同时也是马克思的观点：他们被称为疯子或反社会的人，被囚禁在精神病院或监狱；或者如马克思所指出的，他们被戴上枷锁，遭受嘲笑并被惩罚。所以，要成为一个“正常的”人，就需要接受对资本主义生产方式来说是便利的、一定类型的时空的纪律规训。马克思所要表达的是，这根本就不正常——它是在这一历史阶段以这一特别的方式，并且由于这些特殊的原因而产生的社会建构。

显然，资本家必须从根本上进行坚决的斗争来延长工作日，并将它常规化到，比如说十小时或十二小时（正像马克思所处的时代那样）。在前资本主义社会，“工作时间”由于环境的不同而有很大差异，但是在许多情况下，一天不会超过四个小时，而一天中的其他时间被用于社会化的工作和其他活动，它们不能被认为是对物质生存条件有所贡献的“生产性”活动。在我们的社会形式下，一个四个小时的工作日被认为是可笑的、不合适的并且是不文明的，这引出了一些在我们自己的文化中的关于“文明程度”的问题。一名社会学者的选择很可能是以恢复四小时工作日为目标！

在第六部分，我们了解到，在工业化的英国，由于工人们致力于反抗工作日过长，而在19世纪30和40年代发生的历史。马克思涉及了一种特殊的政治动力，它的情况与此相似（在这里我用我的方式来讲述，以帮助澄清马克思的描述）。在19世纪20年代的英国，拥有土地的贵族仍然主导着英国的政治力量。它拥有议会，拥有上议院，它拥有郡主政体，并主导军队和司法机构。但同时也出现了资产阶级，部分由传统的商人和金融食利者组成（分布在伦敦和港口城市，像布里斯托和利物浦，他们从奴隶贸易中赚了很多钱），现在还包括曼彻斯特地区，一个以棉花制造为中心、日益增长的、强有力的产业利益。后者成为强有力的、对一种特殊版本的经济理论的倡导者，这种经济理论受自由市场和自由贸易思想(提醒大家，曼彻斯特是西尼尔学习经济学的地方)的主导。虽然财富在日益增长，但相对于拥有土地的贵族，产业资本家的政治权力却不强大。所以，他们寻求改革议会体系，试图通过这种做法在国家机器中获得更多的权力。在这一过程中，他们不得不与拥有土地的贵族进行严肃的斗争。在斗争中，他们寻求多数民众的支持，特别是寻求职业的中产阶级和一个善于表达的、自我教育的、技术工人阶级的支持(区别于那些没有受过教育的劳动大众)。简而言之，产业资产阶级寻求同技术工人阶级的联合运动，来反对拥有土地的贵族。在19世纪20年代，通过大量的煽动工作，他们全力以赴地推动1832年的改革法案，这一改革将议会的代表体系转变为对他们有利，并放开了参选资质，这样就温和地赋予了财产所有者投票的权利。

但是，在引导进行改革的煽动过程中，他们也对工人阶级做了所有的政治承诺，包括将投票权扩大到技术工人，调整工作日的长度，并且对压迫性的劳动条件采取某些改善。但改革法案很快就被工人们称为“极大的背叛”。因为产业资产阶级得到了他们想要的改革成果，而工人阶级却根本没有得到任何东西。1833年第一个对工作日长度调整的工厂法案是脆弱的，而且没有取得任何效果(虽然它开创了这一问题上国际立法的先例)。工人们被这种背叛所激怒，并发起了一项政治运动，被称为宪章运动，这一运动开启了工人对大众生活条件和令人震惊的产业劳动条件的反抗。在这一时期，土地贵族对产业资产阶级日益增长的权力显得更加对抗了(阅读狄更斯或迪斯雷利小说，就会发现当时这种紧张状态无所不在)。他们倾向于以国家的(军队的)利益为基础，部分地支持工人的要求，但也是通过“地位高则责任重”这种典型的贵族政治来做到的，他们把自己描述成不会像下流的产业资本家所做的那样去剥削工人、家长式的人物。这就是工厂视察员之所以出现的部分原因。工厂视察员的出现是由土地贵族促成的，是为了限制无情的产业资本家的权力。在19世纪40年代，产业资产阶级受到了土地贵族和工人联合运动的强力推动，马克思称之为“一天比一天更带威胁性地”。(第348页)在1844年、1847年和1848年，更加强硬的工厂法案被提出讨论并获通过。

然而，这一关于阶级关系和联合的形成中的拼图迷局，还存在另一部分。曼彻斯特学派的经济学是自由主义和自由贸易的主要倡导者。这造成了一场关于《谷物法》的斗争(请注意，那时在英国“谷物”是指“小麦”，而不是美国所称的“玉米”)。高额的小麦进口关税，从对外竞争角度保证了土地贵族的收入。但结果造成了面包的高成本，而面包是工人阶级的基本食物。这时就由产业资产阶级发起了一项政治运动，由曼彻斯特的科布顿和布莱特(Cobden and Bright)领导，目的就是废除《谷物法》，他们向工人们解释，这将意味着他们会得到价格更便宜的面包。为了和工人形成联合，他们进行了不同的尝试(但不是十分成功，因为工人们牢牢记得他们曾经遭受“极大的背叛”)。后来在19世纪40年代终于进行了《谷物法》改革，从而降低了小麦关税，这严重地影响了土地贵族的财富收入。但是，当面包的价格变得便宜时，产业资产阶级又降低了工人的工资。按照马克思的说法，由于劳动力的价值部分地由面包的价格决定，较低价格的小麦的进口会导致较低的面包价格，这会反过来导致(假设其他因素不变)劳动力价值的下降。产业家们就可以支付给工人较少的工资，因为这时工人只需要更少的货币去购买日常生活所需要的面包！在19世纪40年代的这一阶段，宪章运动得到加强，工人的要求和工人的煽动情绪也在升级，但是没有出现反对他们团结的联合体，因为在产业(资产阶级)和土地(贵族)之间利益也正在进行深刻的分化。

产业资产阶级试图去破坏19世纪40年代工厂法案的执行。就像土地贵族们一样，他们用时间的概念来玩花招。由于工人们没有计时器，雇主们就调整工厂时钟的时间以获取额外的劳动时间。雇主周密组织工作计划，“然后又把他推开，接着又把他拉来，然后再把他推开，就这样一小段一小段时间地把他赶来赶去”。(第403页)这样，就像舞台上的演员，他们虽然参与了十小时的工作，但是却表演了十五个小时。工人们必须“有时抓住那一点零碎时间把饭吞下去”。(第404页)雇主们用换班制度来混淆时间概念，并且“工厂视察员是一种国民公会委员，想靠残酷无情地牺牲不幸的工人，来实现他们改善世界的奇想”。(第396—397页)早期的立法倾向于对妇女和儿童的就业给予特别的关注，这引起了界定儿童在什么年龄为成人的争论。“根据资本主义人类学的说法，儿童时代到10岁，或者至多到11岁就结束了”。(第392页)这就是产业资产阶级的文明程度！作为一名工厂视察员，列奥纳德·霍纳曾大声地抱怨到法庭也是没有意义的，因为他们所做的一切都使雇主被证明无罪。但是马克思注意到，在1848年，“托利党人”——土地贵族——对《谷物法》“渴望报仇”，(第395页)并坚持推动实行一项新的《工厂法案》，它会将工作日限制在十小时。

但是在1848年，爆发了资本主义周期性危机之一，主要表现为资本过度积累的危机，一场规模巨大的失业危机席卷了大部分欧洲，并在巴黎、柏林、维也纳和其他地方引发了强烈的革命运动；同时，宪章运动的鼓动在英国也达到了顶峰。面对这一情况，整个资产阶级对工人阶级的革命潜在力量感到了紧张。在1848年6月，巴黎出现了对工人运动的暴力镇压。随后建立了一个专制的政权，后来成为第二帝国，由路易·波拿巴在1852年执政。

在英国发生的事件远没有如此戏剧性，但是骚动的恐慌在蔓延。在那里，

> 宪章派也失败了。他们的领袖被关进监狱，他们的组织遭到破坏。宪章派的失败已经动摇了英国工人阶级的自信心。不久，巴黎的六月起义和对起义的血腥镇压，使欧洲大陆和英国的统治阶级的一切派别——土地所有者和资本家，交易所豺狼和小商人，保护关税论者和自由贸易论者，政府和反对派，教士和自由思想者，年轻的娼妇和年老的修女——都在拯救财产、宗教、家庭和社会的共同口号

下联合起来了！（第 397 页）

研究在寻求保护已经确立的资产阶级秩序中，“财产、宗教，家庭和社会”是如何频繁地作为一种意识形态的颂歌被炫耀出来，令人惊讶。我们不需要观察比美国近代历史更早的情况，在那里，如果不是因为他们极力忠诚地宣扬这些原则，那么，特别是共和党将不会存在。在 1848 年的英国，这意味着，“工人阶级到处被排除在法律保护之外，被革出教门，受到‘嫌疑犯处治法’的迫害。工厂主先生们可以为所欲为了”，并且，“他们进行公开的反叛”，“反对 1833 年以来力图对劳动力的‘自由’榨取稍加限制的一切立法”。“这次叛乱蛮横无耻，疯狂已极，持续了两年多，而这样做是十分便宜的，因为叛乱的资本家只是用自己工人的生命进行冒险”。（第 397 页）所有这些听起来与里根/撒切尔在 20 世纪 80 年代推行的新自由主义反革命运动非常相似。在里根执政期间，许多措施的推行是以劳动关系（通过“国家劳动关系委员会”和“职业安全和健康管理局”）被逆转或左派不再起作用为基础。这种情况也对国家机器中阶级力量和阶级联合的特点的变化，起到了至关重要的作用。

在 1850 年后英国发生了一些有趣的事情。

但是，随着资本获得表面上的最后胜利，情况立即又发生了变化。在此以前，工人虽然日复一日地进行不屈不挠的反抗，但是这种反抗一直采取守势。现在他们在兰开夏郡和约克郡召开声势浩大的集会表示抗议。他们提出，所谓十小时工作日法令只是一场骗局，只是议会的欺诈行为，根本就未存在过！工厂视察员急切地警告政府说，阶级对抗已经达到难以置信的紧张程度。甚至一部分工厂主也抱怨起来：“治安法官的互相矛盾的判决，造成十分不正常的、无政府的状态。在约克郡是一种法律，在兰开夏郡又是一种法律，在兰开夏郡的某一教区是一种法律，在邻近的教区又是一种法律。”

（第 405 页）

资本家实际上所采取的措施是，在这里、那里和所有地方，利用法律分化这些决定，所以，实际上这一法律不再是一致的了。但是 1850 年发生的骚乱所带来的严重威胁迫使

> 工厂主和工人之间取得了某种妥协，这种妥协被议会在 1850 年 8 月 5 日新的补充工厂法中固定下来。“少年和妇女”的工作日，在一周的前 5 天从 10 小时延长为 10.5 小时，星期六限制为 7.5 小时。（第 405 页）

一定的群体，如丝绸制造商，得到了豁免，然而“儿童们由于手指细巧而被杀戮”。（第 406 页）但是在 1850 年，

> 原则战胜了，它在作为现代生产方式的特殊产物的大工业部门中胜利了。1853—1860 年时期这些部门的惊人发展，以及同时出现的工厂工人体力和精神的复活，连瞎子也看得清清楚楚。连那些经过半个世纪的内战才被迫逐步同意在法律上限制和规定工作日的工厂主，也夸耀这些工业部门与那些仍旧是“自由的”剥削领域所形成的对照。“政治经济学”上的伪善者现在也宣称，认识在法律上规定工作日的必要性，是他们这门“科学”的突出的新成就。不难了解，在工厂大亨们被迫服从不可避免的东西并且同它和解之后，资本的抵抗力量就逐渐削弱了，而同时，工人阶级的进攻力量则随着他们在没有直接利害关系的社会阶层中的同盟者的增加而加强了。这就是从 1860 年以来进步较快的原因。（第 408—409 页）

这些同盟是谁？马克思没有指出来，但是它可能会主要回到职业阶层和改良主义的资产阶级进步派。在工人阶级没有投票权的情况下，存在一

个至关重要的因素。“这就是从 1860 年以来进步较快的原因”。(第 409 页)

但是马克思没有对此进行评论，这种改良主义没有受到工厂劳动条件的限制，而且它变得清晰的程度，甚至也会使参与程度日益提高的产业利益受益。这由伯明翰产业家乔瑟夫·张伯伦(Joseph Chamberlain)给予了最好的例证，他后来成为该市的市长，并由于他对市政府将在教育、基础设施(供水、排水、煤气照明等)和对贫困人口提供更好的住房条件的承诺，后来经常被人们称为“激进的乔”。至少在 19 世纪 60 年代，出现了产业资产阶级的分化，如果这能维持它的利润，它就没必要对这些改良主义的做法持反对意见。

这种整体的动态变化引发了一些评论。从数据可以明显看到，直到 1850 年前后，英国产业系统中的剥削率是惊人的，而且工作小时数也相当惊人，由此带来了工作和生活条件的可怕后果。但是这种过度剥削的状态自 1850 年以后开始有所缓和，而且在利润率或产出方面，也没有出现任何有标志性的负面影响。这种情况已经在部分地区发生，因为资本家找到了另一种获得剩余价值的方法(可以更快速地获得)。而且他们也发现，以一个更短的工作日为基础，一个健康和有效率的劳动力，会比 19 世纪 30 和 40 年代所使用的那种不健康、无效率、分散，经常流转和逐渐消亡的劳动力，更具有生产效率。资本家随后会鼓吹他们的这一发现和善心，并且在某些时候公开地支持在一定程度上对竞争的强制规律施加限制的集体调节和国家干预措施。如果将资本家阶级作为一个整体的角度来看，限制工作日的长度最终是一个好想法，那么，这对于由工人和他们的联盟所发起的限制工作日长度的斗争又意味着什么呢？这说明，工人或许愿意带给资本一定的好处。资本家被推动着进行一项改革，但这并不必然与他们的利益对立。换句话说，就像有能力瓦解它一样，阶级斗争的动力也能够轻易地帮助这一体系处于平衡状态。实际上马克思在这里承认，当资本家在五十年后最终屈服于调整工作日长度的观念斗争时，他们会发现，这一斗争对于他们同对于工人阶级的意义是相同的。

在第七部分，马克思考察了英国的工厂立法对其他国家的影响，主要是对法国和美国的影响。通过这一研究，他首先意识到，仅仅分析单个工人和他或她的劳动合同是不够的。

> 某些生产部门中规定工作日的历史以及另一些生产部门中还在继续争取这种规定的斗争，清楚地证明：孤立的工人，"自由"出卖劳动力的工人，在资本主义生产的一定成熟阶段上，是无抵抗地屈服的。因此，正常工作日的确立是资本家阶级和工人阶级之间长期的多少隐蔽的内战的产物。（第412—413页）

在其他国家，这一斗争受政治传统（例如，"法国革命的方法"，更多严重地依赖对"普遍权利"的宣称）和实际的劳动条件（在美国奴隶制度条件下，"在黑人的劳动打上屈辱烙印的地方，白人的劳动也不能得到解放"）的影响。（第414页）但是在所有情况下，作为一个"自由的当事人"出现在市场上的劳动力，会发现他在生产的王国中不是自由的当事人，在那里，"他'只要还有一块肉、一根筋、一滴血可供榨取'，吸血鬼就决不罢休。"（第415—416页）（在这里马克思引用了恩格斯的话）。必须吸取的教训是

> 为了"抵御"折磨他们的毒蛇，工人必须把他们的头聚在一起，作为一个阶级来强行争得一项国家法律，一个强有力的社会屏障，使自己不致再通过自愿与资本缔结的契约而把自己和后代卖出去送死和受奴役。从法律上限制工作日的朴素的大宪章，代替了"不可剥夺的人权"这种冠冕堂皇的条目，这个大宪章"终于明确地规定了，工人出卖的时间何时结束，属于工人自己的时间何时开始"。（第416页）

从这一结论中会引出几个问题。马克思对“不可剥夺的人权”的放弃，是对“权利对话”不能解决的基本问题，如决定工作日长度这样的问题的再确认。法庭也不能做到这点，但是在这里，马克思首次提出，工人必须“把他们的头聚在一起”，并作为一个阶级来努力，而且他们做到这点的方式，将对劳动条件和资本主义发展动力产生巨大的影响。这一斗争是自由本身确切定义的核心。让我在这里引用《资本论》第三卷的内容：

> 自由王国只是在必要性和外在目的规定要做的劳动终止的地方才开始；因而按照事物的本性来说，它存在于真正物质生产领域的彼岸。像野蛮人为了满足自己的需要，为了维持和再生产自己的生命，必须与自然搏斗一样，文明人也必须这样做；而且在一切社会形式中，在一切可能的生产方式中，他都必须这样做。这个自然必然性的王国会随着人的发展而扩大，因为需要会扩大；但是，满足这种需要的生产力同时也会扩大。这个领域内的自由只能是：社会化的人，联合起来的生产者，将合理地调节他们和自然之间的物质变换，把它置于他们的共同控制之下，而不让它作为一种盲目的力量来统治自己；靠消耗最小的力量，在最无愧于和最适合于他们的人类本性的条件下来进行这种物质变换。但是，这个领域始终是一个必然王国。在这个必然王国的彼岸，作为目的本身的人类能力的发挥，真正的自由王国，就开始了。但是，这个自由王国只有建立在必然王国的基础上，才能繁荣起来。工作日的缩短是根本条件。①

但是，我们也看到，资本家受竞争的强制规律推动，更可能以这种方式行动，即对作为一个阶级的他们的再生产的前景，造成严重的损害。如果劳动者作为一个阶级组织起来，并且可以迫使资本家改变他们的行

---

① Karl Marx, *Capital*, Vol. III, trans. David Fernbach (London: Penguin, 1981, 958-9).

为，这样，工人集体的力量就有助于将资本家从他们自身的愚蠢和短视中拯救出来，就能迫使他们认识到自己的阶级利益。其含义是，集体的阶级斗争能够在资本家的动力内部作为一个稳定器存在。如果工人完全没有力量，那么资本主义体系就会走向扭曲，因为我死之后哪管洪水滔天无法运转一个稳定的资本主义经济体系。显然，竞争的强制规律使资本家的地位下降，这一自我破坏的路径需要被容忍。与劳动供给方面存在的质量和数量的严重问题一样，对土地过度使用和对自然资源的掠夺也存在严重的问题。

由于马克思被宣称为一位革命的思想家，所以，我们将要得到的是一个困难的结论。在这一章中，他将自己用基本的假设包裹起来，即资本和劳动都在遵守交换规律的前提下，各自追求它们的权利。在这些含义下，对于工人来说，唯一可能的结果是一座“温和的监狱”，一个公平的日劳动，获得一份公平的日工资。在这里，不存在对资本家阶级的推翻和对阶级关系的废除。阶级斗争仅仅平衡资本和劳动之间的关系。阶级斗争作为一种维持资本主义生产方式的正面力量，也完全能够轻易地在资本主义动态内部被内化。这确实意味着阶级斗争既是不可避免的，也是社会必需的，但它对推翻资本主义的前景只起微弱作用。

我们怎样解释所有这些情况的政治含义呢？我的观点是同意这样一种提议，即对工人运动的一定程度的赋权，对资本主义能够有效地发挥功能来说是社会必需的，而且资本家越早认识到这一点并且服从于此，他们的境况就会越好。有大量的历史证据支持这一结论，甚至在国家这个层面上，正像美国新政时期那样，国家有意赋予工会运动权力，其目的不是为了推翻资本主义，而是有助于稳定工人阶级。关于劳动力价值和争取工作日长度的斗争，在资本主义社会中，是为了社会和政治的、同时也是为了纯粹经济原因、获得少量稳定性进步的基础。同美国强大的资本家阶级的增长相伴随，在 20 世纪 50 和 60 年代的欧洲出现了强大的社会民主治理时期，出现了资本和劳动之间的紧密社会关系。斯堪的纳维亚国家虽然设立了强大的社会保障体系，但他们在国际舞台上仍然保持相对成功的竞争者地位，甚至在最近朝着新自由主义的其他领域的转向过程中亦是如此，这些现象或许都不是偶然的。马克思也将会坚持，要理解资本主义社会的动力，阶级斗争是社会的必然状态这一发现，必须在理论上植入保持沉默的资产阶级政治经济学体系中。

但是还存在这样一个问题，即争取工作日长度的斗争和对工人阶级运动的赋权，会超越工会的意识并演变到更具革命性的需求中去。需要指出的一个问题是，工作日长度应该被限制在十小时或八小时，但是当工作日长度被减少到四小时，将会发生什么？在那一点上，资本家做了一个小的跳跃。正如在法国发生的那样，甚至认为三十五小时工作周和六周的强制休假时间都是过度的，并在部分资本家阶级和他们的同盟中，引发了一个要求在劳动法中应有更大程度“灵活性”的强大运动。这里的问题是，在什么程度上可以说改革已经走得太远了，并且实际上挑战了资本主义最基础的东西？

如果阶级斗争存在一个均衡点，那么，它既不是固定的，也是不为人们所知的。但是它确实取决于阶级力量的性质和资本主义所具有的与新要求相关的灵活程度。实行超短的工作日保证了资本家通过对更短的工时补偿的方式，来推动劳动的强化并提高生产效率。实际上，工人不可能在十二小时的工作日中一直保持高强度。一个有趣的例子发生在20世纪70年代的英国，矿工罢工反对爱德华·希思(Edward Heath)政府。面对劳动力短缺的状况，希思政府强制执行一种三天工作周的制度，但是随后的证据显示，生产活动并没有以相应的比例减少。他同时要求在晚上十点后不再播放电视节目，这使他在下一届的选举中被淘汰出局(我记得还出现了这一有趣的现象，即在九个月后，人口出生率出现了一个小高峰)。

我不能压抑自己停止思考这一章中的几个与当代情况相关的评论。直接地说，阶级斗争的动力(包括阶级联合的形成)一直持续存在，甚至从马克思的时代开始，就一直在工作日、工作周、工作年份和生命期中存在，而且在工作条件和工资水平的调整上，都发挥了至关重要的作用。在特定的地点和时间，马克思停顿下来并详细叙述的更加可怕和骇人听闻的工作和生活条件，目前已经受到了很大的限制，而他所描述的普遍存在的问题(人们对于许多职业，例如采矿、钢铁和建筑业的生命的期望值远远低于平均水平)从来没有消失过。但是在过去三十年，由于新自由主义的反革命倾向对政府放松管制给予了更多的重视，并通过全球化寻求处境更加脆弱的劳动力，所以在马克思时代被工厂视察员生动描述的那种工作和生活条件又复燃了。例如在20世纪90年代中期，我会在我的《资本论》课程中让学生们做如下练习。我会要求他们想象收到家里寄来的一封信，信中提到他们正在上《资本论》的课程，并评论说，这本书与过去的历史相关，它所描述的情况现如今早已被取代了。我向学生们提供了大量官方报告的摘要(例如世界银行的文件)和著名的报纸(《纽约时报》等)的剪报，内容描述了在中美洲生产GAP服装的工厂、在印度尼西亚和越南的NIKE工厂，或是在东南亚生产Levi Strauss产品的工厂的工作条件，并描述了伟大的儿童慈善家凯思琳·李·吉福德(Kathy Lee Gifford)，发现她为沃尔玛做广告的服装，或是由洪都拉斯几乎不付给做工的年少儿童工资的工厂制造，或是由坐落在纽约地区已经有数周没有得到工资的血汗工厂里的人们生产的时候，她是多么的震惊。学生们由此写出了精彩的论文，虽然在我建议他们是否愿意将这些论文寄回家时有些犹豫。

令人遗憾的是，目前的劳动条件变得更加恶劣了。在2008年5月，美国移民局和海关总署对衣阿华的一家肉类包装厂进行了突袭，并逮捕了三百八十九名涉嫌非法移民者，他们当中的许多人都还未成年，一周工作六天，每天十二个小时。这些移民被当作罪犯；其中有二百九十七人被判在遣返回国前，需入狱服刑五个月或更长时间，而官方只是在这一道德暴行被公布于众时，才开始迟缓地行动起来反对公司令人震惊的恶劣的劳动条件。在我教授的课程中，学生们也总结到，如果将当前存在的许多劳动实践放到马克思关于工作日的章节中，即使不考虑其中存在的不同，也完全容易解释清楚。这是新自由主义的反革命倾向以及部分劳工运动造成的权力的损失所带给我们的结果。悲观地说，马克思的分析与我们当代的情况也是戚戚相关的。

第十一章　剩余价值率和剩余价值量

第十一章是典型的承上启下的章节。在这一章中移除了一系列问题，以便提出另外一个问题。在进行一个实质性的转换前，马克思使用的研究方法转向了在一定程度上是枯燥的代数方法。他提出，资本家最关心剩余价值量的最大化，因为他们的个人社会权力取决于他们可支配的全部货币力量。剩余价值量来自剩余价值率乘以雇佣的劳动者的数量。如果雇佣的劳动者的数量减少，那么同样数量的剩余价值也可以通过提高剩余价值率得到。但是剩余价值率是有限制的，它不仅受一天二十四小时的限制，还受我们前面提到的社会和政治障碍的限制。面对这一限制，资本家可以增加雇佣的劳动者人数。但是在一些情况下，还将面临另一个限制，即可获得的可变资本的总和与劳动人口的总供给。当然，来自外部的限制是总人口的数量，但同样也存在可获得的劳动力远远小于总人口数量的因素。面对这两个限制，为增加剩余价值量，资本必须采取一种完全不同的策略。

就像在过渡的章节中经常出现的那样，马克思以一个概要的方式，向我们提供了我们已经到哪里并且我们将去哪里的概念性的图景：

> 在生产过程中，资本发展成为对劳动，即对发挥作用的劳动力或工人本身的指挥权。人格化的资本即资本家，监督工人有规则地并以应有的强度工作。其次，资本发展成为一种强制关系，迫使工人阶级超出自身生活需要的狭隘范围而从事更多的劳动。（第424—425页）

资本的人格化，以它对剩余劳动的渴求和它对剩余价值的不停追求，

> 远远超过了以往一切以直接强制劳动为基础的生产制度。资本起初是在历史上既有的技术条件下使劳动服从自己的。因此，它并没有直接改变生产方式。所以我们上面所考察的、单靠延长工作日这种形式的剩余价值的生产，看来是与生产方式本身的任何变化无关的。（第425页）

但是所有这些都会变化，包括逻辑和历史的变化。当“我们从价值增殖过程的观点来考察生产过程”时，生产的意义就变成“生产资料立即转化为吮吸他人劳动的手段。不再是工人使用生产资料，而是生产资料使用工人了”。这里历史的和逻辑的反转处于一种令人惊讶的转型的核心，这种转型存在于人们对资本主义生产方式的理解中。“不是工人把生产资料当作自己生产活动的物质要素来消费”，而是生产资料“把工人当作自己的生活过程的酵母来消费，并且资本的生活过程只是资本作为自行增殖的价值的运动”。（第425页）这来自这样一个简单的事实，即，资本家持有的生产手段的价值（在工厂中，凝结在纱锭和机器上的死劳动）可以被保存的唯一方式（更不用说以剩余价值形式的增殖部分），是对新鲜的活劳动的供给的吸收。对于“资产阶级的头脑”而言，随后出现的是，劳动者的存在，仅仅是通过对他们的劳动力的应用而给资本定价！

资本主义憎恨任何限制，准确地说，是因为货币力量的积累在原则上是无限的。资本主义会不断地努力，以超越所有的限制（环境的、社会的、政治的和地理的），并将它们转变为可以绕过或是可以回避的障碍。这赋予了资本主义生产方式一种确定的和特殊的个性，并为它的发展带来了特定历史的和地理的后果。我们现在转到在这一章中所面对的限制是怎样的问题——可以获得的劳动力的总和与剥削率——那些被资本转化为能够克服的障碍。

《资本论》,第四部分

六

相对剩余价值

第十二章　相对剩余价值的概念

第十二章通过一些复杂的建议，提出了一个简单的观点。然而这一章非常简单，所以理解不会出错。基本的观点如下：商品的价值由凝结在商品中的社会必要劳动时间决定，而且这一价值随着生产率的提高而减少。“总之，劳动生产力越高，生产一种物品所需要的劳动时间就越少，凝结在该物品中的劳动量就越小，该物品的价值就越小”。（第131页）

劳动力作为商品，它的价值受一切历史、文化和社会环境的影响。但是它也与劳动者再生产他们自己所需要的商品的价值相关，而且与它所依赖的一定的生活水平相关。

> 劳动力的价值可以归结为一定量生活资料的价值。因此，它也随着这些生活资料的价值即生产这些生活资料所需要的劳动时间量的改变而改变。（第276页）

如果其他因素保持不变，那么，随着那些再生产劳动者所需要商品的产业的生产率的提高，劳动力的价值将会下降。

> 要使劳动力的价值降低，生产力的提高必须扩展到这样一些产业部

门，这些部门的产品决定劳动力的价值，就是说，它们或者属于日常生活资料的范围，或者能够代替这些生活资料。（第432页）

对于资本家来说，这意味着他们能够支付更少的可变资本，因为工人们只需要更少的货币来满足他们的要求（由一个给定的生活标准决定）。如果资本家必须支付更少的可变资本，那么，即使工作日的长度是固定的，s/v的比率，或剩余价值率，也会上升。这样，虽然工作日的长度是固定的，但一份更大数额的剩余价值就会被资本家获取。

这一过程不涉及任何对交换规律的违背。为了有把握，资本家寻求去购买任何低于其价值的价格水平上的劳动力，这样就会增加他们所获得的剩余价值量。“虽然这种方法在工资的实际运动中起着重要的作用，但是在这里它应该被排除，因为我们假定，一切商品，包括劳动力在内，都是按其十足的价值买卖的”。（第431页）所以，对市场逻辑和古典政治经济学主题的接受，又一次优于对现实实践的研究，再一次显示了马克思对摧毁古典政治经济学以它们自己的理解所提出的乌托邦观点的历史使命。出现了另一个来自马克思解释方式的特别的结果。“生产力的提高必须扩展到这样一些产业部门，这些部门的产品决定劳动力的价值，就是说，它们或者属于日常生活资料的范围，或者能够代替这些生活资料。但是，商品的价值不仅取决于使商品取得最终形式的那种劳动的量，而且还取决于该商品的生产资料所包含的劳动量。”（第432页）所以，通过提高生产率来减少奢侈品的价值，并不能获得相对剩余价值。只有工资商品价值的下降才会起作用。

这就造成了一个难题。为什么单个资本家在他们自己各自的产业提高生产一种工资商品的生产率，同时所有的资本家都将受益？这就是我们现在所说的搭便车的问题。个人资本家进行创新，降低工资商品的价格，并且可以降低所有劳动力的价值，但他们通过这样做不能得到任何特别或是单独的好处。利益会被整个资本家阶级获得。那么这样做的个人激励是什么？

相对剩余价值能否通过阶级的策略而产生？虽然马克思没有在这一章提到这个问题，但他在前面的章节中涉及的一种情况就是这样——《谷物法》（对小麦进口的关税）的取消，就是曼彻斯特产业家们集体鼓动的结果。更便宜的小麦进口价格导致面包价格下降，使得工人工资被减少。这种阶级策略最终产生了重大的历史作用。同样的原因现在还存在于美国，有关于人们所提出的自由贸易的优势方面。沃尔玛现象和廉价的中国进口商品是受欢迎的，因为廉价的商品降低了工人阶级的生活成本。在过去三十年，工人的货币工资没有很大增长的事实已经被更多人认可，这是因为他们能够获得的商品的物质数量增长了（假如他们在沃尔玛购物）。采用完全同样的方法，19 世纪英国的产业资产阶级也希望通过廉价的进口商品，来降低劳动力的价值，所以在当前的美国，反对抵制廉价进口是出于保持劳动力价值稳定的需要。保护主义的关税可能有助于保护美国的就业机会，但会导致物价上涨，而这将会形成工资上升的压力。

在历史上，还产生了由国家组织的干预劳动价值的策略。例如，为什么纽约州不对食品征收销售税？因为那是基本的劳动力价值的决定因素。一种情况是，产业资产阶级曾经支持控制租金、低廉的（社会的）住房、对租金和农产品的补贴，也是因为要将劳动力的价值降低。所以我们能够指出很多都是曾经并且现在仍是由阶级策略提出的，通过国家机器来降低劳动力价值的情况。根据工人阶级获得少量国家力量的程度，他们能够行使这些力量来增加他们的实质性收入（虽然国家已经提供了许多产品和服务），并且提高劳动力的价值（实际上，是为他们自己要回部分潜在的相对剩余价值）。

在这一章中，马克思回避了这些问题，几乎肯定是出于他放弃了对资本家不断寻求以低于价值的价格购买劳动力的研究的相同原因。有意识的阶级策略和国家干预在马克思所建立的理论框架中是不可接受的。我们在这个问题上不需要完全跟随他，特别在我们对实际的历史感兴趣的程度上。但他还是通过坚持对自由市场的乌托邦主义的限制性的假设，完成了某些非常深刻的理论。他展示了个人资本家如何并且为什么，可能会被推动而进行创新（没有任何阶级或国家的干预），即使他们创新的回报将会被所有资本家阶级所享有。

“当一个资本家提高劳动生产力来使例如衬衫便宜的时候，他绝不是必然抱有相应地降低劳动力的价值，从而减少必要劳动时间的目的”。虽然通过他的行动，“他也就促成一般剩余价值率的提高”，个人资本家也不是以普遍的阶级意识为基础行动的。马克思随后警告说：“必须把资本的一般的、必然的趋势同这种趋势的表现形式区别开来”。这一特殊的段落说明，一些特殊的事情正在发生（拜物教的气息正弥漫在空气中）。那么他找到了什么？

> 这里不考察资本主义生产的内在规律怎样表现为资本的外部运动，怎样作为竞争的强制规律发生作用，从而怎样成为单个资本家意识中的动机。然而有一点一开始就很清楚：只有了解了资本的内在本性，才能对竞争进行科学的分析，正像只有认识了天体的实际的、但又直接感觉不到的运动的人，才能了解天体的表面上的运动一样。（第433页）

现在，我们需要长期努力地、批判性地仔细考虑他说了什么。在前面，我曾建议你在竞争的强制规律进入讨论时保持警觉，而且直接地说，它们在这里出现了。马克思似乎倾向低估这一规律的使用，虽然他也认识到，如果没有这一规律他就不能继续进行论述。在这一点上，我只能够提供我自己的解释，并且完全知道许多人将不同意我的说法。我想，在马克思分析供求关系波动的作用和竞争规律的作用之间，肯定存在一种并行的关系。关于供给和需求，马克思承认，这些条件在一种特定商品形成价格的变动中起到了至关重要的表面作用，但是当供求达到均衡时，他认为，供给和需求就不能解释任何事情了。供给和需求不能解释，为什么用衬衣交换鞋子是以它们现在的比率为基础的。这必须由完全不同的原因来解释，即凝结的社会必要劳动时间或价值。这并不意味着供给和需求是不相关的，因为没有它们就不可能存在均衡价格。供给和需求的关系对于资本主义生产方式是必要的，但不是充分的。在一种特别的商品生产中，个人资本家之间的竞争也起到了相似的作用。然而，在这种情况下，它重新确定了均衡的位置——商品的价值的平均价格——虽然那种商品的生产在生产率的一般水平方面存在变化。正如马克思在这里所描述的，竞争是一种发生在社会表面的附带现象，但是，像交换本身一样，它也具有一些不能借助于竞争去理解的更深层次的后果。这是他在《大纲》中的立场：不是竞争建立了资本主义运动的规律

> 而是这些规律的执行者。所以，无限制的竞争不是经济规律的真实性的前提，而是结果——是经济规律的必然性得到实现的表现形式。对于像李嘉图那样以存在着无限制的竞争为前提的那些经济学家们来说，被当作前提的是资产阶级生产关系特征的充分现实性和充分实现。因此，竞争不能说明这些规律，它使人们看到这些规律，但是它并不产生这些规律。

让我们看一看在这种情况下，这一过程是如何运行的。“为了理解相对剩余价值的生产，只根据已经得出的结果，要作如下的说明”。（第433页）提醒大家，商品的价值，是由社会的必要劳动时间决定的。“社会必要劳动时间是在现有的社会正常的生产条件下，在社会平均的劳动熟练程度和劳动强度下制造某种使用价值所需要的劳动时间”。（第129页）如果一个单个的资本家脱离了社会平均水平，并建立了更具生产率的体系，它具有超高效率，而且每小时不仅能生产十个小物件，而是能生产二十个，那么，将会发生什么呢？如果一个资本家这样做了，而其他的资本家仍然是一个小时生产十件，那么，这个资本家就能够以社会平均十件的水平或接近这一水平卖出他的产品，即使他能生产并销售二十件。“这个商品的个别价值低于它的社会价值，就是说，这个商品所花

费的劳动时间，少于在社会平均条件下生产的大宗同类商品所花费的劳动时间”。（第 434 页）创新的资本家就会以社会平均水平或接近平均水平的价格出售产品，而他的生产率远远高于社会平均水平，从而获得一份额外的利润和额外的剩余价值。这一差距是至关重要的，并且个人资本家获得了相对剩余价值形式的剩余价值。在这种情况下，无论资本家生产工资产品或奢侈品都无关紧要。但是这个资本家如何在原有的社会平均价格水平上，出售每个小时多生产的十个小物件呢？这里，供给和需求的规律就开始发挥作用了。答案是，它们可能无法以原来的价格被销售出去。所以商品价格开始下降。随着商品价格的下降，资本家赚取的利润就会减少。减少的利润额，是剩余价值从那些具有落后技术的资本家向那些具有先进技术的资本家的再分配。所以，那些以落后技术生产的资本家，就具有了采用新技术竞争的激励。一旦所有在这一领域生产的资本家都跟随并采用新技术，做到在一个小时内生产二十个小物件，那么，凝结在小物件中的社会必要劳动时间就会减少。由个别资本家获得的相对剩余价值的形式，只是在他或她具有比其他人更高级的技术时才会存在。它的存在是短暂的

> 当新的生产方式被普遍采用，因而比较便宜地生产出来的商品的个别价值和它的社会价值之间的差额消失的时候，这个超额剩余价值也就消失。价值由劳动时间决定这同一规律，既会使采用新方法的资本家感觉到，他必须低于商品的社会价值来出售自己的商品，又会作为竞争的强制规律，迫使他的竞争者也采用新的生产方式。（第 436 页）

所以在这一章中，相对剩余价值的第一个形式被认为是一种阶级现象。剩余价值被整个资本家阶级占有，而且它与决定劳动力价值的阶级斗争存在的前提条件一样，是永久存在的。第二个形式是个别和短暂的。正是这第二个形式，它授予了个人以优势，即个人资本家被迫通过竞争的

强制规律而追求的剩余价值。其结果是，所有资本家都处在一定的阶段，或者其他人被迫去采取同样的技术。剩余价值的两种形式并不是不相关的，因为，在工薪商品部门的短暂的创新，也会导致以一个物理的生活标准决定的劳动力价值的下降。“因此，提高劳动生产力来使商品便宜，并通过商品便宜来使工人本身便宜，是资本的内在的冲动和经常的趋势。”（第436—437页）

但如果你是一位头脑机智的资本家，你就会知道，如果你总能拥有一项更先进的技术的话，就总能获得这第二种短暂性的相对剩余价值。这产生了一些有趣的结果。假设新技术是一台新机器。马克思曾经指出，因为机器是死劳动，所以它们不能生产价值。但是，当你获得额外的相对剩余价值是因为你的新机器时，将会发生什么？因为机器不是价值的来源，它们不会是个人资本家的相对剩余价值的来源！一旦这些机器的使用变得普遍化，由于劳动力价值的下降，机器似乎就是所有资本家阶级的相对剩余价值的来源。这造成了一个特别的结果：机器不可能是价值的来源，但是它们可以是剩余价值的来源。

从马克思形成论述的方法中，我们可以看到，在个人资本家之间存在巨大跳跃式的技术创新的激励。如果我在一群人中处于领先地位，我比你拥有更先进、更有效率的生产体系，我就会在三年中获得短暂的剩余价值，你随后会追上我并超过我，并获得三年的短暂的剩余价值。所有个人资本家都在通过新技术去捕捉剩余价值。这就是资本主义的技术动力。

现在，大多数其他关于技术变化的理论，都将它视为某种机械之神，某种体制之外的变量，可以被归因为企业家内在的天才，或简单地归结为人类内在的创新能力。而马克思通常不愿意将某些因素归结为与一些外部力量处于同等重要的地位。他在这里所做的是找出一种简单的办法，来解释为什么资本主义在内部（内在地，正如我们喜欢的说法）具有如此不可置信的技术动力。他还解释了，为什么资本家持有一种拜物教的观点，即机器是价值的来源，并且为什么我们所有人都要服从于相同的拜物观念。但马克思是果断的。机器是相对剩余价值的来源，而不是价值的来源。由于资本家对剩余价值量感兴趣，而且因为他们一般都偏好于获得相对剩余价值，而不是面对绝对剩余价值的阶级斗争，所以一种“技术决定论”的拜物的信仰，作为对他们野心的答案就是完全可以理解的了。在我们针对这种观点修正我们自己思想的时候，我们甚至也经历了艰难的过程。

但是，存在另一个有意思的马克思受到限制去进行考察的推论，虽然他在其他地方也暗示了这一观点。假设工人只以面包为生，而且由于生产率的增长，面包的成本被减掉一半。假设资本家削减了四分之一的工资。这样，他们就获得了所有形式的相对剩余价值，也提高了一般剥削率。但是同时，工人可以购买更多的面包，并提高他们的物质生活水平。这带来的一个普遍问题是，在生产率增长中获得的收益如何在阶级之间分享？一个可能的结果是（不幸的是马克思没有对此加以强调）通过他们能够支付的物质商品（使用价值）来衡量，工人的物质生活水平可以提高，同时，剥削率 s/v 也在提高。这是一个重要的观点，因为经常从马克思那里听到的一个批判是，他相信存在剥削率的提高。批评家会质疑，怎么会出现这种情况呢？工人们（至少在先进的资本主义国家）现在拥有汽车和所有消费商品，所以，显然剥削率没有增长？难道工人们的处境不是更好了吗？部分答案是，这确实是事实，在马克思的理论所假设的情况中，劳动者的生活水平在稳定地提高，同时，剥削率或者提高，或者保持不变。（另一部分可能是，考虑到全球工人阶级中的一部分所获得的福利，是以对另一部分人的帝国主义的剥削作为回报的，但是那种情况在这里不适用。）

我看到，不幸的是马克思没有强调这一点，因为它会很容易地预先设置一个错误的、虚假的理论和历史批判的界限。但是，它也会使我们更加明确地关注这样的问题，即，作为历史和阶级斗争的一个重要方面，由生产率获得的利益是如何被分享的。美国的情况是，自内战以后，由较高生产率带来的收益，一部分会流向工人。一种典型的工会谈判策略是，工人对生产率的增长采取合作态度，同时以较高的工资水平作为回报。如果由技术动力带来的福利得到广泛的传播，那么，对技术动力的反对态度就会哑口无言，即使是在资本家兴高采烈地提高剥削率的时候。虽然剥削率在提高，但总的来说，针对资本主义的政治反对派的态度也会变得愈加不尖锐，因为工人们至少获得了更高的物质生活水平。奇怪的是，在美国，在过去的三十年，工人们没有从增长的生产率中获益。资本家阶级占有了几乎所有的利益。这一现象是新自由主义的反革命思想的核心目标，正是新自由主义思想将工人状况不能得到改进的阶段与凯恩斯主义的福利国家的阶段区别开来，在凯恩斯主义的福利国家阶段，来自生产率提高的收益倾向于在资本和劳动之间更加均衡地分享。所带来的结果是在所有滑向新自由主义阵营的那些国家中，社会不平等程度出现了巨大的增长。这部分与不同地方出现的阶级力量的平衡和阶级斗争的动力相关，而在美国，更加低廉的进口商品（和帝国主义的做法），也有助于工人阶级维持这样一种幻想，即他们可能会从帝国主义的资本家那儿获益。但是，所有这些都超越了马克思的文本所提出的观点。然而我发现，将他关键的发现扩展到这些领域中去是有帮助的。

第十三章　合　　作

后面三章将讨论资本家获得个人相对剩余价值的不同方式。总的关注点是，不管劳动生产率如何提高，有一点是明显的，即它取决于劳动的组织形式（劳动合作与劳动分工），以及机器和自动化水平（作为我们通常认为的那种技术）。这会造成一些混乱，因为马克思有时在“生产力”的主题下将所有这些策略汇集在一起，但是，他随后偶尔会使用“技术”的概念，就像它是与生产力相同的东西一样。显然，他对组织形式（就像原来的软件）与对机器（硬件）同样感兴趣。我想最好是假设，马克思的技术/生产力理论是机器加上组织形式。我以这种特殊的相对性来揭示他的立场，是因为在最近，组织形式的转变——分包、实时工作体系、合作的分散化和其他现象——在寻求生产率增长中起到了重要的作用。沃尔玛的利润率是以对中国廉价劳动的剥削为基础的同时，它的组织形式的效率也将它与许多竞争者拉开了距离。相似地，以底特律为代价，日本对美国汽车市场的占领，日本汽车公司的组织形式（及时化生产和分包），与它所采用的新的硬件和自动化起了同样的作用。实际上，自从1990年左右时间-动作研究（后来被人们称为泰罗制）成为流行之后，资本主义生产体系中一直存在硬件和软件之间强烈的关联。

马克思从考察两种组织形式——合作劳动和分工劳动，是如何在现有的工艺和手工劳动技术条件下，被资本用于提高生产率开始的。在资本主义的历史进程中，组织形式这两个方面的创新，被整合到相对剩余价值的获得过程中，我们应该永远不会忘记它们。然而，正如在劳动过程一章中所强调的，劳动过程的潜在的高贵品质，与它在资本主义条件下的分离形式的对立一样，马克思既没有对合作劳动，也没有对分工劳动持内在的否定态度。他把它们看作对劳动者都具有潜在的创造性、有利的和令他们满意的。合作和劳动分工的有效组织，出色地增强了我们集体力量的人类能力。社会主义社会和共产主义社会可能会对此产生很大的需求。马克思要寻求展示的是，这些正面的潜在性是如何被资本抓住，并用于谋求他们自己的优势，并因此转为对劳动者带来负面的影响。

“许多人在同一生产过程中，或在不同的但互相联系的生产过程中，有计划地一起协同劳动，这种劳动形式叫作协作”。请在这里注意“计划”这个词，因为它将成为一个重要的观点。例如，合作保证了生产规模的扩大，而且作为其后果而带来的经济规模，会带来劳动效率和生产率的提高。这在传统的经济理论中曾受到重视，而且马克思也没有表示异议。“通过协作提高了个人生产力，而且是创造了一种生产力，这种生产力本身必然是集体力”。（第443页）这种集体力

> 在大多数生产劳动中，单是社会接触就会引起竞争心和特有的精力振奋，从而提高每个人的个人工作效率。因此，12个人在一个144小时的共同工作日中提供的总产品，比12个单干的劳动者每人劳动

> 12 小时或者一个劳动者连续劳动 12 天所提供的总产品要多得多。（第 443—444 页）

更进一步，“协作可以扩大劳动的空间范围”，同时，

> 协作可以与生产规模相比相对地在空间上缩小生产领域。在劳动的作用范围扩大的同时劳动空间范围的这种缩小，会节约非生产费用（faux frais），这种缩小是由劳动者的集结、不同劳动过程的靠拢和生产资料的积聚造成的。（第 446 页）

在这里，在地理扩张（在一个大的区域范围从事工作）和地理集中（将工人集中在一起，为了在一个特定的空间进行合作）之间存在一种有趣的对立。对于后者，马克思指出，由于工人聚集在一起并进行组织，会带来政治后果。

然而，他坚持认为，“结合工作日的特殊生产力都是社会的劳动生产力或社会劳动的生产力。这种生产力是由协作本身产生的”。更进一步，“劳动者在有计划地同别人共同工作中，摆脱了他的个人局限，并发挥出他的种属能力”。（第 447 页）这是马克思恢复到普遍的人类的类本质观点，是《1844 年经济学和哲学手稿》中的一个重要主题。在这一点上，很难以一个负面的观点来看待这部分关于合作问题的讨论。我们摆脱了我们个体性的束缚，并发展了种群的能力。这种能力还没有实现的程度，就是我们还需要实现的人类能力的潜力。

但是，当我们回到“我们将要成为的资本主义”的世界，会发生什么？首先，资本家需要一个基本的资本额以组织合作。这一资本额是多少，并且来自哪里？存在着我们现在经常提到的进入任何生产过程的障碍。有些情况下，启动生产过程的成本会较高。但是存在解决这一问题的方法。马克思在这里介绍了一个重要的区分。“起初资本指挥劳动只是表现为这样一个事实的形式上的结果：工人不是为自己劳动，而是为

资本家，因而是在资本家的支配下劳动”。但是，随着时间的推移，“随着许多雇佣工人的协作，资本的指挥发展成为劳动过程本身的进行所必要的条件，成为实际的生产条件”。(第448页)这里的区分是劳动者在资本统治下的“形式的”隶属和“实际的”隶属。

这一区别意味着什么？在被称为外加工制度的情况下，商业资本家将材料送到劳动者的农舍，并在一个随后指定的日期返回收集加工的产品。劳动者不会被监督，劳动过程由佃农自己决定(它通常需要家庭劳动，并与农业生产的内容相吻合)。但是佃农要依靠商业资本家，以获得他们的货币收入，而并不拥有他们加工出来的产品。这就是马克思所说的形式上的隶属的意思。当劳动者被带进工厂去挣取工资时，他们和劳动过程就都在资本家的直接监督之下。这就是实际的隶属。所以，形式的隶属是在工厂之外发生的，是独立的行为，而实际的隶属是在工厂内发生的，是在资本家的监督下的劳动。后者需要更多的启动成本，更多的起始资本额；在资本主义的早期阶段，资本稀缺资源的时候，形式上的剥削制度会更具优越性。马克思相信，随着时间的流逝，形式上的剥削制度会被实际的剥削制度所替代，在我们这个时代，外包工作、家庭工作和其他相似工作的复兴，说明恢复到形式上的服从和隶属是完全可能的。

当劳动者被带到一个工厂的集体合作的结构中时，他们就处于资本家的指挥权威下了。任何合作的努力都需要一些指挥权威，就像一个交响乐团的指挥。问题是“一旦从属于资本的劳动成为协作劳动，这种管理、监督和调节的职能就成为资本的职能”。更进一步，“这种管理的职能作为资本的特殊职能取得了特殊的性质”。这一功能就是认可“时间就是利润的要素”的说法，而且尽可能地从劳动者的身上榨取更多的劳动时间。另一方面，“随着同时雇用的工人人数的增加，他们的反抗也加剧了，因此资本为压制这种反抗所施加的压力也必然增加”。(第449页)

资本和劳动之间的斗争，即在更早的时候我们在劳动市场上所面对的，在工作场所被内部化了。这种情况的发生，是因为合作是由资本的力量组织的。曾经的劳动的权力现在是资本的权力了。

> 他们的劳动的联系，在观念上作为资本家的计划，在实践中作为资本家的权威，作为他人意志——他们的活动必须服从这个意志的目的。（第450页）

资本家的目的是保证，“一方面是制造产品的社会劳动过程，另一方面是资本的价值增殖过程”，也就是说，剩余价值的生产。这需要形成一种特殊的劳动过程，在其中“直接和经常监督单个工人和工人小组的职能”，导致出现了“特种的雇佣工人。正如军队需要军官和军士一样，在同一资本指挥下共同工作的大量工人也需要工业上的军官（经理）和军士（监工）”。针对工人的一定结构的监督就会出现，它既是权威的也是“纯粹专制的”。在这种情况下，资本家作为劳动过程的乐队演奏员，在所有方面都获得了一个独特的角色。“并不是因为他是工业的管理者，相反，他所以成为工业的司令官，因为他是资本家。工业上的最高权力成了资本的属性”。（第450—451页）只有通过指挥劳动过程，资本才能被生产和再生产。劳动者，在另一方面，

> 他们和同一资本发生关系，但是彼此不发生关系。他们的协作是在劳动过程中才开始的，但是在劳动过程中他们已经不再属于自己了。他们一进入劳动过程，便并入资本。作为协作的人，作为一个工作有机体的肢体，他们本身只不过是资本的一种特殊存在方式。

劳动者失去了他们的人格，而仅仅成为可变资本。这就是马克思所说的，劳动者对资本的实际隶属。

劳动的社会生产力就无须支付报酬而发挥出来，而资本正是把工人置于这样的条件之下的。因为劳动的社会生产力不费资本分文，另一方面，又因为工人在他的劳动本身属于资本以前不能发挥这种生产力，所以劳动的社会生产力好像是资本天然具有的生产力，是资本内在的生产力。（第451页）

劳动的一种内在的力量，合作的社会力量，被资本家占有，而且被变成似乎是资本对工人拥有的权力。历史上曾出现过大量的加强合作的做法，无论是中世纪、奴隶社会、殖民地，还是奴工——但是在资本主义条件下，有组织的合作和工薪劳动之间的联系，是以一种特殊方式表现的。这在资本主义的增长过程中起到了关键作用。

在同一个劳动过程中同时雇用人数较多的雇佣工人，构成资本主义生产的起点。这个起点是和资本本身的存在结合在一起的。因此，一方面，资本主义生产方式表现为劳动过程转化为社会过程的历史必然性，另一方面，劳动过程的这种社会形式表现为资本通过提高劳动过程的生产力来更有利地剥削劳动过程的一种方法。（第453页）

这种一定形式的合作的初始状态永久地存在于整个资本主义历史中。

简单协作在那些大规模运用资本而分工或机器还不起重大作用的生产部门，始终是占统治的形式。虽然协作的简单形态本身表现为同它的更发展的形式并存的特殊形式，协作仍然是资本主义生产方式的基本形式。（第454页）

如果没有合作，就不能想象资本主义的生产方式，虽然合作是在资本家的专制下进行，即资本家组织并指挥一个监督性的权威体系，并将工人阶级分化为不同的层级群体。所以，只考虑工薪劳动者将不再足够，因为工人阶级根据他们各自的身份和与他们发挥不同作用相关的不同的经济回报，被一种形成合作工具的专制主义而划分，它只服务于剩余价值的生产。

第十四章　劳动的分工和制造

马克思在第十四章考察了劳动分工。马克思在这里集中研究，对现有的手工品、现有的技术、现有的工艺和其他类似的东西重新组织，进入一个他所称的新的“制造业”的体系。重新组织可以通过两个办法完成。第一个是，将所有的东西都放到一个相同的工作场所中，“由不同的手工业在同一个资本的指挥下结合起来”。(第 455 页)他所用的一个例子是马车的制造，在这个例子中，轮子、内部装饰、框架等，所有的东西都是分别制作的，然后被组装起来。这与制造钉子或缝衣针不同。在制造钉子或缝衣针时，生产过程开始于原材料，并经过一个持续的程序，直到它成为一颗钉子或一根缝衣针。但是，在这两种情况中，“不管它的特殊的出发点如何，它的最终形态总是一样的：一个以人为器官的生产机构”。那就是，在生产空间的合作的管理制度内部，人们被带到一起，进入一个特定的相互关系中。

然而，这种重新的组织并不是将原始的技能搁置一旁。“生产过程分解为各个特殊阶段是同手工业活动分成各种不同的局部操作完全一致的”。(第 457 页)当生产过程被作为一个整体来看待时，无论是从持续的结果，还是从不同手工的许多不同的异质性来看，就会出现这样的机会，即可以将工人分成更细小的部分，并安排专业的工人从事每一个细小部分的工作。而且，“手工业仍旧是基础。这种狭隘的技术基础使生产过程得不到真正科学的分解”。这直接形成了对资本主义生产进步的障碍，正如我已经提出的，资本不喜欢障碍，并且会持续地去寻求克服它们。在这种情况下，困难是产品所经过的每一个局部过程都必须能够作为局部的手工业劳动来完成。正因为手工业的熟练仍旧是生产过程的基础，所以每一个工人都只适合于从事一种局部职能，他的劳动力就转化为终身从事这种局部职能的器官。

其结果是，工人不再拥有从一个工作转换到另一个工作的自由，而是日益被一种特定的技能锁住，这种特定的技能是一种特别的手工技能，是对一系列特制工具的特别使用。“终生从事同一种简单操作的工人，把自己的整个身体转化为这种操作的自动的片面的器官”。（第458页）是工人在控制工具，还是工具在控制工人？马克思提出，在劳动分工中，以一种特殊的专业化对工人进行的社会化的监禁，将他们置于这样一种地位，即，使他们与他们的特制工具密切联系，使他们失去了自由。这种情况并不是一成不变的。

一个在制品的生产中依次完成各个局部过程的手工业者，必须时而变更位置，时而调换工具。由一种操作转到另一种操作会打断他的劳动流程，造成他的工作日中某种空隙。

但是，资本不喜欢在工作日中出现的这一空隙，因为时间是利润的要素。“一旦手工业者整天不断地从事同一种操作，这些空隙就会缩小”，但另一方面，这样做也会对生产过程产生不利影响，因为“不断从事单调的劳动，会妨碍精力的振奋和焕发，因为精力是在活动本身的变换中得到恢复和刺激的”。（第460页）

这是对傅立叶观点的部分让步，傅立叶强调，与在劳动分工中使用单一工具，终生只从事一项劳动、对人的愚钝的监禁相反，劳动过程中的多样性和激励具有一定的重要性。在资本家的控制下，劳动分工不同的组织方式所分别具有的正面和负面影响，开始进入讨论的内容。这一讨论甚至在资本主义社会内都还远未结束。通过采用“质量小组”和多种任务分配手段的做法，在劳动过程中提高效率和生产率，以解决劳动中存在的内容单调问题的尝试，一直是资本主义企业在某些生产线上进行实验的核心工作。

在第三部分，马克思在两种基本的制造形式之间进行了系统的对比——异质性（将多种技能集中在一起，就像在制造车厢和机车中那样）和组织化（持续地，像钉子的制造）。但是，在这里他利用机会介绍了“总体工人”的概念，他说，他们是

> 由局部工人组成的总体工人，用他的许多握有工具的手的一部分拉针条，同时用另一些手和工具把针条拉直、切断、磨尖等等。不同的阶段过程由时间上的顺序进行转化为空间上的并存。（第464页）

劳动生产率和效率不取决于单个的工人，而是适当的、总体的工作的组织。

这意味着我们必须对生产的空间和时间的组织给予谨慎的关注，而且，效率可以通过对劳动过程整体进行时空再造而获得。马克思指出，通过不损失任何时间，你可以在生产率上有所收益。通过将组织的空间合理化，你可以节省流动的成本。所以，整体的时空结构，成为资本主义社会如何运转的一个组织性问题。在20世纪70年代，日本人将及时化生产（just-in-time production）的做法引入劳动过程，这是一个巨大的创新，及时化生产对物品的流动在空间和时间上进行了严格的安排，所以，几乎在生产系统中的任何地方都没有存货。正是这种创新，赋予了日本汽车产业在20世纪80年代与其他所有国家相比的竞争优势，并且日本人也赚取了暂时性的相对剩余价值，直到其他国家赶上为止。这一体系的弱点在于它太脆弱了，极容易被摧毁。例如，如果时空链条中的任何一个环节由于罢工而被迫停顿，那么，系统中的所有活动都将会被停止，因为没有库存。

马克思在这里清楚地认识到，资本主义体系中一个重要的关于组织的问题，是如何安排和理解空间和时间的问题。资本家必须准备好一个具有时空效率的生产体系的计划。但是，这反过来意味着一个重要的区分，即在市场上发生了什么和在企业中发生了什么之间的区分。“在一种商品上只应耗费生产该商品的社会必要劳动时间，这在商品生产的条件下表现为竞争的外部强制”（请再次注意竞争的重要性）。但是，“在工场手工业中，在一定劳动时间内提供一定量的产品，成了生产过程本身的技术规律”。（第465页）市场逻辑强制执行的内容，和通过内部计划能做什么之间的这一区分（矛盾），对于后面的讨论是非常重要的。但是，这种矛盾的充分成熟，被一个客观存在的障碍所阻碍，这种障碍就是我们仍然在进行手工和工匠劳动的事实。这引发了一个普遍的对某些重要性的评论：

> 罗马帝国以水磨的形式把一切机器的原始形式留传下来。手工业时期留下了指南针、火药、印刷术和自鸣钟这些伟大的发明。但总的来说，正如亚当·斯密指出的，机器在分工之旁起着次要的作用。（第468页）

那就是，直到18世纪末，资本家都没有把精力真正集中在将新机器作为一个提高生产率的基本方法的想法上。他们普遍接受使用现有的生产方法并对它们进行重新组织。当然也出现了技术创新，例如，指南针和火药和其他一些东西，但是，资本主义还没有把持久的技术创新的动力，内化到劳动过程本身的核心地位中。随着机器和现代产业的兴趣（第十五章的内容），这种情况到后来才开始出现。

资本家对劳动过程的重新组织，对工人具有重大的影响。“从事片面职能的习惯，使他转化为本能地准确地起作用的器官，而总机构的联系迫使他以机器部件的规则性发生作用”。“工人就按照他们的特长分开、分类和分组”。（第468—469页）对熟练工人和非熟练工人的划分，变得意义重大。

> 与等级制度的阶梯相并列，工人简单地分为熟练工人和非熟练工人。对后者说来完全不需要学习费用，而对前者说来，由于职能的简化，学习费用比手工业者要低。在这两种场合，劳动力的价值都降低了。

资本家对工作任务进行重新组织和整合，以产生去技能化的作用，也就是说，将曾经复杂的工作任务简化分解为各个组成部分。这也会带来降低雇佣的劳动力价值的影响。

> 由学习费用的消失或减少所引起的劳动力的相对贬值，直接包含着资本的更大的增殖，因为凡是缩短劳动力再生产所必要的时间的事情，都会扩大剩余劳动的领域。

但是，“也有例外，当劳动过程的分解产生了一些在手工业生产中根本没有过的，或者不是在同样大的范围内有过的新的综合的职能时”。（第470页）在任何对劳动过程的重新组织中，会存在双向的变化，应该承认这一事实，即在大量去技能化的同时，经常会有更小部分的人被再技能化（例如，组装线的工程师）。相对其他劳动者而言，后一部分工人阶级经常拥有更多的权力和特权。

第四部分的标题是“在制造业中劳动的分工，和在社会中劳动的分工”，在这部分内容中这是重要的，并具有一些潜在的令人担忧的含义。在这里，马克思回到了工作场所的具体的劳动分工，它发生在资本家有计划的设计和直接的监督之下，和通过市场竞争所达到的对劳动的划分之间的区别这一问题上。这两种形式都来自“相反的两个”起点，但它们是相关的。我必须指出，马克思对历史的运动提出一个简短的而且根本不令人满意的讨论。“在家庭内部，随后在氏族内部，由于性别和年龄的差别，也就是在纯生理的基础上产生了一种自然的分工”。这是一种几乎不存在以证据为基础的过度简化，就像他做的其他一些历史评论那样。“交换”，他假设，

> 在不同的家庭、氏族、共同体互相接触的地方产生的，因为在文化的初期，以独立资格互相接触的不是个人，而是家庭、氏族等等。不同的共同体在各自的自然环境中，找到不同的生产资料和不同的生活资料。因此，它们的生产方式、生活方式和产品，也就各不相同。

在拥有不同资产、不同资源和不同产品的不同团体之间，出现了交换关系。“一切发达的、以商品交换为中介的分工的基础，都是城乡的分离”。他提出(在我看来是正确的)，城镇与乡村之间的辩证关系，具有历史的重要性，但是，他没有说明这种重要性是如何体现的，并且是在哪里体现的。更进一步，一种足够的“人口数量和人口密度”，与资本主义的增长是相关的。他说，这是“社会内部分工的物质前提”。(第471—472页)

> 但是人口密度是一种相对的东西。人口较少但交通工具发达的国家，比人口较多但交通工具不发达的国家有更加密集的人口；从这个意义上说，例如，美国北部各州的人口比印度的人口更加稠密。

马克思在这里寻求了一种关于空间和时间关系的相对理论，这种做法非常具有创新意义。资本主义发展的地理分布，并不是固定的，但是却各有不同，它不仅取决于人口密度，而且还取决于交通和通讯技术。他的核心观点是，制造业中的劳动分工已经假设了，“社会内部的分工已经达到一定的发展程度。相反地，工场手工业分工又会发生反作用，发展

并增加社会分工”。(第 473 页)他论证了其中被称为日益增长的迂回性和生产的复杂性。变动就是从一个简单的情况，某些人制造某种东西，到这样一种状态，即许多人制造那个东西的某些部件，并在市场上将那些部件进行贸易，直到所有部件最终被另外一些人组装。这种日益增长的迂回性产生了地方专业化日益加强的可能性。

> 把特殊生产部门固定在一个国家的特殊地区的地域分工，由于利用各种特点的工场手工业生产的出现，获得了新的推动力。在工场手工业时期，世界市场的扩大和殖民制度(二者属于工场手工业时期的一般存在条件)，为社会内部的分工提供了丰富的材料。

但是，虽然在社会中的劳动分工和在工作场所的劳动分工具有“相似点和联系”，“但二者不仅有程度上的差别，而且有本质的区别”(正如马克思所正确意识到的，亚当·斯密所关注的一些情况)。(第 474 页)

> 社会内部的分工以不同劳动部门的产品的买卖为中介；工场手工业内部各局部劳动之间的联系，以不同的劳动力出卖给同一个资本家，而这个资本家把它们作为一个结合劳动力来使用为中介。工场手工业分工以生产资料集中在一个资本家手中为前提；社会分工则以生产资料分散在许多互不依赖的商品生产者中间为前提。在工场手工业中，保持比例数或比例的铁的规律使一定数量的工人从事一定的职能；而在商品生产者及其生产资料在社会不同劳动部门中的分配上，偶然性和任意性发挥着自己的杂乱无章的作用。

在后面的情况中，马克思提出，“不同的生产领域经常力求保持平衡”，但是，它们只有通过市场机制才能做到这点。而且他随后解释了为什么要追溯到商品交换规律。这意味着“不同生产领域的这种保持平衡的经常趋势，只不过是对这种平衡经常遭到破坏的一种反作用”。(第

475—476页)那就是，当需求和供给不均衡时(而且请注意，在这里，如果没有供给和需求机制，我们就不能做到这点)，市场价格的波动被迫朝着内在的价值关系方向进行必要的调整，即生产者要调整他们生产的产品及数量。其结果是，一方面，在“在工场内部的分工中预先地、有计划地起作用的规则”，和另一方面受下面的规律管制的，“在社会内部的分工”之间的一个明显的对比，

> 只是在事后作为一种内在的、无声的自然必然性起着作用，这种自然必然性只能在市场价格的晴雨表式的变动中觉察出来，并克服着商品生产者的无规则的任意行动。工场手工业分工的前提是资本家对于只是作为他所拥有的总机构的各个肢体的人们享有绝对的权威；社会分工则使独立的商品生产者互相对立，他们不承认任何别的权威，只承认竞争的权威，只承认他们互相利益的压力加在他们身上的强制，正如在动物界中一切反对一切的战争多少是一切物种的生存条件一样。(第476—477页)

请注意，在这些段落中，对供给和需求机制及竞争的强制规律的依赖，是在价值关系主导中达到某种均衡状态的必要条件。

马克思总结道，资本主义经常生活在“社会分工的无政府状态和工场手工业分工的专制”之间的矛盾中。劳动分工的这两个方面，更进一步地，“是互相制约的”。而且对于这一结论，马克思还附加了一些有争议的和令人担心的政治评论。

> 资产阶级意识一方面称颂工场手工业分工，工人终生固定从事某种局部操作，局部工人绝对服从资本，把这些说成是为提高劳动生产力的劳动组织，同时又同样高声责骂对社会生产过程的任何有意识的社会监督和调节，把这说成是侵犯资本家个人的不可侵犯的财产权、自由和自决的“独创性”。工厂制度的热心的辩护士们在斥责

> 社会劳动的任何一种普遍组织时，只会说这种组织将把整个社会转化为一座工厂，这一点是很能说明问题的。(第477页)

这些论述需要仔细分析。资本家喜欢在他们的工厂内部进行的生产的有计划的组织，而憎恶任何社会性的关于社会生产计划的观念。资本家在意识形态上的抱怨正在表现出来，即计划是一件糟糕的事情，特别是资本家要从根本上攻击它，因为这种社会生产计划将以对他们自己的可怕工厂的印象，来重塑世界。然而，资本家对计划的谴责与正在丰田公司或沃尔玛内部发生的事实不符。成功的企业采用了全面质量管理、投入产出分析和优化规划及设计等复杂的计划技巧，并将每件事情都计划到最精细的细节上。然而，这正是马克思所要提出的问题，资本家在社会王国中用于进行计划的伪善的方法，与他们为寻求相对剩余价值所使用的毫无疑问的、复杂的技术完全不同，前一种方法对于旨在为每个人争取物质福利的社会主义社会的计划来讲是足够的。简而言之，在追求社会主义理想的过程中，将世界转变为一种集中的计划经济，事实上是一座巨大的工厂的做法，合理吗？显然，如果考虑马克思对工厂劳动条件的惊人描述，那么这样做就是有问题的。但如果问题不是技术，而是这样一个事实，即它们被资本家用于获得相对剩余价值，而不是为满足所有人的物质需要去生产足够的产品，那么，列宁将福特的生产主义作为苏维埃产业发展目标的倡导就变得更容易理解了。我们将在后面回到这个问题上。

当然，集中计划的主张是不可行的，或是由于其复杂程度，或是因为它对私有产权关系的侵害没有被清除，假设这种复杂性存在于任何一个大公司中，例如，生产电子产品的大公司对劳动者他或她自己劳动果实的权利的剥夺。不可置信的市场体系的无效性(特别是在环境方面)，竞争的强制规律阶段出现的残酷性，同时还包括典型地产生于工作场所的这种日益增长的专制主义，都不能说是对市场机制协调功能优越性的良好宣传。只有在私有产权和竞争的强制规律的前提下，创新才是可能的，这一观点，在逻辑上和历史上都肯定是不切实际的。我想，在这里让马克思印象最深的是，资本对劳动的生产力的占有。他多次坚持对工人阶级说，合作和劳动分工所具有的这些力量，都是他们的生产力，而资本正在占有它们。

> 由各种劳动的结合所产生的生产力也就表现为资本的生产力。真正的工场手工业不仅使以前独立的工人服从资本的指挥和纪律，而且还在工人自己中间造成了等级的划分。

这种含义对工人来说是深远的。

> 工场手工业把工人变成畸形物，它压抑工人的多种多样的生产志趣和生产才能，人为地培植工人片面的技巧，这正像在拉普拉塔各国人们为了得到牲畜的毛皮或油脂而屠宰整只牲畜一样。不仅各种特殊的局部劳动分配给不同的个体，而且个体本身也被分割开来，转化为某种局部劳动的自动的工具。（第 481—482 页）

所以在这种情况中，身体政治就是，工人们被简化为他们自身的各个局部。“与自然的性质不符”——马克思再次具有讽刺意味地说——“工场手工业工人按其自然的性质没有能力做一件独立的工作，他只能作为资本家工场的附属物展开生产活动。”令人伤心的是，

> 生产上的智力在一个方面扩大了它的规模，正是因为它在许多方面消失了。局部工人所失去的东西，都集中在和他们对立的资本上面了。工场手工业分工的一个产物，就是物质生产过程的智力作为他人的财产和统治工人的力量同工人相对立。

智力劳动变成了一种特殊的职能，它将精神从手工劳动中分离，并在越

来越大的程度上将前者置于资本的控制之下。

> 这个分离过程在简单协作中开始，在工场手工业中得到发展，在大工业中完成。在简单协作中，资本家在单个工人面前代表社会劳动体的统一和意志，工场手工业使工人畸形发展，变成局部工人，大工业则把科学作为一种独立的生产能力与劳动分离开来，并迫使科学为资本服务。（第482页）

这样做的结果是“工人的贫困化”和“个人生产力”的严重损失。政治和智力的主观性不再能超然于事外。而且在这里，马克思引用了亚当·斯密的观点，他并不必然持赞许的态度，但是提出了一个正在日益形成的事实：

> 亚当·斯密说：“大多数人的智力，必然由他们的日常活动发展起来。终生从事少数简单操作的人……没有机会运用自己的智力……他的迟钝和无知就达到无以复加的地步。”斯密在描述了局部工人的愚钝以后继续说：“他的呆板的、单调的生活自然损害了他的进取精神……它甚至破坏了他的身体的活力，使他除了从事他所会的那种局部工作以外，不能精力充沛地持久地使用自己的力量。因此，他在自己的专门职业中的技能是靠牺牲他的智力的、社会的和军事的品德而取得的。但是，在每一个工业的文明的社会中，这是劳动贫民即广大人民群众必然陷入的境地。”（第483页）

在这里，马克思似乎部分地倾向于在一定程度上接受斯密所作的描述，而且，我也认为提出这样一个普遍的问题是重要的：我们通常的就业状况正在多大程度上侵蚀我们心中的勇气？我想，这一问题广泛存在，根本不限于工人范围。记者、媒体人士、大学教授，都存在这样的问题（我对此有丰富的个人经验）。无时无刻不困扰我们的、广泛蔓延的反抗军国主义、社会不公正、阶级压制的不满情绪同来自我们普通职业的精神和政治主观性的关系(而且是在一种更隐藏的方式中)，与这种情绪同复杂的资产阶级压制性的组织的关系相同。马克思认识到，“某种智力上和身体上的畸形化，甚至同整个社会的分工也是分不开的”，而且这造成了他所称的“工业病理学”的后果。(第 484 页)在此我们又再次触碰到了危险的基础。当然，我们由此把整个工人阶级归于病态是不正确的。然而说所有这些对人们的反应能力、思考能力没有任何影响，那也是信口开河。对于你们中的那些曾经被组织从事两项工作(每周八十小时)的人，将非常清楚全部问题所在。处于那种状态的工人只有很少的时间甚至没有时间去考虑(更不用说去阅读)我们认为他们应该思考的大部分事情。他们忙于生计，为孩子挣得足够的食物并操持其他家务杂事，所以没有时间从事工作以外的任何事情。斯密将这种观点推向了极端，并得出了一个不幸的结论，所以，对工作和义务的考虑只是一小撮社会精英所要做的思考和组织工作，但是在马克思的描述中还存在其他一些问题，是我们所处的政治危机中被忽视的问题。

在劳动过程中并在社会范围内对劳动分工的再组织，是马克思为资本主义历史中的“工场手工业时期”打下的印记。但是，这种制造体系有其局限性。“工场手工业既不能掌握全部社会生产，也不能根本改造它”——而且马克思确实尊重这种生产方式——

> 工场手工业作为经济上的艺术品，耸立在城市手工业和农村家庭工业的广大基础之上。工场手工业本身的狭隘的技术基础发展到一定程度，就和它自身创造出来的生产需要发生矛盾。(第 490 页)

我们的压力在于如何跨越这些障碍。当然，“机器使手工业的活动不再成为社会生产的支配原则”。(第 491 页)这将我们带入了下一章的论述，在那里，机器和现代工厂的组织形式走到了舞台的中心。

七

技术揭示了什么

第十五章　机器和大工业

在导言中，我指出了马克思很少对他使用的研究方法进行评论。所以，应该通过对偶尔出现的评论的仔细阅读，对此进行重新构建，并通过他的实践研究进行补充。第十五章，“机器和大工业”，提供了一个研究这一问题的机会，与此同时，这一章提出了关于资本主义生产方式特点的一般性论述。这一章篇幅较长，但各部分内容间是有逻辑顺序的。值得我们在研究这一章之前和之后，重温这一逻辑顺序。

一个重要的脚注

然而，我要从这一章的第四个脚注开始，在那里马克思使用了他在方法论思想描述中经常采用的神秘方法，将大量的概念用某种结构联系起来，这实际上提供了一个辩证唯物主义和历史唯物主义的基本框架。脚注分三个部分展开。第一部分集中在马克思与达尔文的关系上。马克思读过《物种起源》，并且深受达尔文提出的关于演化重构的历史方法的影响。马克思明确地将他的工作视为达尔文研究的某种延续，带有对人类和（而不是对立的）自然历史的关注。他在第一版的前言中提到，他的目的是从“自然史”的“角度”去观察“经济的社会形态的发展”。从这一观点来看，“不管个人在主观上怎样超脱各种关系，他在社会意

义上总是这些关系的产物。同其他任何观点比起来，我的观点是更不能要个人对这些关系负责的”。（第92页）

在脚注中，马克思首先关注了“一部考证性的工艺史”。这

> 就会证明，18世纪的任何发明，很少是属于某一个人的。可是直到现在还没有这样的著作。达尔文注意到自然工艺史，即注意到在动植物的生活中作为生产工具的动植物器官是怎样形成的。社会人的生产器官的形成史，即每一个特殊社会组织的物质基础的形成史，难道不值得同样注意吗？而且，这样一部历史不是更容易写出来吗？因为，如维科所说的那样，人类史同自然史的区别在于，人类史是我们自己创造的，而自然史不是我们自己创造的。（第493页）

维科的观点是，自然史是上帝主导的领域，由于上帝是以神秘的方式行事的，所以它超出了人们的理解范围，但是，我们当然能够理解我们的历史，因为是我们创造了它。马克思较早地将历史的方法开创性地运用到技术的变化上，而且注意到了与生产方式的变化相联系的一些重要的转变。第七章在追随了本杰明·富兰克林将人类定义为“制造工具的动物”后，他继续观察到，

> 动物遗骸的结构对于认识已经绝种的动物的机体有重要的意义，劳动资料的遗骸对于判断已经消亡的经济的社会形态也有同样重要的意义。各种经济时代的区别，不在于生产什么，而在于怎样生产，用什么劳动资料生产。劳动资料不仅是人类劳动力发展的测量器，而且是劳动借以进行的社会关系的指示器。

然后，在一个脚注中，他写道，“历史学对物质生产的发展，即对整个社会生活从而整个现实历史的基础，了解得很少”。（第286页）在第十四章，他提出

> 罗马帝国以水磨的形式把一切机器的原始形式留传下来。手工业时期留下了指南针、火药、印刷术和自鸣钟这些伟大的发明。但总的来说，正如亚当·斯密指出的，机器在分工之旁起着次要的作用。（第468页）

一直存在一种人类的演化过程，在其中，我们不仅可以从技术方面，而且可以从整个社会生活模式方面，分清急剧变化的观点，这显然对马克思是非常重要的。

马克思对达尔文的观点也不是没有批判。“值得注意的是，”他给恩格斯写道，“达尔文在动植物界中重新认识了他的英国社会及其分工、竞争、‘发明’‘生存斗争’。这是开辟新市场、以及马尔萨斯的霍布斯所说的一切人反对一切人的战争。”①正如马克思所看到的，问题就是，达尔文的非历史的方法，是一种纯粹的自然的演化，而不考虑任何人类活动的作用对地球表面变化的影响。对马尔萨斯的观点的参照也是生动的，因为在他的《物种起源》导言中，达尔文已将他的一些关键的观点归为马尔萨斯的观点。但是因为马克思无法容忍马尔萨斯，所以对于他来讲，达尔文在很大程度上受马尔萨斯观点启发的想法，肯定很难接受。有趣的是，没有受到无情的英国产业主义影响的俄国演化论者（达尔文和约书亚·韦奇伍德的一个女儿结了婚，韦奇伍德是一位著名的陶器产业家，非常熟悉竞争和劳动分工及其作用）更多地强调了合作与互助，这些观点被俄国的地理学家克鲁泡特金（Kropokin）解释为是社会无政府主义的基本观点。

但马克思欣赏的是，达尔文对演化的研究作为一种历史重构和理论研究的开放过程的方法。马克思也采用相似的方法去理解人类的演化过程。这就是马克思强调过程而不是强调进入的事物的地方。我们应该在

① Marx to Engels, June 18, 1862, in *Selected Correspondence*, ed. S. W. Ryazanskaya, trans. I. Lasker (Moscow: Progress, 1965), 128.

内心中把机器和大工业这一章，当作一篇关于技术历史研究的论文来阅读。这一章是关于资本主义产业形式如何从手工和制造业中脱颖而出的。直到这一部分内容出现前，没有人真正想过要撰写这样的历史，所以这一章可以被称为一种开创性的努力，随后萌生了一个完全的学术研究领域，即科学技术史。用这种方法去阅读，这一章的观点就变得更具意义了。但是，正如达尔文的理论一样，这里的内容比历史更加丰富。社会转型过程伴随着理论问题的出现和争鸣，正因如此，所以有大量的问题有待我们去争论和探讨。

脚注的第二部分提供了一个简短的，但在我看来是极其重要的陈述，需要给予说明：

> 工艺学揭示出人对自然的能动关系，人的生活的直接生产过程，从而人的社会生活关系和由此产生的精神观念的直接生产过程。（第493页）

在这里，马克思在一个句子中连接了六个概念要素。首先是工艺学。这与自然有关。存在一个实际的生产过程，而且是以一种相当隐秘的方式进行日常生活的生产和再生产。存在社会关系和精神观念。直接地说，这些因素都不是静止的而是变动的，它们通过指导人类演化的“生产过程”相连。他没有明确以生产的概念描述的唯一要素，是与自然的关系。显然，与自然的关系一直在演化中。认为自然也是部分地通过人类的活动被产生的观点，已经长期存在；这一观点的马克思主义者的版本（在第七章被勾画出来），在我们的同事尼尔·史密斯（Neil Smith）的著作《不均衡的发展》①中被出色地展现出来，在那里，自然和空间的资本主义生产过程被明确地理论化了。

① Neil Smith, *Uneven Development: Nature, Capital, and the Production of Space*, 3rd edn. (Athens, GA: University of Georgia Press, 2008 [1984]).

那么，我们如何理解这六个概念要素之间的关系呢？虽然马克思使用的语言是建议性的，但他使问题处于开放的状态，这是不幸的，因为它为所有的解释留下了太多的空间。马克思经常被他的朋友，也包括他的敌人描述成一个技术决定论者，即，他认为是生产力的变化主导了人类历史进程，包括社会关系，精神观念、与自然的关系及其其他方面的演化。例如，新自由主义的记者托马斯·弗里德曼，在他的著作《世界是平的》①中，高兴地承认他被认为是一个技术决定论者；当一些人向他指出(错误地)这是马克思的观点时，他表达了他对马克思的敬仰之情，并赞赏地引用了《共产党宣言》中的一长段内容，来证明他的观点。在一篇对弗里德曼著作的评论中，保守的政治哲学家约翰·格雷肯定了马克思的技术决定主义，并认为，弗里德曼确实继承了马克思的衣钵。②而上述由那些在总体上对马克思怀有敌意的人所做的观察，在马克思主义者的传统中是一直存在的。关于“生产力是引导的主体”这一主题的最强大的版本，来自G·A·柯亨的著作《卡尔·马克思的历史理论：一个辩护》。柯亨从分析哲学的角度，研究了所有的马克思的文本，并维护了对马克思理论的这一解释。

我并不完全赞同这种解释。我发现它与马克思的辩证法不一致(这被像柯亨这样的分析哲学家当作垃圾而丢弃)。马克思在总体上回避了带有因果关系的语言(我可以向你提出挑战，如果你能在《资本论》中找到许多这样的语言的话)。在这一脚注中，他没有说技术是“引起”或“决定”，但是他提出，技术“揭示”，或者以另外一种解释，“揭开”了人与自然的关系。为了更有把握，马克思对技术的研究给予了很多关注(包括组织形式)，但这也不能保证就能够将技术当作人类演化中的一个引导的主体。马克思的意思是(而且在这一问题上，很多人会不同意我的观

① Thomas Fried, *The World is Flat: A Brief History of the Twenty-first Century* (New York: Farrar, Straus and Giroux, 2005), 201-4.

② John Gray, “The World Is Round,” *The New York Review of Books* 52, No. 13 (August 11, 2005).

点），技术和组织形式在内化了精神观念、社会关系、日常生活和劳动过程的同时，也内化了人与自然之间一定的关系。凭借这种内化的优势，对技术和组织形式的研究，就一定会“揭示”或“揭开”关于所有这些要素的许多问题。相反，所有这些其他的要素也内化了与技术相关的问题。例如，对在资本主义条件下日常生活状态的详细研究，就“揭示了”大量我们与自然、技术、社会关系、精神观念和生产的劳动过程的关系。相似地，如果不考察我们的社会关系的性质，我们的生产体系，我们对于世界的精神观念，我们使用的技术以及我们日常生活的状况，那么，我们与自然之间的当代关系的研究，就不会深入。所有这些要素组成了一个整体，而且我们需要理解它们之间的相互影响是如何发挥作用的。

我发现这是一种对这个世界进行思考的很有帮助的方法。例如，我曾经加入一个陪审团，选择在韩国设计一个新城市的方案。我们这些陪审团的成员，面对在面前展示的所有设计方案。陪审团主要由工程师和规划人员，以及少量出色的建筑和景观设计师组成。后者主导了决策过程中应该遵循的原则的基本讨论，而这一讨论，主要转移到在建筑形式中，所采用的圆形和方形图案相对代表的符号力量和实际含义的讨论上。换句话说，决定在很大程度上是遵循几何和符号的原则来做的。有一刻，我打断了进度并提问道：如果你在建设一座新的城市，那什么是你想了解的事情？我想知道的是，我们将在这里与世界建立怎样的关系？(生态空间等)在这座城市中将体现怎样的技术，为什么？设想了怎样的社会关系？将会结合什么样的生产和再生产体系？日常生活又将会怎样，是那种我们想要的日常生活吗？在这里，我们将采用什么精神观念，象征性的和其他的？它会被建设成为一种民族主义的纪念或是更具世界性的地方？

其他的陪审员也找到了这一规划的创新和趣味所在。我们讨论了一会儿，但是这一问题相对于我们所能支配的时间来讲太过复杂。一位建筑师随后提出，在这六个标准中，只有精神观念真正具有影响，它会落实到形式的符号主义上，而恰好会把我们带回到关于圆形和方形的相对力量的问题上！后来我被问到，他们能够从哪里找到更多的关于这种有趣的思考方法的内容。我当时犯了一个错误，说就在《资本论》第十五章的第四个脚注中。我应该更清楚地知道，这种事情会存在两种典型的反应。一种是紧张甚至是恐惧，因为如果认识到，马克思可能已经如此强有力地说了一些明显和有趣的事情，这等于承认了他们与马克思主义者是志同道合的，但这对某人的职业甚至是个人前途来讲，会非常可怕。另一种反应是把我当作白痴，认为我思想贫乏，以至于只会鹦鹉学舌地效仿马克思，甚至糟糕到只会引用脚注的地步！所以对话就此终止。但是，我想这是一种有趣的评价城市设计和批判城市生活质量的方法。

这一框架有助于通过一个基本的方法，将历史唯物主义作为基础，而且正如我所希望展现的，还存在一个强大的证据，为马克思理解资本主义演化过程所采用的大部分无形方法提供了基础。让我在此将这一问题展开论述。我们可以设想这样一个思想架构，在其中这六个要素在一个单一的空间里被悬挂在一起，但它们之间存在很强的相关性（见下图）。每一个要素内部都具有动力，这样，我们认为，每一个要素都在人类演化过程中组成了一个“时刻”。我们可以从时刻的角度来研究演化，或者检验它们之间的互动关系，例如，在技术和组织形式中的变化与社会关系和精神观念之间的关系。我们的精神观念是如何被与我们相关的技术变量所改变的？一旦我们拥有了显微镜、望远镜和卫星，X 射线和 CAT 扫描，我们是否还会以相同的视角观察世界？因为我们所拥有的技术，所以我们目前对世界的理解和思考是以一种彻底不同的方式进行的。但是通过同样的标志，某些人在某些地方必然会产生这样的精神观念，即制造一个望远镜是一件有趣的可以做的事情（提醒大家，马克思着手对劳动过程问题和最糟糕的建筑师的研究）。而且当那个人有这个想法时，他必须能够找到镜头打磨机和镜片制造者，以及其他必需的要素，这样可以通过望远镜的生产将想法变成现实。技术和组织形式不会从天上掉下来。它们由精神观念创造出来。它们也来自我们的社会关系，并且作为对日常生活或劳动过程的实际需要的反应，具体地产生出来。

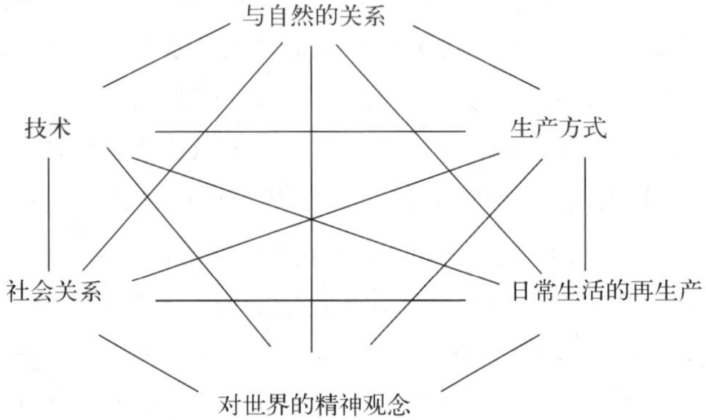

我喜欢马克思建立这一框架的方法，如果它是被辩证地看待，而不是因果地看待的话。这种思考问题的方法也渗透到了《资本论》中，我们应该以这一框架作为心中的指导来阅读这本书。它也提供了一个批判的标准，因为我们能够通过马克思如何完美地将这些不同的因素联系起来来分析他自身的表现。马克思是如何准确地将精神观念、社会关系和技术联系在一起的，他是否已经充分地做到了？是否还存在其他一些方面，如日常生活的政治，被遗忘在黑暗中？换句话说，我们需要仔细检查这种形成和马克思的实践之间存在的辩证关系。

让我来做一总结。在作为一个整体而被理解的人类演化过程中，六个要素组成了不同的时刻。没有任何一个时刻可以主导其他时刻，虽然在每一个时刻中都存在自我发展的可能（自然是独立地变化和演化的，就像人的想法、社会关系、日常生活的方式等）。所有这些要素共同演化，而且都服从于作为整体中的动力时刻的永久更新和转变。但是，它不是一个黑格尔主义的整体，即，在其中每个时刻都紧密地内化了其他所有时刻。它更像一个生态的整体，即列斐伏尔（Lefebvre）所说的“整体”，或德勒兹（Deleuze）所说的“集聚”，在其中时刻是以一种开放、辩证的方式共同演化的。两个或多个要素之间的不均衡发展，造成了人类演化的偶发性（与达尔文理论中的不可预见的变化会带来偶发性的说法，在很大程度上是相同的）。

对于社会理论，危险在于将一种要素当做其他所有要素的主导。技术决定论被错误地命名为环境决定主义（自然主导）、阶级斗争决定主义、唯心主义（精神观念处于前卫）、劳动过程决定主义，或来自每天生活的（文化的）变化（这是保罗·霍肯（Paul Hawken）在他的文章《神圣的动荡》①中所持的政治立场）。主要的变迁，例如从封建主义（或一些其他的前资本主义的结构）向资本主义的转变，是通过穿越所有时刻的辩证的变迁发生的。这种共同的演化在空间和时间上的不均衡发展，会带来所有情况的地方的偶发性，虽然这些偶发性受卷入演化过程中的集聚中的要素之间的相互作用，和世界市场中经济发展过程的日益增长的空间（而且有时是竞争性的）整合的限制。有意识地去尝试以资本主义为基础建立社会主义和共产主义社会的一个最大的错误，可能是没有认识到，需要用一种对地理特点敏感的方法，在所有时刻都进行政治参与。革命的共产主义的一个尝试是，将辩证法简化为一种因果的模式，在这种因果模式中，一个或另一个时刻被放在变化的前卫的位置，而且人们所设想的也是这样。这种方法不可避免地失败了。

从表面上看，脚注的第三部分似乎与我对第二部分的解释相矛盾：

> 甚至所有抽象掉这个物质基础的宗教史，都是非批判的。事实上，通过分析找出宗教幻象的世俗核心，比反过来从当时的现实生活关系中引出它的天国形式要容易得多。后面这种方法是惟一的唯物主义的方法，因而也是惟一科学的方法。（第493—494页）

马克思把他自己当做了科学家，而且他在这里坚称，这意味着对唯物主

① Paul Hawken, *Blessed Unrest: How the Largest Movement in the World Came into Being and Why No One Saw It Coming* (New York: Viking, 2007).

义的认可。但是，他的唯物主义与自然科学家的唯物主义不同。它是历史的。“那种排除历史过程的、抽象的自然科学的唯物主义的缺点，每当它的代表越出自己的专业范围时，就在他们的抽象的和意识形态的观念中显露出来”。(第 494 页)达尔文对演化的发现是有缺陷的，因为他忽视了历史环境对他的理论形成的影响(他从英国资本主义中得到的指征的力量)，并且没有将他的论述继续下去并将他的发现与人类的演化过程进行整合。当然，马克思的写作早于社会达尔文主义的流行，但是，他预想了一个批判性的回应，即对社会的达尔文主义者通过使用达尔文的进化论，将资本主义作为“自然”现象而使其合法化的方法的回应。由于达尔文的理论是从资本主义得出它的指南性的指征，而且受马尔萨斯的社会理论启发，所以它把资本主义确认为与人们所设想的自然的竞争过程是完全一致的、为了生存的斗争。而且，这当然是适者生存的规律，这种观点并不令人惊奇(不考虑克鲁泡特金的互助理论)。

马克思的总的观点是，自然科学家，由于他们不了解他们所处的历史时期，而且受制于他们对方法的认识，所以不能将人类历史整合进他们的世界模式，他们经常以对这个世界的最佳的局部误解和最糟糕的严重误解作为终结。最糟糕的是，在一种预想的中立和客观的科学条件下，他们掩盖了他们的历史和政治假设。这种批判的视角，是马克思作为先锋所提出的，是目前在自然科学研究领域的标准做法，并反复证明了，将诸如性别、性别或社会阶层这些社会指征引入科学，会导致对自然世界实际情况理解的误读，即便人们认为，如果没有这些指征，科学研究就没有出路。

但是，这里存在一个更深入的问题需要去解决。我谈论到马克思由浅入深的研究方法：从表面现象开始，深入拜物教的内部，揭示一种理论性的概念工具，它能够抓住社会进程的根本运动。之后这种理论工具又一步步回到表面，并用一种新的方法去解释日常生活中的动力。马克思在脚注中确认，这是“惟一的唯物主义的方法，因而也是惟一科学的方法”。我们已经在“工作日”一章中看到了这种方法发挥作用的一个特别的例子。价值作为社会必要劳动时间内化了一个特定的资本家的时间性，并且，社会表面存在的大量的社会斗争领域，都是在追求对其他人时间的占有。“时间原子是利润的要素”的事实，导致了资本家被时间管制和时间控制所困扰（而且也可以简短地解释，为什么他们被生产线提速所困扰）。

但是我们应该怎样认识，深奥的价值理论和关于工作日长度的表面斗争的不可预测的政治骚乱之间的关系？回到第175页，马克思赞许地从一部早期的作品中引用了一个著名的段落（另一个脚注！），《政治经济学批判大纲》：

> 一定的生产方式以及与它相适应的生产关系，简言之，“社会的经济结构，是有法律的和政治的上层建筑竖立其上并有一定的社会意识形式与之相适应的现实基础”，“物质生活的生产方式制约着整个社会生活、政治生活和精神生活的过程”。

他从《批判》中提取了下列句子，这部分内容解释了，正是在上层建筑中，我们开始对政治问题有了意识，并努力加以解决。

这就是人们经常提到的经济基础-上层建筑的模式。其假设是，存在一个经济基础，在其基础上，产生了思想的框架以及一种政治的和法律的上层建筑，它们共同定义，我们对问题的意识如何并如何解决它们。这一构想有时被宿命地解读为：经济基础决定政治的和法律的上层建筑，决定在那里形成的斗争的形式，而且经济基础发生转变的程度，实际上决定了政治斗争的结果。但是，我不认为这一观点带有宿命的倾向，甚至带有因果关系。因为还存在阶级的联合及复合的可能性、情绪的多种变化，所以结果永远不会固定。但是，永远存在这样一种对他人时间的占有的深入考虑，这一主题永远不会消失。“平等权利之间”的对抗在资本主义社会里是永恒存在的，它永远不能得到某种最终的解决。关于时间的斗争是资本主义生产方式的基本内容。这就是这个深奥的理论告诉我们的，不管在上层建筑中发生了什么，如果不推翻资本主义，这一强制规则就不会被克服。

在任何情况下，当生产力和社会关系没有在政治和法律的上层建筑中有所表达和代表时，都是不能存在的。我们已经从货币中看到了这一点，它是被所有制度和法律安排所围绕的价值的代表，而且肯定是斗争和政治操纵的目标（关于私有产权的法律框架也是这样）。但是马克思也说明了，没有货币（或一种私有产权的法律框架），价值就不会作为一个基本的经济关系而存在。事情会在一个货币环境中以一种十分特别的方式起作用，它取决于阶级斗争的动力，并且对于劳动价值论如何发挥作用也是具有意义的。货币属于政治的上层建筑，还是向下属于经济基础？答案是肯定的，它必须属于它们两者。

相似地，人们不会说，从工作日这一章可以看到，关于工作日的斗争结果是由经济基础中的运动决定的。更进一步说，对工作日长度的政治限制，部分地导致了资本家去寻求另外一种获得剩余价值的办法，例如相对剩余价值。马克思显然不倾向于这种被机械地或因果地使用了的经济基础-上层建筑模式，他是辩证地使用了经济基础-上层建筑模式。

而且这也是事实，即“制定出”，达到关于工作日长度的斗争的王国，作为时间是利润的要素的基本事实的一个结果，源于将价值定义为社会必要劳动时间。在前资本主义社会，甚至在古罗马，不存在关于工作日长度的集中的斗争。只是在资本主义生产方式制度框架内，这种斗争才有意义。正式的问题，如工作日（周，年，一生）的长度被准确地提起，是因为资本主义已经演变而成的深奥结构。这些斗争如何解决，取决于你和我以及其他所有人。实际上，这场斗争能够潜在地以这样的方式得到解决，即，取消资本主义生产方式。我们可以建立这样一个社会，在其中，时间不再是利润的要素。你能想象那会是怎样的吗？这听起来似乎相当美好，不是吗？

这里，我的主要观点是，事情被解决的方式，即通过政治的和法律的手段，阶级力量的平衡，支配性的精神观念和其他——在资本作为价值循环的深奥概念的关系中，并不是没有影响的。真正的科学的方法是要明确哪些深奥的要素，它可以向你解释，为什么在我们的社会中，一定的事物是按照目前的方式运行的。我们从工作日长度的斗争中看到了这个原因。我们也从相对剩余价值的斗争中看到了这一点，它解释了资本主义为什么如此具有技术的动力。我们似乎对于是否要增长或进行发明没有任何选择的余地，因为那是资本主义深刻的结构所需要的。所以，唯一有趣的问题是，增长将如何发生，并且带有哪种技术变化？这强迫我们去考虑精神观念的含义，人与自然的关系和其他所有的问题。如果我们不喜欢这些含义，那么我们没有其他手段，只有采用斗争的方式，不是仅仅针对它的某一个方面，而是同时针对它所有的方面，直到我们最终达到这样一种状态，即必须根本改变价值规则本身。

然而，资本的循环是资本主义条件下的驱动器。但是，对这一过程来讲，需要被支撑的社会必须是什么？例如，我们可以考虑必要的精神观念。假如你走在华尔街上，举着一个大旗子，上面写道，“增长是糟糕的，现在停止增长”，这是否会被认为是一种反资本主义的情绪呢？你打赌会是这样。你会被解雇，然而，这不必然是因为你反对资本主义，而是因为你反对增长，因为增长被认为是不可避免的而且是好的事。零增长说明出现了严重的问题。日本最近根本就没有出现大幅增长，可怜的人们。但是中国的增长却一直引人注目，所以，中国人是伟大的成功典范。我们怎样才能努力赶上他们呢？我们都高兴地闲坐着并谈论说，增长是好事。技术变化是好事，所以，因为资本主义需要这两者，也就必然是好事。这就是那种共同的信仰体系，即葛兰西（Gramsci）所说的“霸权”。同样的问题也出现在制度安排上。资本主义需要足够的法律安排以有效地发挥作用。中国人越是走向一种资本主义的路径，他们要想维持一种不承认某种私有产权的法律安排，就越不具有合理性。但是，在可能发挥作用的制度安排中，也存在大量的宽容度和偶发性。

第一一三部分：机器发展，价值转移以及对工人的影响

那么，让我们最后讨论在这一长篇章节中出现的组合的材料。我建议你对这部分的题目顺序给予小心的关注。这些顺序确定了讨论的逻辑思路，它构成了马克思对工厂体系和机器使用的增长的研究。然而，他从约翰·斯图亚特·穆勒对机械发明的事实的惊讶态度开始，假设机器的设计是为减轻劳动的负荷，但实际上根本没起到这样的作用。实际上总的来看，它们使情况变得更糟。马克思自己从没有惊讶过，因为机器是用来生产剩余价值，而不是为了减轻劳动的负荷。但是请注意，这意味着“机器是生产剩余价值的手段”。(第492页)这听起来奇怪，因为马克思已经提出，机器是死劳动(不变资本)，不能生产价值。然而，它们可以是剩余价值的来源。通过在工薪商品部门提高生产率，降低劳动力价值，资本家阶级获得了相对剩余价值，同时，拥有最好机器的资本家将获得临时的相对剩余价值，即由那些具有较高生产率的生产者获得。不要怀疑资本家所持有的拜物的信仰，机器生产价值！

马克思随后思考了工具和机器之间的区别。“工具是简单的机器，机器是复杂的工具”，并且，“看不到二者之间的本质区别”，在这里我们遗失了一些基本的东西，最需要注意的是“历史的要素”(那种要素，他偶尔会在脚注中做很多说明)。(第492—493页)马克思是率先使用“工业革命”一词的人，并将它置于他历史重构工程的中心。那么，是什么形成了工业革命的核心呢？这只是一种技术的变化，即由工具变成机器的事实吗？是机器和工具之间的差别，使机器具有了力量的外部来源吗？它是否需要一种社会关系的激进变化，以与生产力的转变并行呢？答案就是上面所有的内容。

> 作为工业革命起点的机器，是用这样一个机构代替只使用一个工具的工人，这个机构用许多同样的或同种的工具一起作业，由一个单

一的动力来推动，而不管这个动力具有什么形式。在这里我们就有了机器，但它还只是机器生产的简单要素。（第497页）

然而这被预见为，是工人的地位（社会关系）上的一种转化。它与机器本身同样重要。当工人们能够持续提供活动的力量时，在某些情况或其他情况下，来自外部的对力量的补充的需求就出现了。长期以来人们挤压水力以提供服务，但是它的使用被地区条件所限制和束服。

直到瓦特发明第二种蒸汽机，即所谓双向蒸汽机后，才找到了一种原动机，它消耗煤和水而自行产生动力，它的能力完全受人控制，它可以移动，同时它本身又是推动的一种手段；这种原动机是在城市使用的，不像水车那样是在农村使用的，它可以使生产集中在城市，不像水车那样使生产分散在农村，它在工艺上可得到普遍的应用，在地址选择上不太受地点条件的限制。（《文集》第五卷，第499页）

蒸汽机将资本从对地方性的力量的依靠中解放出来，因为，煤是一种商品，从原则上讲，它能够被运输到任何地方。但是，请小心，不要过多关注这一发明，因为“蒸汽机本身，并没有引起工业革命。相反，正是工具机的创造才使蒸汽机的革命成为必要”。（第496—497页）

而且，虽然马克思没有提到，煤也能够消除作为食品生产的土地的使用和作为能源来源的土地生物量的使用之间的尖锐对抗，但在这之前，它已经限制了工业的发展。一直以来，木头和木炭是基本的燃料来源，在食物土地和生物燃料土地之间的竞争，使两者的成本都提高了。用煤就可能挖掘到石炭纪时期储存的能源；然后，用石油就可能挖掘到白垩纪时期储存的能源。这解放了用于生产食品和其他形式的原材料的土地，并解放了工业，它可以广泛使用廉价的燃料，既对城市化，当然也对我们目前的生活，都具有全面的意义。最近，对能源稀缺日益增长的反应已经回到燃料来源的土地上了(特别是乙醇)，而且产生了可以预料的后果，即食物和其他原材料的价格暴涨的后果(并产生了所有的社会后果，如与食品相关的骚动和日益严重的饥荒现象；甚至我的面包圈的价格都涨了三十美分)。我们目前正在重新形成对资本积累的限制，在18世纪后期向矿石燃料的政策转变，有效地受到了人与自然关系的革命的限制。

但是工业革命的标志，不仅是一种能源生产的转变。“工场手工业所特有的以分工为基础的协作”现在表现为“各个局部工作机的结合”。在社会关系中出现了一场重大革命。

> 在工场手工业中，单个的或成组的工人，必须用自己的手工工具来完成每一个特殊的局部过程。如果说工人会适应这个过程，那么这个过程也就事先适应了工人。在机器生产中，这个主观的分工原则消失了。在这里，整个过程是客观地按其本身的性质分解为各个组成阶段，每个局部过程如何完成和各个局部过程如何结合的问题，由力学、化学等等在技术上的应用来解决。

其结果是“各种单个工作机和各组工作机的一个有组织的体系”的革命，而这“所完成的整个过程越是连续不断，即原料从整个过程的最初阶段转到最后阶段的中断越少，从而，原料越是不靠人的手而靠机构本身从一个生产阶段传送到另一个生产阶段，结合工作机就越完善”。(第501—502页)

有许多观点可以支持这一叙述。第一，在生产过程中连续性的重要性，它是至关重要的，因为资本循环的连续性需要如此，而机器有助于实现这一目标。第二，请注意，社会关系是随着技术关系的变化而被转变的。第三，对生产过程的组成阶段的分析，要求在精神层面上的转变，它将使一门科学(例如化学)承载相应的技术。换句话说，在精神观念中存在一种进化。至少三个脚注中被检验的要素在这里发挥了作用，而且，在煤资源作为基本的能量来源替代了瀑布和生物量的同时，人与自然的关系以及与地点的要求的关系，也改变了。我们从许多这种段落中，可以看到在脚注中提出的马克思的构想是如何发挥作用的。不同的要素很容易汇聚在一起，形成了一个有推动性的对共同进化的叙述，而不是因果关系。其结果是，“通过传动机由一个中央自动机推动的工作机的有组织的体系”，而且，他说，“是机器生产的最发达的形态。在这里，代替单个机器的是一个庞大的机械怪物”——马克思喜欢做这种设想，正如我们已经看到的——“它的躯体充满了整座整座的厂房，它的魔力先是由它的庞大肢体庄重而有节奏的运动掩盖着，然后在它的无数真正工作器官的疯狂的旋转中迸发出来”。但是，马克思也提醒我们，“沃康松、阿克莱、瓦特等人的发明之所以能够实现，只是因为这些发明家找到了相当数量的、在工场手工业时期就已准备好了的熟练的机械工人”。也就是说，如果必要的社会关系和劳动技能还没有占据应有的地位，新技术就不能被使用。在有些情况下，这些工人“是各种职业的独立的手工业者”，而其他人已经“联合”。（第 503 页）

但是，进化的过程有其自己的动力。“随着发明的增多和对新发明的机器的需求的增加，一方面机器制造业日益分为多种多样的独立部门，另一方面制造机器的工场手工业内的分工也日益发展”。社会关系中发生了大量的转变。“这样，在这里，在工场手工业中，我们看到了大工业的直接的技术基础。工场手工业生产了机器，而大工业借助于机器，在它首先占领的那些生产领域排除了手工业生产和工场手工业生产”。整个体系“在其旧形式中进一步发展了的基础本身”后，最终建立起了“与它自身的生产方式相适应的新基础”。（第 503—504 页）简短地说，资本主义发现了一个与它的流通规律更一致的技术基础。

在我看来，这是一个演化的，而不是决定主义者的观点。产生于制造业和手工阶段的资本主义的矛盾，不能通过已经存在的技术的给定性质解决。所以，存在出现一种新技术组合的巨大的压力。马克思正在讲述一个资本主义如何“建立起与它自身的生产方式相适应的新基础”的

故事。但是，这整个过程

> 取决于这样一类工人增加的情况，这类工人由于他们的职业带有半艺术性，只能逐渐地增加而不能飞跃地增加。但是，大工业发展到一定阶段，也在技术上同自己的手工业和工场手工业的基础发生冲突。（第504页）

资本扩张的力量会面临极限。资本主义体系已经达到了这样一点，即，它需要熟练工人去制造机器以保证它的发展，同时，它自己的技术基础却扮演了对制造机器的能力起到拖拽作用的角色。

但是，进化过程是很难停止的，“一个工业部门生产方式的变革，会引起其他部门生产方式的变革”。在这里请注意，马克思顺便使用了“生产方式”一词。他有时使用这个词，正如他在《资本论》开篇的段落中使用一样，可以说，是为了将资本主义生产方式和封建主义生产方式进行对比。但是在这里，它有着特别的含义：在一种特殊产业中的生产方式。有两个相互关联的含义：在一种特殊产业中的生产方式创造了新的机器形式，实际上，它与从更广泛意义上理解的资本主义生产方式相一致。然而在这里，我们谈论的是，在特殊的产业环境下特殊的生产方式的转变，和它们之间的动态的相互作用。

> 这首先涉及因社会分工而孤立起来以致各自生产一种独立的商品、但又作为一个总过程的各阶段而紧密联系在一起的那些工业部门。因此，有了机器纺纱，就必须有机器织布，而这二者又使漂白业、印花业和染色业必须进行力学和化学革命。

在生产过程各个不同部分所产生的溢出效应，形成了相互之间反复加强的变化。更进一步，“工农业生产方式的革命，尤其使社会生产过程的一般条件即交通运输手段的革命成为必要”。（第505—506页）这引入了另外一个主题，也就是在马克思的著作中我所发现的极其有趣的内容：他在《大纲》中所称的“用时间去消灭空间”①的重要性。资本主义演化的动力在其地理含义上并不是中立的。我们已经从他关于城市化的讨论中，看出了这种观点的暗示，蒸汽机会提高生产的集中程度，而地点性的自由被蒸汽动力所赋予。世界市场的连接性也会改变。

> 因此，撇开已经完全发生变革的帆船制造业不说，交通运输业是逐渐地靠内河轮船、铁路、远洋轮船和电报的体系而适应了大工业的生产方式。但是，现在要对巨大的铁块进行锻冶、焊接、切削、镗孔和成型，又需要有庞大的机器，制造这样的机器是工场手工业的机器制造业所不能胜任的。

而且，在这里出现了马克思观点的最终环节：

> 因此，大工业必须掌握它特有的生产资料，即机器本身，必须用机器来生产机器。这样，大工业才建立起与自己相适应的技术基础，才得以自立。（第506页）

简短地说，在机器帮助下的生产机器的能力，是羽翼丰满、动态的资本主义生产方式的技术基础。换句话说，工程和机械工具产业的增长，是革命的终极阶段，它从整体上，为资本主义生产方式创造了“足够的技术基础”。“劳动资料取得机器这种物质存在方式，要求以自然力来代替人力，以自觉应用自然科学来代替从经验中得出的成规”。这不仅要求出现一场在精神概念上的革命，而且也要求出现一场对它们应用的革命。

---

① Marx, *Grundrisse*, 534.

> 在工场手工业中，社会劳动过程的组织纯粹是主观的，是局部工人的结合；在机器体系中，大工业具有完全客观的生产有机体，这个有机体作为现成的物质生产条件出现在工人面前。（第 508 页）

例如，合作的性质被彻底改变了。

我已经仔细地分析了这一部分内容，其目的是为了说明，技术革命的协同传播，依赖并引起社会关系、精神观念和生产方式的变革（在具体和特殊含义中），同时也依赖并引起空间和自然关系中的变化。适应一种资本主义生产方式（在大范围意义上）的新技术体系的出现，是一个进化的过程，在这一过程中，马克思在脚注中涉及的所有要素都在共同进化。

在这一章的第二部分，马克思提出了下列问题：价值是如何从机器转移到产品上的？另外两种获得相对剩余价值的方式——通过合作和劳动分工——除了一些偶然发生的费用外，资本几乎不承担任何成本。但是，机器是一种需要从市场上购买的商品。可以说，与仅仅将劳动的分工整合进工作场所相比，是非常不同的。机器具有一种价值，而且这一价值需要被支付。凝结在机器中的价值在某种程度上需要被转移到“由它的服务所生产的产品上”，（第 509 页）虽然在其中不包含任何物质的转变。从根本上说，马克思采取了直接折旧的做法。如果机器能使用十年，那么在每年的那个时间点上，机器价值的十分之一就会转移到产品上。但是，随后他继续得出了一个关于机器使用的重要界限：

> 如果只把机器看作使产品便宜的手段，那么使用机器的界限就在于：生产机器所费的劳动要少于使用机器所代替的劳动。可是对资本说来，这个界限表现得更为狭窄。因为资本支付的不是所使用的劳动，而是所使用的劳动力的价值，所以，对资本说来，只有在机器的价值和它所代替的劳动力的价值之间存在差额的情况下，机器才会被使用。（第 515 页）

这假定了(正如大多数经济学家们试图做到的那样)资本家在做决定时是理性的。如果机器昂贵，而且通过使用机器，你只节省了很少的劳动，那么为什么还要购买机器呢？机器越便宜，劳动就越贵，对使用机器就有更大的激励。所以，资本家必须做的是，花在购买机器上的价值和节省的雇佣劳动价值(可变资本)之间的计算，使用机器的极限典型地由竞争的强制规律所规定。购买昂贵的机器，但只节省了很少劳动的资本家，将会被经济领域淘汰。

然而，能够节省多少可变资本，取决于劳动力的价值。“现在英国发明的机器只能在北美使用”。(第 516 页)在北美洲，劳动的相对稀缺意味着较高的劳动力成本，所以使用机器是有意义的，但是在英国，剩余劳动的存在，意味着廉价的劳动和更少的对使用机器的激励。这种对机器使用的限制条件的计算，无论是从理论上还是实践上，都非常重要。可以举一个现代的例子，在中国，存在大量的廉价劳动，在美国用复杂和昂贵的机器制造的东西，在中国可以被分解为更小的、可以用手工制造的劳动过程。与在美国使用一台非常昂贵的机器和二十名劳动者不同，你可以在中国雇佣两千名劳动者，使用手工工具进行生产。这个例子面对的是这样一种观念，资本主义不可避免地会走向更大规模的机械化和更高的技术复杂性。如果考虑机器使用的限制条件和价值关系的重要性，那么，在机器和技术的使用上，所有可能的变动都会发生。

在第三部分，马克思考虑了使用机器对工人产生的三个后果。机器有助于“资本对补充劳动力的占有。妇女劳动和儿童劳动”。机器技术有效地摧毁了存在于手工阶段的技术基础。随后，雇佣非熟练的妇女和儿童变得更加容易。随后产生了一系列的后果。用家庭工资代替个人工资成为可能。个人工资水平就会下降，但家庭工资水平却能够保持不变，因为妇女和儿童加入了劳动大军。在资本主义历史中，这一直是一个有趣和持续存在的主题。从 20 世纪 70 年代以来，美国的个人工资可以说是下降了，或者可以说在实际意义上维持了相对稳定的水平，但是家庭总收入却处于上升趋势，因为更多的妇女参加了工作。资本家阶级以接近一个劳动力的价格，获得了两个劳动力。20 世纪 60 年代出现在巴西的经济奇迹，也是在军队的独裁下，由个人工资下降的可悲现象主导的，但是家庭工资被控制在稳定的状态，因为当时，不仅巴西的妇女甚至是儿童也参加了工作（在铁矿中的童工大量出现）。这导致了巴西总统奥米利奥·梅迪西①提出了其著名的观点，那就是，“经济（他应该说的是资本家阶级）的绩效非常好，但人们的处境却非常糟糕”。历史上曾有很多这样的情况发生，资本家通过采用这种方式获得剩余价值。

这也提出了个人工资和家庭工资之间关系的问题。后者对工人阶级的再生产是必需的。但是谁承担这部分再生产的成本呢？马克思在这个问题上不太敏感，正如许多人已经指出的，可将其归结为性别的问题，但是，他在一个脚注中指出了，家务工作和市场上买入和卖出劳动力之间关系的重要性。如果妇女进入劳动力市场，那么

> 家庭消费所必需的劳动，如缝缝补补等，必须由购买现成商品来代替。因此，家务劳动消耗的减少，相应地就增加了货币的支出。因而，工人家庭的生产费用增加了，并且抵消了收入的增加。此外，节省地合理地利用和配制生活资料也不可能了。（第 518 页）

对家庭工资的思考也引出了其他问题。在马克思的时代，非常普遍的现象是，男人，特别在马克思所熟悉的国家，是整个家庭劳动的分配者。其结果是，在劳动供给中形成了一种“班组制”。一个男性负有分配几个小孩劳动力的责任，可能还包括一个妻子和一个姐妹，同时还包括侄子和亲戚的劳动力。在法国，劳动市场通常会形成一种“班组制”，在那里，一个家长式的人物会指挥他周围每个人的劳动，并将这种劳动指挥传递给他的雇员们来干，而只将有关劳动报酬和福利的分配问题，留

① 巴西总统奥米利奥·梅迪西（Emí lio Garrastazu Médici），1905—1985 年，巴西军事领袖及政治家，于 1969 年至 1974 年期间担任巴西总统。——译者

给这个家长式的人来做。这种体系在亚洲几乎是普遍存在的，而且也经常会在欧洲和北美的移民群体的组织中找到。这一体系中存在的某些最糟糕的方面，在当时和现在的情况一样，正如马克思在一个脚注中所指出的，是通过对儿童的买卖和与此相当的奴隶买卖而产生的(过去和现在都是如此)。在很大程度上依赖于工厂视察员报告(充满了维多利亚式的道德，马克思没有对此进行批判)和恩格斯在《英国工人阶级的状况》中的描述，马克思关注了“对妇女劳动和儿童劳动进行资本主义剥削所造成的精神摧残”，(第522页)和资产阶级想通过教育来解决这种精神摧残的脆弱尝试。正如《工厂法案》所描述的情况那样，在个别资本家由竞争的强制规律所驱动而采取的措施和国家试图对儿童进行教育的方式之间,出现了矛盾。虽然不是以一种十分充足的方式，但马克思提出了关于生命的再生产的问题(这也是非常重要的，但在某种程度上是脚注4中被忽略的要素)。

第二个部分研究了“工作日的延长”。实际上，机器创造了新的条件，它不仅允许资本能够延长工作日，而且形成了对这种做法的“新的激励”。

> 因此，劳动资料作为资本——而且作为资本，自动机在资本家身上获得了意识和意志——就受这样一种欲望的激励，即力图把有反抗性但又有弹性的人的自然界限的反抗压到最低限度。

机器部分是为克服工人的抵抗而设计的，它在任何情况下“由于在机器上劳动看来很容易，由于妇女和儿童比较温顺驯服，这种反抗无疑减小了”。(第526—527页)当然，这是一种典型的维多利亚时代的偏见。实际上，妇女并不容易管教，甚至比儿童更难管教。

但是，这里问题的核心是生产的临时性和持续性。机器的磨损速度比过去加快了，而且存在尽快使用机器的强烈的激励。首先，机器的有形损耗有两种。一种是由于使用，另一种情况是闲置，也就是说，让它生锈。“但是，机器除了有形损耗以外，还有所谓无形损耗”。我经常觉得这有点奇怪。马克思真正的意思是经济意义上的报废。如果我去年花了两百万美元购买了一台机器，但今年我的竞争对手可以花一百万美元购买同样的设备（或者花了同样的价钱，花两百万美元购买一台机器，但效率是我的两倍），这样机器生产的商品的价值就会下降，而我将损失我机器价值的一半。“即使原有的机器还十分年轻和富有生命力，它的价值也不再由实际对象化在其中的劳动时间来决定，而由它本身的再生产或更好的机器的再生产的必要劳动时间来决定了”。存在的威胁是机器将被“它或多或少地贬值了”。（第 528 页）资本家为了保护自己以对付这种威胁，就存在动力尽快使用机器（如果可能的话，保证一天使用二十四小时）。这意味着工作日的延长（或者正如我们将要看到的，采用倒班和换班制度）。这样机器就会连续运转以延长工作日，实际上是激励产生对进一步延长工作日的需要。

资本家钟爱机器，因为它们是剩余价值和相对剩余价值的来源。一种“技术决定”的拜物教在他们的信仰体系中变得根深蒂固了。而且，机器也是“一个内在的矛盾”的来源，因为“在一定量资本所提供的剩余价值的两个因素中，机器要提高一个因素，要提高剩余价值率，就只有减少另一个因素，减少工人人数”。（第 531 页）而且，由于取决于剩余价值率和工人人数的剩余价值量对资本家是如此的至关重要，所以，节省劳动的创新将不仅会使资本家的处境变得更好。从这个角度来看，通过技术创新将工人从工作中排挤出去，不是一个好主意，因为实际价值的生产者会在生产中受损失。马克思将在《资本论》第三卷中对这一矛盾做更多的阐述，在那里，技术创新的动力被当做一个不稳定的因素和爆发严重危机的来源。

但是，对于资本家来讲，持续创新的激励是最强有力的。对相对剩余价值短暂形式的竞争性追求，成为除上述矛盾之外的主导。单个资本家对竞争的强制规律进行回应，他们的行为方式并不必然代表资本家阶级的利益。但是，对劳动者带来的社会后果也同样悲惨。

> 部分地由于使那些被机器排挤的工人游离出来，制造了过剩的劳动人口，这些人不得不听命于资本强加给他们的规律。由此产生了现代工业史上一种值得注意的现象，即机器消灭了工作日的一切道德界限和自然界限。由此产生了经济学上的悖论，即缩短劳动时间的最有力的手段，竟变为把工人及其家属的全部生活时间转化为受资本支配的增殖资本价值的劳动时间的最可靠的手段。（第 531—532 页）

现在我们来看为什么约翰·斯图亚特·穆勒的观点是非常正确的。

第三部分明确地研究了强化的问题。前面经常提到的强化问题是指过去所发生的(例如，对社会必要劳动时间的定义)，这里的强度面对的是将来的问题。资本家可以利用机器技术来改变和调整劳动过程的强度和节奏。减少工作日中被称为“空闲”的部分(不工作的时间)是资本家的一个关键目标。在一个工作日中，一名工人能有多少秒休息时间？如果他们能够管理他们自己使用的工具，那么，他们就能够放下这些工具，并且再次拿起它们。劳动者可以以他们自己的节奏来工作。而使用机器技术时，假如说是组装线的话，劳动过程中的速度和持续性由机器系统内部决定，而且工人必须服从这一运动(正如在卓别林《摩登时代》中的表演那样)。这时，社会关系中就出现了一个反转，现在工人们被称为机器的附属品。在 1850 年后发生的重大进步之一是，一旦产业资产阶级接受了这样的事实，即，他们将不得不应付《工厂法》和对工作日长度的监管，资本家们就会发现，缩短工作日和日益提高劳动强度的做法是可以相容的。将劳动者作为劳动过程的附属品而重新定位，在后面的内容中极度重要。

八

机器和大工业

在上一章，我邀请你们通过对马克思关于机器的长篇章节中第四个脚注的透视，对“工艺学揭示出人对自然的能动关系，人的生活的直接生产过程，从而人的社会生活关系和由此产生的精神观念的直接生产过程”的方式给予特别的关注。当你阅读这一章时，去关注马克思是如何将这些不同的“原子”编织在一起以形成相关的联系，是十分有趣的。这不仅是为了理解资本主义的技术演化，同时也是为了展示对这一演化进程的研究所揭示的，作为一个整体（作为一个互动要素的整体或聚集）的资本主义生产方式的内容。如果你用这种方式阅读这一章，你将在其中发现一系列相对更加丰富的论断，而不仅仅是关于技术变化的简单描述。

在阅读这一内容庞大的章节中（在这里所有内容都太容易让你迷失），我仍建议你，注意每一部分的标题将会有所帮助，以保持对整体论述的动态感。这是到目前为止所思考的内容。在第一部分，他解释了资本主义如何通过与手工和制造业相关的技术变化，来形成一个独特的技术基础。这一基础将通过由机器进行的机器生产达到，并且还通过将许多机器组织进一个工厂体系来达到。但是，机器是需要购买的商品。这样，它们的价值在机器的生命周期中，将作为不变资本进行流通。如果这个生命周期是十年，那么，每年会有十分之一的机器的价值被转移到产品中。但是这形成了一个局限——机器折旧的价值应该低于被它替换的劳动的价值。这就造成了地理意义上的不均衡发展的可能性。如果美国的劳动成本相对英国较高，那么，在美国使用机器的激励就较高。自

20 世纪 70 年代以来，西德的工会力量一直在支持维持较高的工资水平，所以形成了对技术创新的强烈的激励。所以西德经济凭借其技术优势，获得了一种相对于世界其他地方的相对剩余价值，但同时这种劳动节省的创新也带来了结构性失业。

在第三部分，马克思分析了这种现象对劳动者的影响（在技术和社会关系之间的关系）。从熟练工艺向机器意识的转变，保证了妇女和儿童能够以早先不可能的方式就业。这保证了可以用家庭劳动（家庭工资）替换个人劳动（个人工资），同时，也出现了对资本家来说的开支节省和家庭结构分化的广泛传播，以及性别关系和国内经济角色和形式的变化。但是，机器的使用也形成了“道德贬值”问题（经济退化），对延长工作日的激励，和由于使用新的和更好的机器而使旧机器贬值的危险。所以，资本家会努力尽快去恢复凝结在机器中的价值，那就意味着，如果可能，保持机器二十四小时运转。机器可以被用来强化劳动过程。资本家既可以控制劳动过程的连续性和速度，也可以减少工作日中的空闲时间。为了压榨劳动者更多的剩余价值，劳动强化作为资本家的一个重要策略。这是到目前为止的内容。

第四—十部分：工人，工厂，工业

在“机器”一章中的其余七个部分，将通过对技术演进的考察，深化并扩展我们“揭示”资本主义的视角。在第四部分，马克思考察了工厂本身。这是他观点的核心部分，它不是简单地作为一个技术问题，而是作为一种社会秩序而被考察。但是在这里，我需要插入一些批判性的、防止误解的说明。对于工厂体系的理解，马克思主要依赖于两个来源。恩格斯对曼彻斯特风格的产业主义的第一手经历是批判性的，并通过巴贝奇（Babbage）和尤尔（Charles Babbage， Andrew Ure）的文章所介绍的内容作为补充，他们在当时都是领先的支持资本主义的思想家，并且是有效的产业管理原则的推动者。马克思想要将曼彻斯特正在发生的事情一般化，就好像这已经是资本主义产业主义的终极形式了，而且，根据我的判断，他有些过多地接受了巴贝奇和尤尔的观点。如果恩格斯当时在伯明翰，那么，马克思的表述可能会有很大的不同。那里的产业结构是小规模的，但是按照为了实现经济的凝聚的方式组成，更多地以手工业为导向，在车间里生产枪支、首饰和不同的金属产品，它们似乎具有较高的效率，而且与那些大型的坐落于曼彻斯特地区的棉花工厂相比，具有与之完全不同特点的劳动关系。显然，马克思不太清楚我们可能称为伯明翰模式的资本主义产业主义，所以，他没有对资本主义发展史中的长期存在进行区分。韩国的产业主义自20世纪60年代开始变成了曼彻斯特的模式，但是香港则更接近伯明翰模式。巴伐利亚，被称为第三意大利的地区，和其他类似被组织起来的工业区（矽谷是一个特殊的情况），在近期的产业主义阶段中一直处于非常重要的地位，与曼彻斯特相似的产业形式有很大不同的，是中国的珠江三角洲地区。然而问题是，上述所有的产业环境，无论过去还是现在，都与曼彻斯特的工厂有所不同。马克思对工厂的解释，虽然有推动作用，但却是片面的。

马克思通过提出如下内容，开始论述

> 使用劳动工具的技巧，也同劳动工具一起，从工人身上转到了机器上面。工具的效率从人类劳动力的人身限制下解放出来。这样一来，工场手工业分工的技术基础就消失了。因此，在自动工厂里，代替工场手工业所特有的专业化工人的等级制度的，是机器的助手所要完成的各种劳动的平等化或均等化的趋势，代替局部工人之间的人为差别的，主要是年龄性别的自然差别。就分工在自动工厂里重新出现而言，这种分工首先是把工人分配到各种专门化机器上去。（第545页）

工人们可以从一台机器移动到另一台机器旁。实际上，他们成为机器的思想者。

马克思在此描述了伴随工厂体系出现的去技能化现象，这样所有的劳动都在越来越大的程度上被同化了。如果你能操作这台机器，你也能操作那台机器。在资本主义历史中发生的持续去技能化的重要性，在更近期的时代里，一直是一个重要的争论主题（始于哈里·布雷弗曼的《劳动与垄断资本》一书，自20世纪70年代以后，引起了大量的评论和研究）。更进一步，“工厂的全部运动不是从工人出发，而是从机器出发”，而且由于这个原因，“所以不断更换人员也不会使劳动过程中断”。（第546页）其结果是，工人的处境被贬低到终生的任务只是服务于一台特定的机器。简单地说，工人与社会之间的关系被工人的工作同时转变，所以，工人变成了仅仅是机器的附属物。

> 在工场手工业和手工业中，是工人利用工具，在工厂中，是工人服侍机器。在前一种场合，劳动资料的运动从工人出发，在后一种场合，则是工人跟随劳动资料的运动。在工场手工业中，工人是一个活机构的肢体。在工厂中，死机构独立于工人而存在，工人被当作活的附属物并入死机构。……甚至减轻劳动也成了折磨人的手段，因为机器不是使工人摆脱劳动，而是使工人的劳动毫无内容。……即不是工人使用劳动条件，相反地，而是劳动条件使用工人，不过这种颠倒只是随着机器的采用才取得了在技术上很明显的现实性。由于劳动资料转化为自动机，它就在劳动过程本身中作为资本，作为支配和吮吸活劳动力的死劳动而同工人相对立。正如前面已经指出的那样，生产过程的智力同体力劳动相分离，智力转化为资本支配劳动的权力，是在以机器为基础的大工业中完成的。（第548—549页）

换句话说，精神观念从此和物质劳动分离开来。精神观念存在于资本家身上——他们是事情的设计者。劳动者则不需要进行思考；他们只被假设为负责操作机器。当然，事实上可能不是这样，但问题是，这就是资本家阶级日夜为之奋斗的劳动分工结构，而且作为结果，整个精神观念、社会关系、生命的再生产、与自然的关系等的整个架构，都会根据阶级的意愿而改变。

> 变得空虚了的单个机器工人的局部技巧，在科学面前，在巨大的自然力面前，在社会的群众性劳动面前，作为微不足道的附属品而消失了；科学、巨大的自然力、社会的群众性劳动都体现在机器体系中，并同机器体系一道构成“主人”的权力。

但是，这种转变是在工人能力的定位被严重贬低的基础上被预见到的，即，他们仅仅是机器的附属物，他们不能发挥任何精神力量，而只能服从于资本家“专制的力量”和专制的制度。现在技能只存在于那些设计机器的人身上，例如，工程师或其他人，他们成为一小部分具有很大特殊性的工人。但是，正如马克思在早期所指出的那样，相反，出现了“高级的工人，其中一部分人有科学知识，一部分人有手艺，他们不属于工厂工人的范围，而只是同工厂工人聚集在一起”。（第545—546页）

这种转变必然会引起反抗，特别是来自技能工人的反抗。这是第五部分的主要内容，与“工人和机器之间的斗争”（《文集》第五卷，第492页）有关。所谓的鲁德运动（以一个叫做耐·鲁德的传说中的人物而命名），是一种破坏机器的运动，工人们通过损坏机器，以示他们对去技能化和丢失工作岗位的反抗。他们把机器当成了他们的竞争对手，当成了毁掉他们的技能和造成他们工作不稳定的制造者。但是，马克思注意到了在这种反抗的政治中的一个进化：

> 19世纪最初15年，英国工场手工业区发生的对机器的大规模破坏（特别是由于蒸汽织机的应用），即所谓鲁德运动，为西德茅斯、卡斯尔雷等反雅各宾派政府采取最反动的暴力行动提供了借口。工人

> 要学会把机器和机器的资本主义应用区别开来，从而学会把自己的攻击从物质生产资料本身转向物质生产资料的社会使用形式，是需要时间和经验的。(第 554—555 页)

这段叙述需要我们进行小心的评价。在这里，马克思似乎认为，问题不是机器本身(技术)，而是资本主义制度(社会关系)。我们可能由此推断出(在我看来是错误地推断出)，机器本身是中立的，所以，机器也可以在社会主义社会使用。这在历史上看起来是真实的，即，工人们自愿放弃了对机器的肆意破坏，以支持资本家达到他们的目的，即用最无情的方式使用机器技术。但是，这似乎违背了马克思观点总体思路的精髓，特别是我对第四个脚注的理解，在那里，技术和社会关系是相互整合的。在这种理解下，还存在一个与机器相关的问题，因为机器是通过内化一定的社会关系、精神观念和生产生活方式被设计和制造的。那种工人被变成机器附属物的情况肯定不是一件好事。与资本主义机器技术相联系的对精神能力的剥夺也不是好事。所以，当列宁赞扬福特主义的生产技术时，即，建立一种生产的工厂体系，与美国公司使用的那些方法相似，并提出，由革命带来的社会关系的变化是起基础作用的，这时他正走在一条错误的道路上。马克思自己的观点在这些段落中显得模棱两可。在《资本论》的其他地方，他对资本主义通过技术的性质找到了其本身的基础，持更加批判的态度。在这一章中所讨论的是适应资本主义生产方式的技术。这应该会引导我们自动地提出发现那些适应社会主义或共产主义生产方式的不同技术的问题。如果你试图用资本主义生产方式使用的技术去建设社会主义，你将会得到什么？你可能会得到另一种资本主义的版本，那种伴随对福特主义技术的传播，很可能在苏维埃发生的情况。马克思也用同样的方法批判了普鲁东，因为他只将资产阶级的公正的动议实例化了，所以，马克思在这里处在一个危险中，因为他赞同将资本主义技术实例化。

维护马克思的一个方式是回到他是如何描述资本主义的。在制造业阶段，资本家的发展依赖于后封建社会的手工和制造技术（同时改变它们的组织形式），而且在既定的复合条件下，这是必要的。只是在后来，资本主义开始去确定它特定的技术基础。社会主义在其早期革命阶段，以完全同样的方法被限制去使用资本家的技术，但是，列宁对此进行了纠正，如果处于紧急关头（战争和严重毁灭时期），那么，应该转向更先进的资本主义技术形式，以振兴生产并保护革命。但是从我对脚注的理解来看，一场社会主义者的革命，在长期内不可能回避对另一种技术基础的定义问题，以及另一种与自然的关系、社会的关系、生产体系、通过日常生活和对世界的精神观念的再生产的问题。而且对于我来讲，这似乎一直是现实的共产主义历史中尖锐的失败之一。当然，这个主题比共产主义更加宽泛，因为实现一定社会和政治目标的适当的技术问题，对于他们那些拜物主义者、独裁主义者、环境保护主义者或其他人，是值得认真思考的一般性问题。我们必须总结，技术在社会整体中，不是中立的。

资本主义技术的有问题的阶级特点，在马克思的文本中实际上是被确认的。“机器”，他写道，

> 但是，机器不仅是一个极强大的竞争者，随时可以使雇佣工人“过剩”。它还被资本公开地有意识地宣布为一种和雇佣工人敌对的力量并加以利用。机器成了镇压工人反抗资本专制的周期性暴动和罢工等等的最强有力的武器。用加斯克尔的话来说，蒸汽机一开始就是“人力”的对头，它使资本家能够粉碎工人日益高涨的、可能使刚刚开始的工厂制度陷入危机的那些要求。可以写出整整一部历史，说明1830年以来的许多发明，都只是作为资本对付工人暴动的武器而出现的。（第562—563页）

所以，资本家有意识地制造作为阶级斗争手段的新技术。这些技术不仅在劳动过程内部作为管理劳动者的手段，而且有助于形成劳动剩余，这

将会挤压工资并压制工人的热情。

马克思在这里第一次介绍了技术引起失业的观点。节省劳动的创新使人们被排除在工作之外。实际上，在过去三十年中，强劲的技术变革和令人难以置信的生产率的提高，已经造成了失业和工作不稳定的状况，从而使资本家采用政治手段管理工人变得更加容易。对于美国工人阶级的恶劣处境而言，社会上的主流趋势一直在谴责来自低工资的墨西哥和中国的外包和竞争，但研究显示，美国大约三分之二的工作岗位的丧失是源于技术变化。当我在 1969 年到达巴尔的摩时，伯利恒（Bethlehem）钢铁公司雇佣了超过两万五千名工人，但是二十年后，该公司雇用的工人人数不足五千名，但钢铁产量与原来相同。“劳动资料扼杀工人”。（第 559 页）

技术被当做阶级斗争的武器的观点不难被证实。我记得读过一个产业家的报告，他是一位机器工具的创新者，在巴黎工作。他给出了创新的三个动机：第一，降低商品价格并提高竞争地位；第二，提高效率并消除浪费；第三，将劳动安置在适当的位置上。鲁德们以后，有关技术形式的阶级斗争一直是资本主义内部的一个特点。

第六部分，“报酬理论”，关注作为技术变化后果，在资本和劳动之间形成的累计的关系。如果资本家通过雇佣较少的劳动者来节省可变资本，那么，他们用节省的资本去做什么呢？如果他们自己解释他们的行为，那就是，所提供的一些多余的劳动被重新吸收了。在这一基础上，那个时代的资产阶级经济学家发明了一种补偿理论，证明从总量来说，机器没有造成失业。马克思对此没有给予否认，应该有一些补偿，但是补偿的多少是有问题的。你可以只挑选出造成的剩余劳动者的百分之十，或者百分之二十。不存在一个自动的原因能够解释为什么所有的剩余劳动者都将被重新吸收。“虽然机器在应用它的劳动部门必然排挤工人”，但是它可能，“引起其他劳动部门就业的增加。不过，这种作用同所谓的补偿理论毫无共同之处”。（第 570 页）即使大多数工人将来会被重新雇用，但仍然存在一个严重的转型问题。“一旦机器把一部分至今在一定工业部门就业的工人游离出来，这些补充人员”——那就是，后备军总是在外面存在——“也要重新分配，由其他劳动部门来吸收，不过，原来的那些牺牲者”——那些被排挤出工作的人——“大部分在过渡期间堕落丧亡”。（第 568 页）而且还存在适应的问题：钢铁工人不能在一夜之间成为计算机程序员。

> 因为机器就其本身来说缩短劳动时间，而它的资本主义应用延长工作日；因为机器本身减轻劳动，而它的资本主义应用提高劳动强度；因为机器本身是人对自然力的胜利，而它的资本主义应用使人受自然力奴役；因为机器本身增加生产者的财富，而它的资本主义应用使生产者变成需要救济的贫民，如此等等，所以资产阶级经济学家就简单地宣称，对机器本身的考察确切地证明，所有这些显而易见的矛盾都不过是平凡现实的假象，而就这些矛盾本身来说，因而从理论上来说，都是根本不存在的。（第 568—569 页）

机器永远都必须在一种关系中被看待，所以，资本家使用它。而且，毫无疑问的是，资本家对机器的使用经常是无情的和对工人的不必要的压制。但是如果资本“本身”被看做一个“人对自然力的胜利”，同时“本身”被赋予了潜在的品德高尚的可能性（例如减轻劳动的负荷，并提高物质福利），那么，我们就回到了一种不确定的观点，即，资本主义的技术“在自身内”，可以为社会组织的其他形式建立基础，而不需要进行任何重要的调整，更不用说革命性的变化。关于组织形式的地位，关于从封建主义到资本主义，从资本主义到社会主义或共产主义的转变中的技术和机器的地位的问题被再次提出来了。这是这一章所提出的重大问题之一，是一个值得长期和艰苦思考的问题。

由于机器的采用扩大了机器工具产业的就业，所以补偿也出现了。但是，请回忆，“生产劳动资料本身如机器、煤炭等所需要的劳动量的增加，同使用机器而引起的劳动量的减少相比，必然较小”。（第 570

页）这样，就存在原材料提取产业就业增长的可能性。但是在棉花产业，不幸的是，这意味着在美国南部，奴隶劳动的加强和扩大，而不是工薪就业的扩大。但是，如果所有这些补偿的可能性被阻止了，那么，资本家的过剩资本应该投向何处的问题就仍然存在。由于劳动力价值的下降，并且由于他们所雇用的劳动者的数量倾向于减少，他们获得了这一剩余，不管是个人还是作为一个阶级。

虽然是在某种模糊的形式下，但这里所提出的，是资产阶级将用全部剩余价值干什么的问题。这是一个重大且基本的问题。我称之为剩余资本的吸收问题。在一天结束时，资本家必然以获得了更多的东西作为结果，即，一个剩余，然后他们会面临这样的问题，明天他们将用那部分剩余做什么。如果他们不能找到它的出路，那么，他们就会陷入麻烦之中。这是《资本论》后面的卷次中要讨论的中心问题。马克思不想在这里展开对此问题的充分分析，但是他确实提出了一些建议。“采用机器的直接结果是，增加了剩余价值，同时也增加了体现这些剩余价值的产品量，从而，在增加供资本家阶级及其仆从消费的物质时，也增加了这些社会阶层本身”。（第 572 页）所以，当通过外贸的扩张，过剩产品的市场也可能扩大时，“奢侈品的生产在增长”。

> 在工人人数相对减少的情况下生产资料和生活资料的增加，使那些生产在较远的将来才能收效的产品（如运河、船坞、隧道、桥梁等等）的工业部门中的劳动扩大了。（第 573 页）

长期的物质基础设施的投资，在很多年内都不能带来收获，但可以成为吸收剩余的工具。关于这种观点的解释，将使我在《资本的极限》一书中，对资本主义稳定过程中地理扩张和长期投资的重要作用，（特别是在保护环境方面）进行理论阐述。

此外，

> 大工业领域内生产力的极度提高，以及随之而来的所有其他生产部门对劳动力的剥削在内涵和外延两方面的加强，使工人阶级中越来越大的部分有可能被用于非生产劳动，特别是使旧式家庭奴隶在“仆役阶级”（如仆人、使女、侍从等等）的名称下越来越大规模地被再生产出来。

这个非生产人们的阶层包括

> 不宜劳动的老幼，所有“非生产的”妇女、少年和儿童，再减掉官吏、牧师、法律界人员、军人等“意识形态的”阶层以及所有专门以地租、利息等形式消费别人劳动的人。（第 574 页）

所有这些大量的人口都必须由剩余来支持。借鉴了英格兰和威尔士的情况，马克思引用了 1861 年的人口数字，它显示，与仆役阶级（“或现代家庭奴隶”）1 208 648 人相比，“全部纺织厂的雇佣人员和冶金厂、金属手工工场人员加在一起是 1 039 605 人”，同时，煤矿和金属矿的全部雇佣人员是 565 835 人。（第 574 页）我们一直倾向于认为，从制造业向服务业的激烈转变，只是出现在过去的半个世纪中，但这些数字显示的是，服务业完全不是一个新兴行业。当时的服务业一个最大的不同是，马克思所指的服务阶层大部分不是按照资本家的意愿组织的（很多奴仆生活在主人家中）。当时没有任何商店，表明它们是从事“美甲”、“保洁”、“美发”或其他服务的。但是以这种形式就业的人口数量一直是庞大的，而且经常被经济分析所忽视（包括马克思的分析），即使他们在数量上已经超过了在古典意义上工厂就业的工人阶级的人数，如矿工和其他类似工人的就业人数。

在第七部分，关于“工人随机器生产的发展而被排斥和吸引”，（《文集》第五卷，第 514 页）考察了由于经济周期的衰退和流动，就业的时间性节奏。利润，马克思提出，“不仅形成加速积累的源泉，而且把不断新生的并正在寻找新的投资场所的很大一部分社会追加资本吸引到有利的生产领域”。（第 578 页）但是，由于剩余价值流向这些新兴的、受欢迎的领域，所以，它面临着一定的障碍，例如“只有原料和销售市场才是它的限制”。（第 579 页）你将从哪里获得原材料，你将你的剩余产品卖给谁？正如我们将要看到的，这些都是关键问题，而且我们将在最后的“反思和预测”部分重新讨论这些问题。

马克思在这里提供的直接答案是——印度！你破坏了印度的国内市场，并将大量的人口转移到你本国的市场中，同时，你也把印度变成了一个为你自己的市场提供原材料的生产国。通过这种做法，你参与了帝国主义和殖民主义的实践和地理扩张活动。这一问题通过我所说的空间决定论来解决。其结果是，

> 一种与机器生产中心相适应的新的国际分工产生了，它使地球的一部分转变为主要从事农业的生产地区，以服务于另一部分主要从事工业的生产地区。（第 579—580 页）

现在，所有这些内容都处于对马克思理论工具的理解范围之外。但是，我们从这一部分可以清晰地看到的是，通过地理和时间的转移，来解决资本剩余的处置问题，在资本主义生产方式中是一种社会必需。

产业周期中的经济衰退和资本流动现象是资本主义的特点。

> 工厂制度的巨大的跳跃式的扩展能力和它对世界市场的依赖，必然造成热病似的生产，并随之造成市场商品充斥，而当市场收缩时，就出现瘫痪状态。工业的生命按照中常活跃、繁荣、生产过剩、危机、停滞这几个时期的顺序而不断地转换。由于工业循环的这种周期变换，机器生产使工人在就业上并从而在生活状况上遭遇的没有保障和不稳定性，成为正常的现象。除了繁荣时期以外，资本家之间总是进行十分激烈的斗争，以争夺各自在市场上的份额。这个份

额同产品的便宜程度成正比。除了由此造成的资本家竞相采用代替劳动力的改良机器和新的生产方法以外，每次都出现这样的时刻：为了追求商品便宜，强制地把工资压低到劳动力价值以下。（第580—582 页）

这种对经济中周期运动的宽泛描述，缺少任何理论支撑，而且造成这种运动的确切机制仍然没有被揭示出来。正如书中所说的那样，马克思从大量的理论研究，转到对当时英国经济周期的繁荣与衰落周期的主题性的描述。随后的内容有关英国棉花产业繁荣和昌盛周期的历史，其主要目的似乎是想简单地表述他的历史观点。他对这段历史总结道：

可见，不列颠棉纺织工业在最初的 45 年中，即从 1770 年到 1815 年，只有 5 年是危机和停滞状态，但这 45 年是它垄断世界的时期。在第二个时期，即从 1815 年到 1863 年的 48 年间，只有 20 年是复苏和繁荣时期，却有 28 年是不振和停滞时期。从 1815 年到 1830 年，开始同欧洲大陆和美国竞争。从 1833 年起，靠“毁灭人种”的办法强行扩大亚洲市场。（第 587 页）

一个脚注使“毁灭人种”（《文集》第五卷，第 528 页）的含义清晰了，他指的是，由英国强硬地把在英国种植的鸦片销往中国，以换回中国的白银，这些白银可以被用来购买英国的商品。

在第八部分，“大工业所引起的工场手工业、手工业和家庭劳动的革命”，马克思考察了当不同的劳动体系被带入相互竞争的情况时，会发生什么。这一部分出现了一些令人好奇的问题。在马克思的时代，有家庭的劳动体系、手工体系、制造体系和工厂体系，所有这些体系都同时存在，有时是在同一个地区同时存在。当它们被带入相互竞争状态时，这些体系开始相互适应，有时甚至会产生一种新的混合形式，但是也存在一个普遍的结果，即使不是所有行业的工作条件都是完全不能容忍的，但也会变得相当令人震惊。例如，手工工人必须付出五倍的努力，以便和机动的织布机进行竞争。但是，马克思似乎相信，工厂体系最终会占优势。我说“似乎”，是因为他没有明确地这样说。但是这里有很多关于某种技术进步的暗示，即，资本主义必然并且日益增长地演化到一个以工厂为基础的体系。完全没有人道的剥削、相对陈旧和混合的劳动体系（马克思在工厂视察员的帮助下，将用图形的细节加以描述）将不可能继续存在。如果这是他所说的内容，那么，也存在与此不同的观点的基础。

我喜欢用另一种方法理解马克思，可能与他自己的思考成果相反。我将提出，资本主义倾向于保留一种对劳动体系的选择。如果他们不能通过工厂体系获得足够的利润，他们就愿意回到对家庭体系的选择。如果他们这样也不能做到，又将会离开而采取一种准制造体系。也就是说，不考虑马克思在这一章所描述的作为临时和转型的条件，我喜欢将它们理解为，资本主义生产方式的一个长期特点（选择）是，不同劳动体系之间的竞争，将成为追求剩余价值的斗争中资本用来对抗劳动的工具。通过马克思对不同劳动体系之间竞争带来的毁灭性后果的描述，可以提供一种对当前世界确实发生的事情更好的理解。血汗工厂和家庭劳动体系，外加工体系，外包体系和其他相似体系的复兴，一直是过去四十年全球新自由资本主义的明显特征。工厂体系不是一直都能支持资本的优势的，而且，马克思确实对其中的原因做了很好的研究。工人们被带到一个大工厂内，他们能够成为充分意识到他们共同利益并且具有潜在力量的集体政治势力。在20世纪60年代前后，韩国的产业化产生了一个大规模的工厂劳动体系，其结果是强大的工会运动成为一种强大的政治力量，直到在1997—1998年危机时期受到管制。香港的劳动体系依赖于血汗工厂的家庭劳动和分包的结构，而且在那里，只有很少的工会运动存在。当然，也有其他因素开始发挥作用，但关键是，对劳动体系选择的可获得性，在阶级斗争的动态中对于资本来讲是非常重要的。

这样，我发现将《资本论》的这些部分理解成一个具有警示意义的故事，是最有价值的。资本家被赋予对劳动过程和劳动体系进行选择的权力，并在阶级斗争中将这种选择作为产生剩余的武器。工厂的工人受带有血汗工厂体系的竞争的管制，反之亦然。劳动体系间的竞争的增强，使劳动问题在近期与20世纪60年代或70年代相比更为严重，那时，在资本主义世界的许多地方，存在相当大的工厂体系和强大的组织，它们以一定程度的政治影响和政治力量来支持社会运动。曾几何时，人们尝试着去考虑，工厂体系实际上要消灭所有其他力量，源于这种体系的政治最终将走向共产主义。在20世纪60年代，许多阅读《资本论》的人们支持这种目的论的解释。

然后，我们将更加仔细地思考马克思的论述。首先，我们看到"以手工业和分工为基础的协作的消灭"这部分，它描述了一种劳动体系被另一种劳动体系的一种不同形式所取代。第二，它考察了对制造业和国内产业的影响。在这个例子中，主题是适应而不是颠覆。

> 机器生产的原则是把生产过程分解为各个组成阶段，并且应用力学、化学等等，总之应用自然科学来解决由此产生的问题。这个原则到处都起着决定性的作用。(《文集》第五卷，第590页)

换句话说，与机器技术相关的精神观念渗透到了较为古老的体系的再组织中。科学与技术只是在19世纪才开始和产业结合的，它确实需要科学地将劳动过程分解为各个组成部分的不同阶段，并将它们路径化和机械化。但是，这意味着我们认识世界方式的一种精神革命，这样就使将科学方法应用到所有劳动体系中(包括手工体系)成为可能。可以肯定的是，这种情况没有自发地出现在制造业和国内产业，较为古老的思考方式曾在那里长期占据统治地位。但是，按照科学和技术的原则，如果按照马克思关于花边生产的叙述(第596—599页)来判断，那么在被重新组织的那些产业中出现的后果是非常可怕的。

实际上，目前国内产业的形式是，"旧式家庭工业，除了名称，毫无共同之处”。它“已经转化为工厂、手工工场或商店的外部分支机构”。以这种方式，资本“调动着另一支居住在大城市和散居在农村的家庭工人大军”，使工人处于流动状态，“通过许多无形的线”将他们集中在一起。他引用了雇佣一千名工人的衬衣工厂的例子，同时还有“9 000 个散居在农村的家庭工人”。这种劳动组织的形式在当今仍然普遍，特别是在亚洲的日本汽车产业，只举一个例子，依赖于大量生产汽车部件的国内分包商的网络基础。“无耻的剥削”是这些“现代”形式的国内产业的部分特点，因为“工人的反抗力由于分散而减弱”，还因为“在真正的雇主和工人之间挤进了一大批贪婪的寄生虫”。（第591 页）

所有劳动体系中广泛传播的转变所具有的特点是复杂的。“社会生产方式的变革，生产资料改革的这一必然产物，是在各种错综复杂的过渡形式中完成的”。但是，这是马克思所得到的对目的论视角最密切的支持，“过渡形式的错综复杂并不能掩盖向真正的工厂生产转化的趋势”。（第 603 页）然而这是一个趋势，不是一个规律，当马克思使用“趋势”一词时，重要的是要注意，他几乎总是在头脑中出现反向的趋势，这种趋势使实际的结果不确定。但是在这个例子中，他没有检验潜在的反向趋势。

马克思确实描写了“这种自发进行的工业革命，由于工厂法在所有使用妇女、少年和儿童的工业部门的推行而被人为地加速了”。（第 604 页）只有最大型的企业，他注意到，拥有遵守规制的资源。

> 如果说工厂法就这样像在温室里那样使工场手工业生产转化为工厂生产所必需的物质要素成熟起来，那么，它又由于使扩大资本支出成为必要而加速了小师傅的破产和资本的积聚。（第 607 页）

所以，大型资本经常会支持所有类型监管制度的严厉执行，例如，对职业安全和健康的监管，特别是，如果小型企业不能承受这部分成本，那么，它们就会把整个领域让给大型公司。所谓的“管制俘获”长期以来一直是资本主义历史的一个特点。企业掌握了监管的工具，并利用它来消除竞争。当迷你库珀(Mini Coopers)20世纪60年代首次在伦敦出现时，美国的监管制度通过坚持车前灯必须离地的高度来排斥它们，而对于迷你库珀来讲，它们只有那么高。这就是自由贸易实践的真相!

季节性带来的一些生产的特点，造成了另外一系列资本必须适应的问题。我在《资本论》这样一本具有先见之明的著作中发现的原因是，马克思经常需要明确他所处时代的资本主义发生作用的趋势，在我们的时代也非常容易找到。例如，在资本主义社会里，一直存在这样一种趋势，即形成一种直到20世纪80年代才被人们所了解的，作为日本人创新成果的“即时生产“体系。马克思在他所处的时代就注意到，无论是季节性的还是每年的需求和供给如何波动，都要求一种灵活的生产模式作为回应。他引用了一位当代的评论家的观点：

> “铁路系统扩展到全国各地，大大地助长了短期订货的习惯；买主现在从格拉斯哥、曼彻斯特和爱丁堡每隔14天来一次，或者是到我们供货的西蒂大商行成批购货。他们不再像往常那样从货栈里购买，而是发出必须立即交货的订单。前几年，我们总是可以在淡季预先准备好下一旺季的需要，而现在谁也不能预言将会需要什么。”

然而，为了能够达到这种灵活性，建设足够的交通和通讯基础设施是必需的。“这种短期订货的习惯随着铁路和电报的发展越来越变得经常了。”(第608页)

第九部分，关于“工厂立法(卫生条款和教育条款)”，提出了另外一系列有趣的矛盾。“工厂立法”，马克思从提出下述内容开始，

> 是社会对其生产过程自发形态的第一次有意识、有计划的反作用。正如我们讲过的，它像棉纱、走锭纺纱机和电报一样，是大工业的

必然产物。（第610页）

工厂立法不仅去寻求调节工作时间，而且还涉及健康和教育的问题，这些主题是大多数产业家会大声吼叫进行抵制的。而且，

正如我们在罗伯特·欧文那里可以详细看到的那样，从工厂制度中萌发出了未来教育的幼芽，未来教育对所有已满一定年龄的儿童来说，就是生产劳动同智育和体育相结合，它不仅是提高社会生产的一种方法，而且是造就全面发展的人的惟一方法。

为什么我们在充满了资本对劳动者尊严的践踏和所有能力的占有内容的章节中，突然提出了“全面发展的人”？是否是因为，单个的资本家抵制遵守有关健康和教育的规定，从一个资本家阶级的角度而言是不理性的？“我们已经看到，大工业从技术上消灭了那种使一个完整的人终生固定从事某种局部操作的工场手工业分工”而且“大工业的资本主义形式又更可怕地再生产了这种分工：在真正的工厂中，是由于把工人转化为局部机器的有自我意识的附件”。（第614页）这种影响对于儿童来讲尤其具有毁灭性。但是在所有这些内容中，也存在一些正面的信号。

各种特殊的手艺直到18世纪还称为mysteries（mystères）［秘诀］，只有经验丰富的内行才能洞悉其中的奥妙。这层帷幕在人们面前掩盖他们自己的社会生产过程，使各种自然形成的分门别类的生产部门彼此成为哑谜，甚至对每个部门的内行都成为哑谜。（第616页）

现代的科学技术需要我们对世界的精神观念上，产生一次真正的革命。“社会生产过程的五光十色的、似无联系的和已经固定化的形态，分解成为自然科学的自觉按计划的和为取得预期有用效果而系统分类的应

用”。(第616—617页)

其结果是在每一个内容的意义上都产生一次工业革命。

> 现代工业从来不把某一生产过程的现存形式看成和当作最后的形式。因此，现代工业的技术基础是革命的，而所有以往的生产方式的技术基础本质上是保守的。现代工业通过机器、化学过程和其他方法，使工人的职能和劳动过程的社会结合不断地随着生产的技术基础发生变革。这样，它也同样不断地使社会内部的分工发生革命，不断地把大量资本和大批工人从一个生产部门投到另一个生产部门。因此，大工业的本性决定了劳动的变换、职能的更动和工人的全面流动性。(第617页)

这必然产生一个主要的矛盾。从负面来看，大型产业“再生产出旧的分工及其固定化的专业”而且“破坏着工人生活的一切安宁、稳定和保障，使工人面临这样的威胁：在劳动资料被夺走的同时，生活资料也不断被夺走”。所造成的结果是“劳动力的无限度的浪费和社会无政府状态造成的灾难”。(第617—618页)但是，随后还有正面的内容。

> 大工业又通过它的灾难本身使下面这一点成为生死攸关的问题：承认劳动的变换，从而承认工人尽可能多方面的发展是社会生产的普遍规律，并且使各种关系适应于这个规律的正常实现。大工业还使下面这一点成为生死攸关的问题：用适应于不断变动的劳动需求而可以随意支配的人，来代替那些适应于资本的不断变动的剥削需要而处于后备状态的、可供支配的、大量的贫穷工人人口；用那种把不同社会职能当作互相交替的活动方式的全面发展的个人，来代替只是承担一种社会局部职能的局部个人。(第618页)

资本主义要求劳动具有流动性和适应性，一个受过教育和全面的劳动力，能够从事多项工作，而且能够适应变化的环境的灵活性。其中存在一种深刻的矛盾：一方面，资本想贬低劳动，使劳动愚笨，使之相当于被训练的大猩猩，去执行资本的命令而不会带来任何问题，但同时，它也需要劳动具有另外一种灵活性，一种具有适应能力和受教育的劳动。如果不存在“变革酵母”（第619页），这一矛盾能够被如何解决，特别是当这对于个单个资本家是困难的时候，他们强烈地追求他们自己的利益并受竞争的强制规律的驱使，他们应该如何去做？

一个集体的阶级答案，存在于加入《工厂法案》的教育条款中。马克思指出，这种条款不需要被执行，特别是在面对单个资本家抵制的情况下。而且，这些条款注定处在这样一种实际情况下，即正如我们在前面看到的，被资本家和地主治理是重要的。它说明，工人阶级的“工艺教育”，“将使理论的和实践的工艺教育在工人学校中占据应有的位置”。再一次：

> 同样毫无疑问，生产的资本主义形式和与之相适应的工人的经济关系，是同这种变革酵母及其目的——消灭旧分工——直接矛盾的。

所以，解释清楚：这种“一种历史生产形式的矛盾的发展，是这种形式瓦解和新形式形成的惟一的历史道路”的发展。（第619页）

这种基本矛盾的发展对理解劳动力再生产的转型十分重要。大规模工业在“大工业在瓦解旧家庭制度的经济基础以及与之相适应的家庭劳动的同时”中扮演了重要角色。它“也瓦解了旧的家庭关系本身”，改变了父母与儿童之间的关系，并抑制了通过家族系统而产生的侵权的滥用。“正是资本主义的剥削方式通过消灭与亲权相适应的经济基础，造成了亲权的滥用”。（第620页）但是，

> 不论旧家庭制度在资本主义制度内部的解体表现得多么可怕和可

> 厌，但是由于大工业使妇女、男女少年和儿童在家庭范围以外，在社会地组织起来的生产过程中起着决定性的作用，它也就为家庭和两性关系的更高级的形式创造了新的经济基础。（第620—621页）

这是明显的，马克思总结道，

> 由各种年龄的男女个人组成的结合劳动人员这一事实，尽管在其自发的、野蛮的、资本主义的形式中，也就是在工人为生产过程而存在，不是生产过程为工人而存在的那种形式中，是造成毁灭和奴役的祸根，但在适当的条件下，必然会反过来转变成人道的发展的源泉。（第621页）

对劳动的流动性、灵活性和适应性的追求，改变了家庭，同时也革新了两性之间的关系！这种压力一直伴随着我们，同时，马克思在这里所明确的矛盾的负面影响仍然无所不在。这就是，我们应该对此进行总结，处于资本主义中心内部的是长期的而不是转型时期的矛盾。

所以，在这一长篇章节的最后，我们突然面对充分的负面想象，是对工人阶级的教育，具有某种正面的和革命性的潜在性，而且是在再生产条件中的一种激进的再整合（在国家力量的帮助下）。资本需要劳动的流动性，所以，必须对劳动者进行教育，同时打破旧有的、家长式的、族长式的僵硬做法。这些观点都不是来自真正的马克思的文本。但是有趣的是，他发现将它们插入这一论述中是重要的。而且采用同样的方法，这里，工作日的政治也来源于它自我毁灭的趋势，其目的是节省资本，那种政治包含了一个工人阶级政治的核心，即，去推翻整个资本主义体系。

这使马克思在对《工厂法案》进行了一个长篇和详细的评论后，得到了他的结论，在其中他稍加考虑了目的论的观点：

> 如果说，作为工人阶级的身体和精神的保护手段的工厂立法的普遍化已经不可避免，那么，另一方面，正如前面讲到的，这种普遍化使小规模的分散的劳动过程向大的社会规模的结合的劳动过程的转化也普遍化和加速起来，从而使资本的积聚和工厂制度的独占统治也普遍化和加速起来。它破坏一切还部分地掩盖着资本统治的陈旧的过渡的形式，而代之以直接的、无掩饰的资本统治。这样，它也就使反对这种统治的直接斗争普遍化。它迫使单个的工场实行划一性、规则性、秩序和节约，同时，它又通过对工作日的限制和规定所造成的对技术的巨大刺激而加重整个资本主义生产的无政府状态和灾难，提高劳动强度并扩大机器与工人的竞争。它在消灭小生产和家庭劳动的领域的同时，也消灭了“过剩人口”的最后避难所，从而消灭了整个社会机制的迄今为止的安全阀。它在使生产过程的物质条件和社会结合成熟的同时，也使生产过程的资本主义形式的矛盾和对抗成熟起来，因此也同时使新社会的形成要素和旧社会的变革要素成熟起来。（第635页）

第十部分，“大工业和农业”，将“人与自然的关系”带回到讨论中，正像以前那样，在整个讨论中做了一个简短但是重要的片段说明。“在农业领域内”，马克思提出，“大工业起了最革命的作用”，部分是因为，“消灭旧社会的堡垒——‘农民’，并代之以雇佣工人”，它随后在农村形成了阶级对立。理性的科学原则对农业的扩展，同时革新了在农业和制造业之间的关系，并且，在农业和制造业之间，“为一种新的更高级的综合，即农业和工业在它们对立发展的形态的基础上的联合，创造了物质前提”。但是这种潜在的正面的结果的发生是以破坏下述资源为代价的

> 又破坏着人和土地之间的物质变换，也就是使人以衣食形式消费掉的土地的组成部分不能回归土地，从而破坏土地持久肥力的永恒的

> 自然条件。（第637页）

这一问题由于日益增长的城市化而被恶化。“资本主义农业的任何进步”，马克思总结道，

> 都不仅是掠夺劳动者的技巧的进步，而且是掠夺土地的技巧的进步，在一定时期内提高土地肥力的任何进步同时也是破坏土地肥力持久源泉的进步。一个国家，例如北美合众国，越是以大工业作为自己发展的基础，这个破坏过程就越迅速。因此，资本主义生产发展了社会生产过程的技术和结合，只是由于它同时破坏了一切财富的源泉——土地和工人。（第638页）

技术、自然和生命的生产和再生产之间的关系，发生了一个负面的反转，虽然在精神观念和社会关系的革命中开启了正面的可能性。马克思不赞成回到生产过程是“秘密的”这样一种社会。他简单地相信，科学和技术的应用能够具有进步意义。但是，在这一章中的重大问题是，确切地指出这些进步的意义可能存在的地方，而且，在追求建立一种社会主义的生产方式中，它们如何被改变。因为马克思没有解决这一问题，所以，他提出这一问题并迫使我们对此进行反思。技术和组织的变化不是“机械之神”，而是深刻地嵌入我们与自然的关系、生产过程、社会关系、对世界的精神概念和日常生活的再生产的共同演化中的。所有这些“时刻”都在这一章被结合起来，有些问题甚至远远比其他问题重要。这一章可以而且应该被理解为一篇对这些关系进行了认真思考的论文。但是，后来出现的关于研究方法的意义，使我们可以对马克思本人的意愿进行研究。

#《资本论》,第五—八部分

九

从绝对和相对剩余价值到资本的积累

在前面的章节中，我们对于能够获得相对和绝对剩余价值的不同方法给予了大量的关注。当马克思确立了这样一种概念划分时，他坚定地将剩余价值的两种形式归于一种统一状态：最终，只存在一种形式的剩余价值，而且剩余价值的两种形式是互为条件的。如果没有足够的技术和组织基础，就不可能获得绝对剩余价值。反过来，如果没有一个保证对绝对剩余价值占有的工作日的长度，相对剩余价值就没有意义。这里的区别是，资本家唯一的战略是“只要涉及剩余价值率的提高，绝对剩余价值和相对剩余价值之间的差别就可以感觉到了”。（第646页）像通常发生的那样，当马克思转到关注综合的问题时，他既重视已经展示的材料，也会将它们置于具有不同优势的地方，从那里开始，就有可能以一种神奇的方式看待资本主义的发展形势。在第十六章中出现的新观点更加具有争议，所以，它们需要更谨慎的审视。

首先考虑集体劳动者的概念，这一概念已经在前面的章节中被多次提及了。剩余价值不再被认为是个人之间的剥削关系，而是被当作更大范围的整体中的一部分。在其中，劳动者进行合作，并分布到具体劳动分工的各个部分，集体生产被资本家占有的剩余价值。这一概念的难点在于，集体劳动者的起点和终点在哪里。可以说，最简单的方法应该是，工厂作为一个整体，并把在其中的每个人进行岗位分工，包括清洁工、看门人、仓库管理员，甚至是实习生，虽然这其中的许多工人在商品的实际生产中不起直接作用，但把他们都作为集体劳动中的一部分。

> 为了从事生产劳动，现在不一定要亲自动手；只要成为总体工人的一个器官，完成他所属的某一种职能就够了。（第643—644页）

但是，很多劳动不是在工厂里发生的，最近出现的趋势是，已经形成了外购和外包的形式，在其背后甚至还存在其他的分包商。但是，我们怎样理解广告、营销和设计的功能，同时还有对商品销售而言是基础性的商业服务，这些都是常规性的工作，但不总是能与直接的生产活动割裂开的。或者我们限制我们自己，只从事在工厂范围内的活动。我们很难做出确切的定义，而且似乎也不存在确切的答案——相反的情况也是如此。但是，如果没有这一概念的帮助，就很难转到一种关于资本主义的动力的更加宏观的理论方法上。所以，马克思勇往向前，坚持提出了到目前为止虽然作为“工人单是进行生产已经不够了”，但“对于作为整体来看的总体工人始终是正确的”的分析。

第二个转变，是对生产性劳动定义的扩展，是与它包含的这种“只有为资本家生产剩余价值或者为资本的自行增殖服务的工人，才是生产工人”的狭义概念（《文集》第五卷，第582页）之间的对比。将其他所有人描述成“非生产性的”，带有一种情绪化反应的风险，因为，这听起来像是一种毁谤，对所有那些极端努力工作的人很难做到收支相抵。但是，正如马克思所急于指出的，在资本主义条件下，“成为生产工人不是一种幸福，而是一种不幸”。（第644页）马克思“生产性”的观点，不是标准的或普遍的，而是对资本主义历史的、特定的定义。对剩余价值生产没有做出贡献的资本被认为是非生产的。所以，社会主义社会的使命，应该以一个更具社会责任的和有利的方法被重新确定。

但是，即使是在资本主义的环境内部，仍然存在关于对“生产性的”被如何定义这一问题的合法性挑战。女性主义者长期以来一直认为，例如，没有报酬的家庭劳动降低了劳动力的价值，所以它对资本家的剩余价值来说也是生产性的。马克思没有涉及这个问题，但是，他确实谈到了关于人们所设想的生产率的“自然基础”的问题，而且他的分析提供了一些线索，即他是如何解决其他所有问题的。他承认，对于生产率，“自然障碍会妨碍”或者会处于优势地位，因为，“土壤自然肥力越大，气候越好，维持和再生产生产者所必要的劳动时间就越少”。所有其他的因素是公平的，“剩余劳动量随劳动的自然条件，特别是随土壤的肥力而变化”。(第647—648页)所以，没有理由不认为，剩余劳动由于社会条件(例如，家庭劳动的生产率)的不同而相应地有所不同。我们将一些回应19世纪关于环境决定主义和自然条件处于主导地位的奇怪段落放置一边(“过于富饶的自然‘使人离不开自然的手，就像小孩子离不开引带一样’”)；马克思随后总结到，“良好的自然”(在其中我们现在要加上社会的)“条件始终只提供剩余劳动的可能性，从而只提供剩余价值或剩余产品的可能性，而决不能提供它的现实性”。(第649—650页)那就是说，与自然(或者与日常生活条件和家庭劳动)的动态关系形成了一个对社会过程和阶级关系必要的但不是充分的背景，在那里剩余价值被创造并被占有。

马克思的论述让我们认识到，“资本关系就是在作为一个长期发展过程的产物的经济土壤之上产生的”，所以，劳动生产率“不是自然的恩惠，而是几十万年历史的恩惠”。(第647页)更进一步，他提醒我们，“要他(劳动者)把这些时间(闲暇时间)用于为别人从事剩余劳动，需要外部的强制”。而且，最极端的讽刺是“同历史地发展起来的社会劳动生产力一样，受自然制约的劳动生产力也表现为合并劳动的资本的生产力”。(第651页)对马克思来说，症结经常正确地或错误地存在于由资本占有的剩余价值的特别的整合中，这部分剩余价值来自处于所有因素矩阵中的劳动，它决定了一个永远处在变化中的资本主义生产方式的总体。如果马克思涉及了这个问题，那么，几乎可以肯定，马克思将会像他对待与自然的关系那样(在第518页脚注中所提示的)，对待家务劳动的辛勤努力。

这两个变化，即广义的和狭义的对生产性劳动的定义，并不是各自独立的。将两者放到一起，可以帮助马克思从一个个人的、微观的视角，到一个有关阶级关系的宏观分析，即，从处于主导地位的想象单个的工人被一个特定的资本家雇主所剥削的视角到一个阶级被另一个走上舞台中心地位的阶级所剥削的视角。而后者在后面的章节中将占主导地位。

有趣的是，所有的经济理论都面对这样一个问题，即某种类型的从微观的到宏观理论的趋势的转变。资产阶级的政治经济学不能进行这种转变，因为它原本没有（而且现在仍然没有）关于剩余价值来源的理论。李嘉图完全忽视了这一问题，而斯图亚特·穆勒至少认识到，它与劳动存在某种关系，但他不能确切地说明这是什么，因为他不能分清劳动所得与劳动所创造的二者之间的差别。哎呀，可怜的穆勒："平地上的一堆土"，马克思嘲笑到，"看起来也像座小山；现代资产阶级的平庸，从它的'大思想家'的水平上就可以测量出来"。（第 654 页）当马克思的剩余价值理论确实保证了这一转变时，而他的做法，正如我们所看到的，并不是上述的批判内容。但是，我们也必须努力耕耘，以收获他的思想果实。

后面两章没有提出任何实质性的问题。在第十七章中，马克思所做的全部工作是，认识到剩余价值将由于三个变量的不同而不同：工作日的长度，劳动强度，和劳动生产率，所以，事实上，资本家们有三个策略可以使用。在一个维度上的可能性的减少，可以通过诉诸另一个方法而得到补偿。隐含的一点是要强调，正如马克思经常这样做的，在寻求剩余价值中资本家战略的灵活性：如果他们不能从这个渠道得到剩余价值（通过提高强度），那么，他们将采取另一种方法（通过增加劳动的工时）。我强调这一点，是因为马克思经常被描述成一个僵化的思想家，带着僵化的概念进行思考。第十八章仅仅是粗略研究了（再一次！）对剩余价值率解释的不同观点。在《资本论》中，存在大量的这种重复。它有些时候被理解为，马克思担心我们不能完全领会问题的实质，所以，他觉得需要被迫去重复它，只是为了使读者更有把握。

第十九—二十二章　工资

第十九—二十二章是关于工资的简短的章节，是相对的自我解释的内容。正如可能被期待的，结果是从这样一个事实，即，那是一个以货币为形式的工资的表现，而不是从一个提供社会活动领域的劳动力的价值而变化。这直接提出了拜物教的掩饰的问题，它将社会关系隐藏在表象的政治暴动下面。然而，马克思以通过提醒我们在“劳动的价值”（古典政治经济学家使用的词汇）和“劳动力的价值”之间存在巨大的差异开始。

> 在商品市场上同货币占有者直接对立的不是劳动，而是工人。工人出卖的是他的劳动力。当工人的劳动实际上开始了的时候，它就不再属于工人了，因而也就不再能被工人出卖了。劳动是价值的实体和内在尺度，但是它本身没有价值。

进行不同的思考就是使用了同义的反复，实际上是说价值的价值。

> 在“劳动的价值”这个用语中，价值概念不但完全消失，而且转化为它的反面。这是一个虚幻的用语，就像土地的价值一样。但是这类虚幻的用语是从生产关系本身中产生的。它们是本质关系的表现形式的范畴。事物在其现象上往往颠倒地表现出来，这是几乎所有的科学都承认的，只有政治经济学例外。（第677页）

换句话说，劳动的价值是一个拜物教的概念，它掩盖了劳动力的价值的观点，而且，这样可以方便地回避这样一个重要问题，即劳动力是如何变成商品的。

古典政治经济学能解决它是由什么决定的这一问题的唯一方法，使它被错误地称为劳动的价值，这采用的是关于供给和需求的学说。这一学说在《资本论》中多次重复出现，但是马克思在这里，他以最明确的态度，来反对这种关于价值的解释。甚至古典政治经济学

> 它马上认识到，供求关系的变化，对于劳动的价格也像对于一切其他商品的价格一样，无非是说明价格的变化，也就是说明市场价格围绕着一定的量上下波动。如果供求相抵，而其他条件不变，价格的波动就会停止。而这时，供求也不再说明任何东西了。在供求相抵时，劳动的价格就是它的不依赖供求关系来决定的价格，即它的自然价格，而这个价格才真正是应当分析的对象。（第678页）

马克思已经在他对劳动力的买和卖的分析中，对这种独立的决定做了明确说明。它由在一定时间，在一定社会中，以一定的生活标准再生产的工人所必需的商品的价值决定。如果继续讨论劳动的价值，而不是劳动力的价值，就会导致所有混乱的出现。所以，马克思随后试图在679页通过提供（再一次地！）一个有用的、简短的对剩余价值理论的回顾来澄清问题。

但是劳动者可以通过不同的方式得到补偿——通过小时、天、周或计件工资。第二十章是关于计时工资，以及计时工资体系是如何运作的。在这里没有什么内容是很有问题的，除了我们要提醒我们自己，计时工资在市场上被创造出来的方式，掩盖了深层的社会关系。第二十一章是关于计件工资的内容，它对资本家的好处是，它可以迫使工人在个人生产率方面进行相互竞争。工人之间的过度竞争会导致生产率的提高，和工资的下降，甚至很有可能使其低于劳动力的价值。另一方面，资本家之间的竞争有可能导致工人工资水平上升。所以，我们再一次地以这样的观点结束，即，在资本家之间的竞争和工人之间的竞争中，存在某个均衡点，在这一点上会形成一个市场上的实际工资水平，它能充分代表劳动力的价值。

关于最高工资的部分在第二十二章中考察了工资的国别差异。马克

思在这一章暂时放弃了他把资本主义当做一个封闭的系统来加以分析的倾向。在这里存在一个开放的视角，即在一个全球化的体系中检验地理意义上的不均衡发展。但是他的处理太过简单，以至于不能对此进行深入研究。如果劳动力的价值是由在一定生活水平条件下支撑劳动者所需要的一揽子商品的价值决定的，而且如果生活标准由于自然条件、阶级斗争状况和一个国家的文明程度而有所不同，那么，简单地说，劳动力的价值也会由于地理因素的不同（在这种情况下，是国和国之间的不同）而有很大的不同。例如，德国阶级斗争的历史与英国或西班牙不同，所以在工资水平上存在国别差异（实际上，也经常存在明显的地区差异，但是马克思在此没有考虑这个内容）。相似地，处于世界不同地方生产工资商品的产业的生产率的差别，也产生了劳动力价值和工资率的差异。在具有较高生产率的国家的低水平的名义工资，被解释为实际工资水平较高，而且，反之亦然，因为工人们用他们得到的工资可以购买到更多的商品（这就是现在所说的购买力平价）。那么，在这些情况下，国家间的贸易会发生什么，而且在国家间的竞争将会怎样？马克思没有深入讨论这一问题，因为似乎他主要对实际工资与名义工资的差异根本是由于不同国家工资商品产业生产率的不同感兴趣。结果将会是一个在资本主义如何发展和在剩余价值如何被策略地追求和攫取方面的国家间的动态对比（国家是马克思进行比较的单位）。如果马克思进一步推进对这一问题的研究，那么，几乎肯定，这将导致一系列的对李嘉图关于对外贸易比较优势学说的质疑，但是，由于某些原因，马克思在这里选择了不沿这条线索深入研究这个问题。我不得不说，我发现在阅读关于工资的这些章节中，情绪很难被兴奋地调动起来，因为这些章节的观点是相对明显的，而且写作风格也相当平淡。

第七部分：资本的积累过程

然而，第七部分是非常的有趣和深刻的，因为，正是在这里，马克思将“资本的积累过程”作为一个整体进行了论述。他在此建构了可能我们最好称之为一个对资本主义生产方式动态的“宏观分析”。毫无疑问，这是《资本论》第一卷中最精彩的论述。全部前期研究成果被集中在一起，形成了我们现在称之为一系列的资本主义动力的“模式”。然而，在阅读第七部分的过程中，牢记假设条件的特点是至关重要的。马克思的结论并不是普遍的叙述，而是偶然的发现，是以他所做的假设条件为基础的，并受他所做的假设条件的限制。如果我们忘记了这一点，那就是危险的。对于马克思的著作，还存在很多评论，包括支持和反对的观点，这些观点都会转变为一种对马克思著作的严重误读，因为他们忽略了他所做的假设条件的影响。例如，在这里提出的最著名的观点是，日益增长的无产阶级的和更大的阶级不平等的产生的趋势。这一主题对于马克思的假设来说是偶发的，而且当那些假设条件得到缓和或者被取代时，这一主题也就不必然成立了。对于试图证明或反证在这些章节中出现的马克思的发现，将他所做的结论作为普遍真理而非偶然观点的做法，我感到非常气愤。

在第七部分的前言中，马克思明确了这些假设条件。他说道

> 积累的第一个条件，是资本家能够卖掉自己的商品，并把由此得到的绝大部分货币再转化为资本。下面假定资本是按正常的方式完成自己的流通过程的。对这一过程的详细分析要在第二册里进行。（第709页）

“正常的方式”的含义是，资本家按它们的价值在市场上销售他们的商品时，或再周转他们所获得的剩余价值回到生产时，不存在任何问题。这样，所有的商品都是按照它们的价值进行交易，不存在生产过剩或生产不足的问题，所有商品都是均衡地进行交易。特别是，寻找市场是没有问题的，从来也不存在有效需求的短缺。这是一个合理的假设吗？答案是：根本不是，因为我们排除了危机形成中的一个重要方面，即，在

20世纪30年代大萧条中占据主导地位，而且成为凯恩斯主义理论核心的有效需求不足的问题。虽然马克思在后面的卷次中放弃了这些假设，但是，在随后的三章中，他仍然严格地坚持这些观点。在某个侧面坚持有效需求的观点，保证了马克思能够明确资本主义动态变化的相关问题，否则资本主义的动态变化内容可能还会是晦涩的。

第二个假设是，将剩余价值分解为企业的利润(产业资本的回报率)、商业资本的利润、利息、租和税(马克思在这里没有包含后者)，不会产生任何影响。在实践中，资本家生产商需要与完成其他功能的资本家，共同分享部分由他们创造并占有的剩余价值。“剩余价值分为各个不同的部分。它的各部分归不同类的人所有，并具有不同的、互相独立的形式，如利润、利息”。(《文集》第五卷，第650页)——那就是商人的利润——“地租”，税，等等。“剩余价值的这些转化形式在第三册里才能研究”。(第709页)马克思假设，实际上，存在一个单独由产业资本家组成的一个同质的资本家阶级。在《资本论》第三卷中，食利资本、金融资本、商业资本和土地资本的角色，对于理解资本主义整体的动态都是非常重要的观点，使得他们变得清晰了。但是，在这里，所有关于这些特点的考虑都被放置一边。留给我们的是一个高度简化的资本积累是如何运作的模式，而且还存在其他相似的模式，它只是与假设条件所保证的情况同样完美。

还存在另一个战术性的假设条件，它实际上在稍后的一个脚注中被明确说明了。

> 这里我们把出口贸易撇开不说。一个国家借助出口贸易可以使奢侈品转变为生产资料或生活资料，或者也可以反过来。为了对我们的研究对象在其纯粹的状态下进行考察，避免次要情况的干扰，我们在这里必须把整个贸易世界看作一个国家，并且假定资本主义生产已经到处确立并占据了一切产业部门。(第727页)

马克思假设了一个封闭的系统，在其中资本以一种“正常的”方式进行周转。这是一个重要的而且显然是限制性的假设。它留给我们的是一个关于资本积累的、动态的剥离模型，它来自在一个封闭的体系中运作的绝对和相对剩余价值理论。正如我们将会看到的，这一模型最终对于资本主义的某些方面极具揭示意义。

只有将以下章节置于其全部的背景下，将它们与在《资本论》其他卷次的内容进行对照才是有用的。第二卷面临的是与在第一卷所不断遇到的同样的困难：在寻找市场、并将它们带入一种均衡状态中产生的困难，就像在资本循环的“正常”过程所能够经历的那样。但是，第二卷试图稳定地持有在第一卷中被当做处于动态变化中的观点，即对绝对和相对剩余价值的攫取、技术和生产率的快速变化、劳动力价值的决定的变化。第二卷假想了一个具有不变的技术水平和稳定的劳动关系的世界！随即提出了如下问题：资本循环将如何更加顺畅(假定存在不同的周转时间、包括由于具有不同使用寿命的固定资本循环中产生的问题)，以及如何总是能够为被生产出的剩余价值找到市场？由于资本积累一直是关于扩张的问题，在工人阶级日益贫困而资本家不断投资时，资本家如何能找到市场？实际上，直到第二卷的末尾都没有提到。问题是要保证，对于工人阶级这部分的“理性假设”能够实现，以帮助吸收被生产出来的资本剩余。这里的模型将是福特所做的著名的转向，他提出了工人五美元八小时工作日的想法，这一想法以全社会的工人大军作为支撑，他们能够保证工人们站在资本家的立场，“理性地”消费他们的工资。目前我们在美国就是这样一种情况，即经济发展中百分之七十的驱动力是依靠负债刺激的消费主义，这通过我们已经给出的对第二卷内容的分析是完全能够理解的，但这不是第一卷的内容。

最终出现了在第一卷所确定的均衡条件和第二卷所确定的均衡条件之间存在的主要矛盾。如果情况与第一卷分析的发展趋势相一致，那么，从第二卷的角度来看，这可能就是非常糟糕的发展趋势，同样，反之亦然。两种不同的资本积累的动态模式，不会也不可能同时发生。这导致了在第三卷中出现的关于危机的不可避免性的讨论。但是，我在“消费主义”前面所插入的“负债刺激”的词组，表明了分配条件(金融、信用和利息)实际上可能在资本主义的动态变化中起到了核心作用，而不仅仅是辅助性的作用。正如现在这样，实际消费能力通过每个人(包括政府)使用他们的信用卡和全部负债的形式而被放大，这在过去的半个世纪中，已经成为全球资本主义得以稳定的核心问题。我们在下面的章节中将不会遇到这一问题中的任何一个。但是，马克思的确建构和分析了高度简化的资本积累的模式，不容置疑具有揭示作用，同时对理解新自由主义的近期发展史具有深入的相关性。新自由主义的特点是去工业化、持续的结构性失业、螺旋性的工作不稳定和高度的社会不平等。简短地说，在过去的三十年中，我们已经在很大程度上经历了马克思在第一卷中所描述的世界。虽然第二卷的分析所揭示的有效需求的问题，已经通过过度的信用体系被临时性地解决了，但它仍然会带来可预测的、灾难性的后果。

第二十三章　简单再生产

第七部分的第一章描述了以简单再生产为特点的一个虚构的资本主义的特质。资本积累如何通过对剩余价值的攫取，而被长期地再生产出来并被永久化？为了回答这个问题，我们需要“从经常的联系和它不断更新来看”资本积累，那样，“每一个社会生产过程，同时也就是再生产过程”。更进一步说，“生产具有资本主义的形式，再生产也就具有同样的形式”。(第711页)

资本家所获得的新财富的一部分，必须要被投入再生产体系。但是，这意味着剩余价值必须要被重新循环回到简单再生产过程中。“这种单纯的重复或连续，赋予这个过程以某些新的特征，或者不如说，消除它仅仅作为孤立过程所具有的虚假特征”。(第712页)到目前为止的分析，只是关于作为一个一次性活动的剩余价值生产的分析。但是，当情况是在一段时间内持续发生的过程时，就相当不同了。

> 这就是工人自己不断再生产的产品中不断以工资形式流回到工人手里的那一部分。当然，资本家用货币把这个商品价值支付给工人。但这些货币不过是劳动产品的转化形式。当工人把一部分生产资料转化为产品的时候，他以前的一部分产品就再转化为货币。工人今天的劳动或下半年的劳动是用他上星期的劳动或上半年的劳动来支付的。只要我们不是考察单个资本家和单个工人，而是考察资本家阶级和工人阶级。（第712—713页）

现在，阶级关系而不是个人之间的合约在马克思的思考中占据了中心地位。

> 资本家阶级不断地以货币形式发给工人阶级票据，让工人阶级用来领取由它生产而为资本家阶级所占有的产品中的一部分。工人也不断地把这些票据还给资本家阶级，以便从资本家阶级那里取得他自己的产品中属于他自己的那一部分。产品的商品形式和商品的货币形式掩饰了这种交易。（第713页）

这种想象传递了这样一种含义，即，作为一个整体的工人阶级，与资本家阶级的关系处于一种“公司商店”式的关系中。工人获得了为他们出卖给资本家的劳动力所得的货币，然后他们花费那些货币，去买回他们集体生产的商品的一部分。这种公司-商店式的关系被工资体系所掩盖，而且，当分析的重点只集中于个人工人时，这种关系也是不便于分辨的。“可变资本”的含义也被扭曲了。实际上，从资本的角度看，工人的身体，仅仅是一个对一部分资本的循环的一个传输装置。工人一直处于一个C－M－C过程的持续状态。但是，我们现在不将这种关系看作一种简单的线性关系，而是将它当做一个持续的和循环的过程。随着工人将价值凝结在商品中，资本中的一部分在流动，工人们得到他们的货币工资，将货币花在商品上，再生产他们自身，并转天返回来继续工作，以在商品中凝结更多的价值。工人们通过这种可变资本循环的方式，保持其自身的生存状态。

这引起了一些有趣的观察。开始是，可变资本“只有从生产过程的不断更新来考察资本主义生产过程，可变资本才会失去从资本家私人基金中预付的价值的性质”。资本家只是在工作已经完成后才支付给他们的工人工资。所以，实际上，工人们提前就交给了资本家与他们的劳动力相当的价值。没有任何事情可以保证工人将会被支付工资（例如，如果资本家同时宣布破产的话）。近些年在中国，拖欠未支付的工资已经成为非常普遍的现象，特别是在建筑业这样的行业中。但是，马克思对于甚至以更激进的方式重塑我们对资本积累解释的问题更感兴趣。他指出，“这一过程总要从某地某时开始。因此，从我们上面所持的观点来看，下面的情况是可能的：资本家曾经一度依靠某种与无酬的他人劳动无关的原始积累而成为货币占有者”。（第714页）这一概念的提出将使在第八部分中关于资本主义起源的讨论更加稳固。在这里，马克思只是坚称，必须已经存在某些起始时刻，在那一刻，资本家在某种程度上或者已经获得了足够的资产（货币或其他资产）以开始这一资本积累的过程。他在此所提出的问题是，原始资本是如何并且是通过谁被再生产出来的？

马克思举了一个例子：如果一个资本家以一千英镑起步，并将它投资到可变资本和不变资本中，以生产出二百英镑的剩余价值，然后资本家占有了这二百英镑作为他或她所有的资产，此外，他或她还获得了周转回来的原来预付的一千英镑。但是，原始资本被生产性消费所保留，而且剩余价值是在工人的剩余时间中被生产出来的。假设在下一年，资本家再次拿出一千英镑（已经将剩余消费了），去生产另一个二百英镑的剩余价值。这样做了五年后，工人们已经生产出了一千英镑的剩余价值，这与资本家的原始资本相当。马克思在这里做了政治性的讨论，即使资本家在开始的时候拥有那一千英镑的权利，然而，他或她得到了它后，在每年生产二百英镑剩余价值，五年后，资本家肯定已经丧失了对原始资本的权利。按照马克思的解释方法，他或她已经将原始资本消费掉了。按照洛克原则（虽然马克思没有再次引用，但很清楚，这一原则仍存在于他的思想中），财产权应归于那些通过将他们的劳动与土地相结合并创造价值的人，所以，从权利的意义上讲，那一千英镑现在应属于工人们所有。工人们是生产剩余价值的人，而且，在权利意义上，财产权应当属于他们。

这一讨论具有非常重要的政治意义，但是这与思考的深入挖掘方式的成果是激烈对立的。如果我们被告知，放在我们储蓄账户中的原始货币，比如百分之五的复合利率，在几年以后不再属于我们自己了，我们都会感到惊讶。就像我们曾经关注的那样，资本主义似乎能够自己下金蛋。但是，那百分之五从哪里来是一个法律问题，如果马克思是正确的，它只能是某些人在某些地方对剩余价值的移动和占有。如果考虑到也许那百分之五是来自对中国广东的活劳动的残酷剥削，这会令人不舒服。我们的法律上层建筑体系，是要坚持保护原始的财产权，而且保护行使这些权利去获得利润的权利。但是，反过来讲，那些财产权来自资本对剩余价值的攫取和维持对剩余支配的阶级权利，因为通过特定的历史进程，劳动力已经成为在劳动市场上被买入和卖出的商品。马克思在这里所叙述的内容的含义是，要对资本主义提出挑战，不仅有必要挑战现有的全部关于权利的观点，即人们是如何理解权利的和人们是如何理解产权的，而且还要挑战其物质过程，在这一过程中，剩余价值被资本所创造和占有。然后，确实是，在五年后

> 他的原有资本的任何一个价值原子都不复存在了。……因此，撇开一切积累不说，生产过程的单纯连续或者说简单再生产，经过一个或长或短的时期以后，必然会使任何资本都转化为积累的资本或资本化的剩余价值。即使资本在进入生产过程的时候是资本使用者本

人挣得的财产，它迟早也要成为不付等价物而被占有的价值，成为无酬的他人劳动在货币形式或其他形式上的化身。（第715页）

正巧出现了一个反映马克思思考方式（我不知道它是否源自马克思）的、有趣的关于实践性计划的实例。一位叫做鲁道夫·梅德纳（Rudolf Meidner）的瑞典劳动经济学家，他在20世纪60年代和70年代早期取得重大成功的瑞典福利国家的建设中起到了重要作用，他提出了后来人所周知的梅德纳计划。为了解决通货膨胀问题，强大的工会被要求采取集体工资限制政策。作为回报，由于这一限制政策而使资本获得的额外利润（剩余价值）会被征税，并被放入由工人控制的社会投资基金中，这一基金将买入资本家公司的股份。买入的股份注定是不能交易的，而且在一段时间后（比马克思例子中的五年时间还要更长），对公司的控制将被转移到社会投资基金手中。换句话说，在一段时间内，十分确切资本家阶级将被买断（和平地），而且他们将被工人对投资决策的彻底控制所替代。这一计划非常荣耀地受到了资本家阶级的欢迎（他很快被授予所谓的诺贝尔经济学奖，——实际上，这与诺贝尔没有任何关系——也与新自由主义者，像弗里德里希·哈耶克和米尔顿·弗里德曼没有任何关系，他们成立了反工会的智库，并且在媒体煽动了强烈的反对情绪）。那时的社会民主党政府非常害怕，而且从没试图去实施这个计划。但是，当你认真思考这一计划时，你会发现这一观点（当然，它在细节上更加复杂）与马克思的论点存在广泛的一致性，同时，由于它还提供了一个和平买断资本家阶级权力的方法，所以为什么不对它多进行一些思考呢？

当将劳动与资本之间存在的公司-商店式的关系放到一起时，马克思的讨论同时引发了甚至更为深入的分析，因为它提出了至关重要的（而且在这种情况下，不幸的是没有被回答的）问题。“因为在他进入过程以前，他自己的劳动就同他相异化”——那就是说，他已经将劳动力的使用价值让渡给了资本家——“为资本家所占有，并入资本中了，所以在过程中这种劳动不断对象化在为他人所有的产品中”。无论是产品，还是在它内部凝结的劳动，都不属于他。

> 可见，工人本身不断地把客观财富当作资本，当作同他相异己的、统治他和剥削他的权力来生产，而资本家同样不断地把劳动力当作主观的、同它本身对象化在其中和借以实现的资料相分离的、抽象的、只存在于工人身体中的财富源泉来生产，一句话，就是把工人当作雇佣工人来生产。工人的这种不断再生产或永久化是资本主义生产的必不可少的条件。（第716页）

我发现这是一个既有趣的又令人困扰的观点，值得进行严肃的思考。"工人本身不断地把客观财富当作资本，当作同他相异己的、统治他和剥削他的权力来生产"，而且，客观财富变成了一种异己的力量，它现在主导工人。工人生产了他或她本身被主导的手段！这是一个在《资本论》中有回应和反响的主题。它提出了一个造成他们自己主导的所有手段的人类偏好的一般性历史问题。但是，在这一情况中，资本制造了财富的主观来源，它是抽象的，通过"工人身体"，它是"同它本身对象化在其中和借以实现的资料相分离的"。资本家生产和再生产工人，就像积极的但是被异化的主体能够生产价值一样。而且请注意，这对于资本主义生产方式的存在和维护来讲是基本的社会必要条件。

工人们参与到生产性消费和个人消费中(在较早的时候面对的一个区分)。不仅生产与可变资本相当的价值，也就是说，他们自己的生活，而且他们也在转移，也就是再生产不变资本的价值。通过他们的劳动，工人们再生产了资本和劳动者。在劳动分工和机器那一章，说明了工人们在劳动过程中，为什么必须被转变为资本的附属物。但是，我们现在也开始看到工人在市场中和在家庭中作为"资本的附属物"的情况。那就是可变资本的循环真正的含义：资本通过工人的身体进行循环，并再生产出一个可以再生产出资本的、积极主体的工人。但是，工人不仅仅必须作为一个独立的个人被再生产出来。"工人阶级的不断维持和再生产

始终是资本再生产的条件”。(第 719 页)

这引起了一系列问题，而马克思略过了这些问题。马克思认为，阶级再生产的政治在他所处的时代是野蛮的和简单的。“资本家可以放心地让工人维持自己和繁殖后代的本能去实现这个条件。他所操心的只是把工人的个人消费尽量限制在必要的范围之内”。(第 718 页)但是，马克思在这里略过了一些重要内容，而它们需要更为深入的分析。关于工人阶级再生产这样重大而基础性的问题，包括繁殖、自我保护、阶级内部的社会关系，和其他的一系列问题，马克思都顺便留给了工人们自己去解决，因为这是资本所认为的情况。实际上，甚至是在资本家和地主所控制的国家，社会再生产的问题也从来不是只留给工人们自己的问题，而且可以肯定的是，一个国家中的阶级斗争状况和“文明程度”就像它们在有关工作日方面的问题中所起的作用一样，如果不是以更大的力量的话，在这里至少也以同样的力量介入。关于对《工厂法案》中有关教育条款的早期讨论，提供了一个在工人阶级再生产政治中国家干预的例子，而且国家意志在公共健康(假设霍乱具有超越阶级界限的令人尴尬的习惯)和再生产的权利、人口政策和相似问题的领域一直都在积极发挥作用。对于这种问题需要进行比马克思所论述的内容更为详细的思考。但是马克思的普遍观点已经被人们所接受。简单再生产不是一个技术问题，至关重要的问题是阶级关系的再生产。

> 因此，资本主义生产过程在本身的进行中，再生产出劳动力和劳动条件的分离。这样，它就再生产出剥削工人的条件，并使之永久化。它不断迫使工人为了生活而出卖自己的劳动力，同时不断使资本家能够为了发财致富而购买劳动力。现在使资本家和工人作为买者和卖者在商品市场上相对立已经不再是偶然的事情。过程本身必定把工人不断地当作自己劳动力的卖者投回商品市场，并把工人自己的产品不断地转化为资本家的购买手段。实际上，工人在把自己出卖给资本家以前就已经属于资本了。(第 723 页)

作为结果，马克思总结道，

> 可见，资本主义生产过程，在联系中加以考察，或作为再生产过程加以考察时，不仅生产商品，不仅生产剩余价值，而且还生产和再生产资本关系本身：一方面是资本家，另一方面是雇佣工人。（第724页）

第二十四章　剩余价值转化为资本

正如我们将会简短地看到的，由于不同的原因，即使不是完全不可能的，在一个稳定的、不增长的国家中资本主义生产模式的理想也是不太可能实现的。第二十四章检验了昨天所获得的剩余价值如何和为什么被转变为明天的新的货币资本。其必然产生的“积累就是资本以不断扩大的规模进行的再生产”包括“把工人阶级每年向它提供的各种年龄的追加劳动力同已经包含在年产品中的追加生产资料”进行结合。为了保证这种情况能够发生，需要资本必须首先为其本身提供扩张的条件。

> 要积累，就必须把一部分剩余产品转化为资本。但是，如果不是出现了奇迹，能够转化为资本的，只是在劳动过程中可使用的物品，即生产资料，以及工人用以维持自身的物品，即生活资料。所以，一部分年剩余劳动必须用来制造追加的生产资料和生活资料，它们要超过补偿预付资本所需的数量。总之，剩余价值所以能转化为资本，只是因为剩余产品（它的价值就是剩余价值）已经包含了新资本的物质组成部分。（第726—727页）

奢侈品或其他无效用产品的生产（像军队的硬件和宗教或国家的纪念碑）是不起作用的，无论这种生产是如何盈利的。生存和生产的新的手段必须提前被生产和组织。随后，而且只是在随后，“简单再生产的循环改变了，按照西斯蒙第的说法，变成螺旋形了”。(第 727 页)另一种考虑这一问题的方法(按照前面章节中的分析)，是“工人阶级总是用他们这一年的剩余劳动创造了下一年雇用追加劳动的资本。这就是所谓”，马克思用很重的讽刺语气，“资本生资本”。

然而，劳动者是这一过程中积极的主体。马克思继续谈到，假设市场过程“符合商品交换的规律，资本家总是购买劳动力，工人总是出卖劳动力，甚至可以假定这种交易是按劳动力的实际价值进行的”。我再次强调这一假设在马克思分析中的重要性。“那么很明显，以商品生产和商品流通为基础的占有规律或私有权规律，通过它本身的、内在的、不可避免的辩证法转变为自己的直接对立物”。将洛克原则反过来，是劳动和土地一起创造了价值，作为私有产权的基础，就是清晰的了。

> 表现为最初活动的等价物交换，已经变得仅仅在表面上是交换，因为，第一，用来交换劳动力的那部分资本本身只是不付等价物而占有的他人的劳动产品的一部分。(第 729 页)

其后果是，“资本家和工人之间的交换关系，仅仅成为属于流通过程的一种表面现象，成为一种与内容本身无关的并只是使它神秘化的形式”。(第 729—730 页)马克思继续进行了更加详尽的叙述，

> 劳动力的不断买卖是形式。其内容则是，资本家用他总是不付等价物而占有的他人的已经对象化的劳动的一部分，来不断再换取更大量的他人的活劳动。最初，在我们看来，所有权似乎是以自己的劳动为基础的。至少我们应当承认这样的假定，因为互相对立的仅仅是权利平等的商品占有者，占有他人商品的手段只能是让渡自己的商品，而自己的商品又只能是由劳动创造的。现在，所有权对于资本家来说，表现为占有他人无酬劳动或它的产品的权利，而对于工人来说，则表现为不能占有自己的产品。所有权和劳动的分离，成

了似乎是一个以它们的同一性为出发点的规律的必然结果。（第730页）

马克思在这里已经（再一次地！）回到这一问题，即，等量的交换如何能够生产一个不等量，也就是说，如何能够生产出剩余价值？而且，原始的关于产权的主张如何被颠倒为对占有别人劳动的权利？随后出现的是一个新的重复，因为它像一个对剩余价值理论第无数次的重复一样（如果你仍然对全部的内容没有把握，那么，仔细阅读《文集》第五卷第674—675页）。但是，马克思确实继续注意到，单个人的角度得到的观点，与从阶级关系的角度得到的观点不同。

诚然，如果我们对资本主义生产从它的更新的不间断进行中加以考察，而且我们考察的不是单个资本家和单个工人，而是他们的整体，即资本家阶级和与它对立的工人阶级，那么，情况就会完全不同了。但这样一来，我们就得应用一个与商品生产完全不同的标准。（第732页）

情况是这样，因为自由、平等、产权和边沁主义思想在市场上盛行，这就造成了在劳动过程中的剩余价值的生产是看不到的。

这同一所有权，在产品归生产者所有，生产者用等价物交换等价物，只能靠自己劳动致富的初期，是有效的；在社会财富越来越多地成为那些能不断地重新占有别人无酬劳动的人的财产的资本主义时期，也是有效的。……一旦劳动力由工人自己作为商品自由出卖，这种结果就是不可避免的。（第733页）

资产阶级的自由和权利掩盖了剥削和异化。“商品生产按自己本身内在的规律越是发展成为资本主义生产，商品生产的所有权规律也就越是转变为资本主义的占有规律”。(第733—734页)将《政治经济学批判》前言中的语言反转过来，即，存在一种对上层建筑的调整，这种调整通过利用私有产权的概念，将对剩余价值的占有变为合理的并且使其合法化。所以，马克思开始从根本上反对将资产阶级的权利和公正的概念普遍化的任何的企图。这只是为规模日益扩大的资本主义生产提供一种社会必需的、合法的、意识形态和制度层面的掩盖而已。

坚持资产阶级权利概念的古典政治经济学，带来了所有类型的“规模扩大的再生产的错误见解”(正如在第二部分的题目那样)。从在资本积累和贮藏(储蓄)之间的关系开始，就处于一个彻底混乱的状态。然而，古典政治经济学家认为，“积累过程的特点是，剩余产品由生产工人消费，而不由非生产工人消费，这一点是对的”。(第736页)但是，按照马克思关于“生产性”的定义，这就意味着，昨天的剩余产品，必须被用于今天生产更多的剩余产品和剩余价值。这种情况的实际动力是微妙的。古典政治经济学唯一关注的是额外劳动，同时还有它们所需要的额外的可变资本(在工资支出中增加的部分)。但是，对于西尼尔最后一小时的理论，马克思在前面的部分对此进行了有效的嘲讽，古典政治经济学倾向于完全忘记。在每一轮积累中(它需要通过对原材料的提取的、与自然的关系的转变)获得新的生产手段(不变资本)的必要性，这是马克思必须纠正的第二个“错误概念”。

这给我们提出了一个核心的问题：当资本家拥有可供它们支配的剩余价值时，他们为什么不仅仅去享受一段幸福的时光，并且把它全部消费掉？剩余价值中的一部分确实被资本家作为收入而消费。资本家阶级消费掉一部分剩余价值以追求快乐。但是，剩余价值中的另一部分被资本家作为资本而进行再投资。那么，就出现了另一个问题：是什么在控制资本家对收入的消费，和他们将剩余价值作为资本再投资之间的关系？我们值得引用这段详细的论述对马克思的回答加以解释。

资本家只有作为人格化的资本，他才有历史的价值，才有像聪明的

> 利希诺夫斯基所说的“没有任何日期”的历史存在权。也只有这样，他本身的暂时必然性才包含在资本主义生产方式的暂时必然性中。但既然这样，他的动机，也就不是使用价值和享受，而是交换价值和交换价值的增殖了。

马克思断言，资本家必然对以货币为形式的社会权力的积累感兴趣，所以他们必然受它的推动。

> 作为价值增殖的狂热追求者，他肆无忌惮地迫使人类去为生产而生产，从而去发展社会生产力，去创造生产的物质条件；而只有这样的条件，才能为一个更高级的、以每一个个人的全面而自由的发展为基本原则的社会形式建立现实基础。只有作为资本的人格化，资本家才受到尊敬。作为资本的人格化，他同货币贮藏者一样，具有绝对的致富欲。但是，在货币贮藏者那里表现为个人的狂热的事情，在资本家那里却表现为社会机制的作用，而资本家不过是这个社会机制中的一个主动轮罢了。此外，资本主义生产的发展，使投入工业企业的资本有不断增长的必要，而竞争使资本主义生产方式的内在规律作为外在的强制规律支配着每一个资本家。竞争迫使他不断扩大自己的资本来维持自己的资本，而他扩大资本只能靠累进的积累。（第739页）

按照马克思的说法，资本家也并不拥有真正的自由。可怜的资本家只是某个机制中的凸轮而已，他们必须进行再投资，因为竞争的强制规律迫使他们去这样做。作为资本人格化的资本家，他们的精力是如此地集中在交换价值的扩大上，集中在以无限的货币为形式的社会权力的积累上，以至于货币积累成为他们最深切希望的拜物的焦点。在此，在守财奴和资本家之间存在相似性。他们都需要社会权力，但资本家的社会权力来自他们个人财富的不断扩大，这种扩大是通过不断将他们的财富投入资本循环中做到的，而守财奴却是试图通过不使用这部分财富而持有它。而且，即使单个资本家显示出这样的征兆，即，试图摆脱他们的核心使命，那么，令人讨厌的竞争的强制规律（再一次地陷入关于管制这一体制的中心角色的讨论中）也还会把他们拉回到这一轨道上。

面对这一现实，资产阶级的辩护者创造了一个关于贵族的神话。他们提出，资本家们正在创造资本，并且正在完成他们作为贵族的使命，以建立一个“更高级的社会形式”，甚至马克思都承认这种社会形式是他们通过禁欲而努力的成果！我必须说，生活在纽约，我从没看到过资本家阶级过多地节省。但是，马克思确实提出过资本家们面临着一个浮士德式的冲突。他甚至曾经引用过浮士德的话：“他的胸中有两个灵魂，一个要想同另一个分离。”（《文集》第五卷，第 685 页）他们一方面受竞争强制规律的驱使，进行积累并进行再投资，另一方面，他们也受到消费愿望的引诱。与后者相关的强制制约，随后转变成一种资产阶级自愿形成的品德的意识形态。利润甚至可以被解释为一种对资产阶级美德的回报！资本家进行再投资以使故事得以延续是一种美德（例如，它创造了就业），而且所以值得被尊重和奖赏。在乔治 · W · 布什执政期间推行的、对最富裕人群采取的所有那些减税方案，都被解释为是对善良的投资者的奖赏，他们的禁欲行为被认为在创造就业和经济增长中起到了至关重要的作用。但富人们很快养成挥霍一千万美元去办各种聚会，就是为了庆祝他们孩子的毕业，或庆祝作为他们战利品的妻子的生日，这一事实则很难与这一理论相符。然而，马克思再次受到曼彻斯特资本主义故事的重大影响，他提出，存在于资本家内心的“两个灵魂”之间的斗争，经历了逐渐的演变过程。最初阶段，资本家们在消费上确实曾被迫受到限制（因此，对英格兰的一些早期资本家来说，贵格会的意识形态具有重要意义）。但是，由于资本螺旋式的积累是以一个日益扩大的规模在进行的，所以，对消费的限制得到了缓解。马克思写道，在曼彻斯特，在“18 世纪最后 30 多年，‘是穷奢极欲，大肆挥霍的时期，这是靠扩大营业来维持的’”，（第 742 页）他引用的是关于 1795 年情况的叙述。“在这里，虽然没有那种奇异的圣徒、神色黯然的骑士、‘禁欲的’资本家介于其间，生产和规模扩大的再生产也仍在照常进行”。（第746页）

受竞争的强制规律和在无限的货币形式中扩大他们的社会权力的愿望的驱使，资本家会进行再投资，因为这终究是唯一能保证他们在商业活动中保留一席之地并维护他们阶级地位的方法。这使马克思得到一个关于资本主义生产方式精髓的核心结论。

> 积累啊，积累啊！这就是摩西和先知们！“勤劳提供物资，而节俭把它积累起来”。因此，节俭啊，节俭啊，也就是把剩余价值或剩余产品中尽可能大的部分重新转化为资本！为积累而积累，为生产而生产——古典经济学用这个公式表达了资产阶级时期的历史使命。它从未低估过财富分娩带来的痛苦，而对历史必然性伤心流泪又有什么用处呢？在古典经济学看来，无产者不过是生产剩余价值的机器，而资本家也不过是把这剩余价值转化为追加资本的机器。（第742页）

它非常简单地意味着以下内容：资本主义总是与增长相关。资本主义的社会秩序永远不会出现这样一种情况，即，它与规模日益扩大的增长和积累无关。“为积累而积累，为生产而生产”。即使你每天只是阅读关于经济状况的新闻报道，你也会发现人们经常在谈论增长！增长在哪里出现？我们将如何保证增长？缓慢的增长被界定为经济衰退，负增长则是一种萧条状态。只有百分之一或百分之二的增长率（复合增长率）是远远不够的，我们至少需要百分之三的经济增长率，而只有当经济增长率达到百分之四时，经济状况才被认为是“健康的”。而且，看看中国，这个国家的经济增长率多年维持在百分之十左右的水平，这在我们的时代，与日本相比，那可以说是一个真实的成功案例，日本在经历了几十年的稳定增长后，陷入了全球资本主义的衰退，日本在20世纪90年代的经济增长率接近于零。

人们对于增长的必要性附加了一个拜物教式的信仰，即一种完整的意识形态，它集中于增长所具有的优势上。增长是不可避免的，也是好事。如果不增长就会陷入危机。但是，没有节制的增长就意味着为生产而生产，这也意味着为消费而消费。任何阻碍经济增长的事情都是糟糕的。对经济增长存在的障碍和限制必须得到解决。存在环境问题吗？这太糟糕了！那么人与自然的关系就必须被转变。存在社会和政治问题吗？这太糟糕了！那么，就必须压制批评的声音，并且将顽抗者投入监狱。存在地缘政治障碍吗？如果有必要，就必须用暴力加以压制。所有事情都必须与“为积累而积累，为生产而生产”同步。

对于马克思来说，这是一个资本主义明确具有的特点。为了更有把握，马克思以他提出的假设条件为基础得出了这一结论。但是，这些假设与内化在古典政治经济学的内在观点是一致的，即，这是资产阶级的“历史使命”。而且它确定了一个非常重要而且有力的调控原则。资本主义的历史是否是一个关于复合增长率的历史？资本主义危机的原因是否被确定为增长乏力？是的。整个资本主义世界的政策制定者们，是否被刺激和持续的增长所迷惑？是的。而且，你是否看到任何人确实对增长原则提出过质疑，甚至采取了某些行动？没有。如果有人对增长提出质疑，那就是不负责任的和不可想象的。只有思想怪异的人、不适应生存环境的人和怪异的乌托邦主义者才会认为，那种不顾环境、经济、社会和政治的后果如何，没有节制的增长可能是非常糟糕的。为了更能把握在增长中产生的问题，例如，全球气候变暖和环境恶化问题需要得到解决，但针对这些问题，人们很少认为，解决这些问题的答案是完全停止增长(虽然有证据证明，经济衰退可以减轻对环境的压力)。不能这样做，我们必须找到新的技术，新的精神观念，新的生存和生产的方式，只有这样，增长，即没有终点的复合式的资本积累，才能够持续。

对于其他种类的生产方式还没有一个有效的调节原则。为了有把握，帝国在成长，社会秩序也在有节奏地扩张，但是随后，它们也是经常被作为稳定的因素，而且在某些情况下处于停滞状态，而且甚至会逐渐消失。对现实存在的共产主义的一个极大的批判，例如，对前苏联和古巴，是因为它们没有出现足够的经济增长，所以，这些国家不能与以美国为中心的、不可置信的消费主义和西方的增长绩效进行竞争。我说这些话并不是表扬前苏联，而只是强调我们对不增长趋势的反应是如何自发形成的——人们认为，停滞就是不可原谅的。所以，现在我们周围有足够多的SUV汽车，可口可乐和瓶装水，它们在给我们带来所有灾难性的环境和健康后果(例如，糖尿病在古巴一直比在美国发病率低)的同时，满足了为积累而积累的需要。它秉承了这样一种思想，即，自18世纪中期以来，一直作为资本主义特点的、无限期的百分之三的复合增长率，可能很难再简单地被维持下去。当资本主义世界只是由一个围绕曼彻斯特、方圆大约四十平方英里的经济区和一些其他的小范围地区组成时，维持一个百分之三的复合增长率是一回事，但是，现在它覆盖了整个欧洲、北美洲和南美洲，而且最重要的是还包括东亚地区，并对印度、印度尼西亚、俄罗斯和南非等国采取了强力的移植政策。以这一基础为起点，如果要在今后的五十年中维持百分之三的经济复合增长率，其后果是不可想象的。同时，这种情况也实现了马克思在《大纲》中所提出的设想，即，如果不是绝对必要的话，是时候让资本离开了，并且让位于其他一些更加明智的生产方式，这些生产方式更加具有可能性。

其结果是，在不生产任何产品的情况下，存在不同的获得剩余价值的方式。通过降低生活水平，来降低劳动力的价值，由此开启了一条发展路径。实际上，马克思曾经写道，他引用了约翰·斯图亚特·穆勒的说法，“如果劳动无须购买就能得到，工资就成为多余的了”。但是，随后

> 假如工人能靠空气过活，那用任何价格也不能购买他们了。因此，工人不费分文是一个数学意义上的极限：虽然可以逐渐接近，但永远无法达到。资本的经常趋势是使工人降到这种不费分文的地步。

（第 748 页）

而且马克思也注意到了能够做到这一点的方法，例如，给工人提供食谱，这样他们能够以更低廉的价格喂养他们自己。到后期，这种事情变成了，例如，拉塞尔·塞奇基金会实践的一部分，和社会工人实践的一部分，就像他们寻求教育其他工人那样，去恰当地调整工人们的消费模式。但是，直接地说，采取这一解决路径却带来了有效需求的问题，马克思在这里并没有考虑到这点，因为他已经通过假设所有的商品交易都是按它们的价值进行的将这一问题排除在外了。当资本家持续对“由自然无偿赠予的”（第 751 页）小心翼翼时，对不变资本的节省（包括削减浪费）也是有帮助的。“这又是人对自然的直接作用，这种作用无需新资本的介入，也会成为扩大积累的直接源泉”。（第 752 页）通过采取其他手段（激励和组织）提高社会劳动生产率，也可以是免费的，而且超期使用旧机器也有帮助，就像是为了新的目的而将过去的资产（例如，形成的环境）激活一样。最终，“科学和技术使执行职能的资本具有一种不以它的一定量为转移的扩张能力”。（第 754 页）积累可以通过采取所有这些不同的手段进行扩张，而不仅仅是诉诸剩余价值的资本化。

“我们在这一研究的进程中已经知道”，马克思在第五部分的开始总结道，

> 资本不是一个固定的量，而是社会财富中一个有弹性的、随着剩余价值分为收入和追加资本的比例而不断变化的部分。其次我们知道，即使执行职能的资本的量已定，资本所合并的劳动力、科学和土地（经济学上所说的土地是指未经人的协助而自然存在的一切劳动对象），也会成为资本的有弹性的能力，这种能力在一定的限度内使资本具有一个不依赖于它本身的量的作用范围。在这里，我们把流通过程中一切会使同量资本发生程度极不相同的作用的条件完全撇开不说。因为我们以资本主义生产的界限为前提，因而以社会生产

> 过程的纯粹自然发生的形式为前提，所以我们把一切用现有的生产资料和劳动力可以直接而有计划地实现的更合理的结合撇开不说。

马克思再一次地坚持了资本的不可置信的灵活性和可操作性。“古典政治经济学”，与之相反，“从来就喜欢把社会资本看成一个有固定作用程度的固定量”。那个可怜的人，耶利米·边沁，“19 世纪资产阶级平庸理智的这个枯燥乏味的、迂腐不堪的、夸夸其谈的圣哲”，（第 758 页）对资本主义如何建立一个劳动基金，持有一个特别坚定的观点。

资本不是一个固定的数量！永远记住这一点，并且尊重在资本主义体系中，存在大量的灵活性和流动性。左派对资本主义制度的反对，也曾经常常低估了这一点。如果资本家不能用这种方法进行积累，那么，他们将采用其他方法达到同样的目的。如果他们不能以对他们自己有利的方式使用科学和技术，他们就会去转向掠夺自然，或者向工人阶级提供食谱。对他们来讲存在不计其数的策略，而且他们已经创造了在他们使用中的复杂化的记录。资本主义制度也许是可怕的，但是，它并不是一个僵化的怪物。资本主义反对派所倡导的运动忽略了资本主义在其处于危险境况下，所具有的适应能力、灵活性和流动性。资本不是一个事物，而是一个过程。它持续处于运动中，虽然它本身已经内化了“为积累而积累，为生产而生产”的调节原则。

十

资本主义积累

第二十五章　资本积累的一般规律

在第二十五章中，马克思设计了一个在第七部分开头部分所提出的假设条件下的资本主义动态变化的简要模型：积累是以其正常方式进行的（在市场中从未出现过任何问题，而且所有商品都按它的价值进行交易，除了在劳动力这一章中的情况以外）；经济系统是封闭的（不存在与外界的交易）；剩余价值是通过在生产中对活劳动的剥削，而被生产出来的；而且，剩余价值在利息、商业资本的利润、租金和税收之间的划分不产生任何影响。在这一关于积累过程逐渐被剥离的模型中，所有这些假设条件都是偶发的。但正如在第二卷中所描述的情况那样，当这些假设条件被忽略掉时，结果似乎就不同了。

对资本的价值组成的一个评论

在这一章中，马克思关注了一个特别实质性的问题。为了关注工人阶级的命运，他要考察资本积累的含义。这就是为什么，他允许劳动力报酬可以在其价值水平上下进行浮动。为了在完成这一任务的过程中寻求帮助，他建立了一个关于被他称为“资本的构成”的概念性工具。他使用了三个名词：技术构成、有机构成和价值构成。这些名词看起来被引入他的讨论相对稍晚了一些，这部分地反映了他在第三卷关于矛盾和危机的一些研究工作。所以，这些名词在这一章中没有起到非常大的作用，而且即使没有这些名词，也可以理解他所论述的内容。

如果你发现这一部分的讨论是神秘且混乱的（而且事实的确是这样），那么，你就可以直接转到下一部分。但是，由于这些名词在第三章中起了关键性的作用，而且一直是大部分讨论内容的主题，并且，在更广泛的意义上，这些名词在马克思的理论中是有争议的，所以，我想，在这里对这些名词进行检验是重要的。

"技术组成"一词，简单地描述了一名工人，在一定的时间内，将一定数量的使用价值转变到一个商品中的物质的能力。它是对物质生产率的衡量。它指的是，一名工人每小时生产的袜子的数量、多少吨钢材、多少块面包、多少加仑的橘子汁或多少瓶啤酒。新技术改变了这些物理的比率，所以，例如，每个工人每小时生产的袜子的数量从十变为二十。技术构成的概念是明确的，而非模棱两可。问题在于在有机构成和价值构成之间的差别上，它们都是价值的比率。价值构成，是生产中所消费的生产手段的价值，与提前投入的可变资本的价值之间的比率。我们通常用 c/v 来表示它，即不变资本除以可变资本所得的数量。有机构成，也可以用 c/v 这样一个价值比率来衡量，它被确定为，价值组成变化的增长是因为生产率的物质变化。

为什么在有机构成和价值构成之间会存在不同呢？其含义是，价值构成的变化能够发生，而不是那些在生产率中的与物质变化相关的变化能够发生。由于这种非技术的变化在前面章节的结尾处已被罗列出来了，这一解释就不仅仅是似是而非的了。但是，这些变化就像是自然界赐予的礼物，可以减少浪费，或者降低工人的物质生活水平，可以影响已付出的不变资本和可变资本的价值，所以，结果是 c/v 的比率可以上升或下降。但是，就我所知，还存在另一种可能的解释，这种解释马克思没有明确地分析出来，但我们能够推断出来。这一解释取决于物质生产率的变化发生在什么地方。如果是通过采用新机器来改变生产袜子的物质生产率，那么，c/v 的比率（我们称之为资本的有机构成）就会因为我所采取的措施在我的企业中明显地增长。但是，这一比率也有可能在我没有采取任何措施的情况下变化，因为我所购买的不变资本和可变资本的价值(按照马克思的假设，是以它的价值购买的)，是由生产决定劳动力价值的工资商品产业的物质生产率的变化，和我所购买的生产生产资料(不变资本的投入)的其他产业物质生产率的变化所决定的。在这种情况下，虽然在我的企业中物质生产率没有变化，我们称之为资本的价值构成的c/v的比率会上升或下降，它取决于在经济中两个不同部门中物质生产率变化的相对步伐的改变。这一解释集中在，在单个资本家针对c/v比率可能会采取什么措施，和在单个资本家控制范围之外、在市场中c/v的比率会发生什么这二者之间的区别上。如果马克思在这一章中，研究的是在资本家和工人阶级之间的关系的累积水平，那这一解释就很难得到支持。但是，按照相对剩余价值理论，这种解释也是合理的，它强调的是，在竞争的强制规律下，为了追求短暂形式的相对剩余价值，单个资本家的经营行为确实驱动了生产一种累计相对剩余价值的技术发展动力。

所有这些内容都是重要的，其原因是在《资本论》第三卷，马克思着手考虑了这样一个问题，即为什么可能存在利润率下降的趋势。李嘉图已经用马尔萨斯的方法对此进行了解释，他认为，最终土地回报会逐渐递减，所以会在很大程度上提高自然资源的价格，所以，利润会被限制从而降低到“零”这一水平。换句话说，问题存在于人与自然之间的关系中。马克思放弃了这个观点，转而提出是在资本主义内部的技术变化的内部动力，即对相对剩余价值的追求，提高了资本的有机(价值？)构成，c/v，并在长期会使利润率(s/［c+v］)下降到对剥削率(s/v)极限的假设水平之下。可以对它们区别对待，节省劳动的创新会将积极的价值生产者从劳动过程中移开，这样就使剩余价值的生产变得更加困难(假定其他条件不变)。这个观点是具有独创性的，而且不容置疑的(在我看来是正确地)在资本主义社会关系及其生产力发展的框架中内化了危机形成的动力。遗憾的是，这一讨论是不完全的，而且存在问题，因为按照上面提出的观点的第二道线，不存在明确的能够解释为什么 c/v 的比率应该按照马克思所提出的方式不断提高的原因。

在这一章中，马克思直率地提出了，他支持资本价值构成提高规律的说法。他从论述如下内容开始：从整个资本家阶级的角度看，变化中的资本价值构成在与生产的关系中，都具有直接和间接两个方面。我们现在不仅在讨论机器和工厂，也在讨论铁路、公路和所有类型的物质基础设施(包括人工建造的环境)，这些为即将进行的资本主义生产及其实现提供了必要的前提条件。如果这些前提条件得以满足，将会出现令人惊奇的不变(更多的固定)资本的总的存量和与之相关的雇佣劳动者数量之间的比率增长。(马克思在这里没有指出他在其他地方所说明的一点：可以说那就是，如果过去的投资，比如所人工建造的环境，已经被摊销了，那么它们将被作为一个“免费的商品”被使用，它更像一个自然赠予的礼物——为资本主义生产所提供的礼物，除非令人讨厌的地主阶级会站出来从中提取租金。)从相对简单的手工生产转变到更加复杂的和在其自身中所集成的生产过程，需要出现一个 c/v 比率随时间的延续而增长的历史趋势。这导致了马克思坚持认为

> 资本的不变部分比可变部分日益相对增长的这一规律，在每一步上都由商品价格的比较分析所证实(像前面已经说明的)，不管我们比较的是同一国家的不同经济时代，还是同一时代的不同国家。只代表所耗费的生产资料价值或资本不变部分的那个价格要素的相对量，同积累的增进成正比；用来支付劳动或代表资本可变部分的另一价格要素的相对量，一般同积累的增进成反比。(第 773—774 页)

他在这里明确提出，存在一个随时间的变化，资本的价值构成也会增长的“规律”，而且，正是这一规律在第三卷所提出的利润率下降理论中起到了至关重要的作用。但是，马克思确实意识到，由于技术的变化，

不变资本的价值会出现下降(与物质表现相反)。实际上，他提出，c/v 比率的提高不会比它已经提高的程度更大的原因，是“原因很简单：随着劳动生产率的增长，不仅劳动所消费的生产资料的量增大了，而且生产资料的价值比生产资料的量相对地减小了。这样一来，生产资料的价值绝对地增长了，但不是同它的量按比例增长”。生产资料部门生产率增长的结果是，

> 生产资料的价值绝对地增长了，但不是同它的量按比例增长。因此，不变资本和可变资本之间的差额的增大，同不变资本转变成的生产资料的量和可变资本转变成的劳动力的量之间的差额的增大相比，要慢得多。(第 774 页)

所提出的资本价值构成提高的“规律”将受到修正，但是，不是向与其基本方向相反的方向进行的。资本积累和追求相对剩余价值“这两种经济因素由于这种互相推动的复合关系，引起资本技术构成的变化，从而使资本的可变组成部分同不变组成部分相比越来越小”。(第 776 页)

但是，为巩固他的论述，马克思需要做的是，将经济系统分解为生产生活资料和生产生产资料的两个部门，然后分别检验在两个部门中物质生产率的相对变化率。他在第二卷末尾做了这个工作(写于第三卷的草稿之后，现在我们所看到的内容)，但是，他在那里主要关注的是检验市场机制如何能够使两个部门之间保持均衡发展(如果是完全均衡)的问题。所以，他用假设抽象掉了技术动力因素，这在第一卷的分析中处于核心地位，而且在第三卷对利润下降的分析中也是非常重要的。虽然价值构成的概念没有被提及，但他确实开创性地提出了由于比例失调造成危机的可能性(与生产资料相比生产了过多的生活资料，或反之亦然)，甚至提出了由于消费不足(有效需求不足)造成普遍危机的可能性，但是他并没有涉及由于技术变化造成利润率下降的问题。然而，随后出现的理论成果已经说明，存在一种在两个部门之间(生活资料和生产资料)技

术变化的方式，这种方式可以长期维持c/v比率的稳定，但是，不存在确保这一结果出现的任何退出机制。所以，由于比例失调造成的频繁危机，和由于技术变化造成的不稳定性所带来的偶尔发生的一般危机爆发的可能性，是值得关注的。

简单地说，我们不能在这里解决所有这些问题。可能大部分人是不同意的，但是我个人的观点是，马克思的直觉，即，技术变化的方式直到危机爆发都是不稳定的，是正确的，但是，他对价值构成提高和利润下降的解释是不正确的。然而，即使不使用价值构成的概念，我们也可以理解马克思在这一章所展开的讨论的主线。

资本积累的第一个模式

如果资本家将他们昨天占有的部分剩余价值，用于今天更大规模的生产投资中，假设目前没有出现技术进步，那么就需要更多的劳动力。所以，在这种情况下，资本积累首先带来的显著影响是，对劳动力需求的增加。“资本的积累就是无产阶级的增加”。(第764页)额外的劳动力将来自哪里，对劳动力需求的增长意味着什么？在某些情况下，对劳动力需求的增长将导致工资水平的上升。所以，这种“螺旋式”的积累需要产生更多的资本，需要雇用更多的劳动者，而且在某些情况下还需要更高的工资水平。这样，劳动力或者被以高于其价值的价格出售(这是在所有商品都是按它们的价值进行交易的假设之外的特殊情况)，或者劳动力的价值将会提高以使劳动者获得一个更高的生活标准。但是，这只意味着“雇佣工人为自己铸造的金锁链已经够长够重，容许把它略微放松一点”。(第769页)

工资的增大至多也不过说明工人必须提供的无酬劳动量的减少。这种减少永远也不会达到威胁制度本身的程度。撇开关于工资率的暴力冲突不说，——亚当·斯密也早就指出过，在这种冲突中，一般

> 说来雇主始终是雇主，——由资本积累而引起的劳动价格的提高不外是下列两种情况之一：……一种情况是，劳动价格继续提高，因为它的提高不会妨碍积累的进展。（第769—770页）

在这种情况下，资本家能够承受的劳动价格一定得上升，因为随着他们雇佣更多的劳动者，他们能够占有的资本数量也在持续增长。请记住，资本家主要关心的是利润量，而且正如我们在第十七章看到的，这一数量取决于所雇佣的劳动者的人数、剥削率和剥削强度。随着剥削率的降低，扩大被雇佣的劳动者数量可以增加资本家获得的资本的实际数量。所以，在这种情况下，工资水平的提高和资本积累之间不存在矛盾。“另一种情况”是

> 积累由于劳动价格的提高而削弱，因为利润的刺激变得迟钝了。积累减少了。但是随着积累的减少，使积累减少的原因，即资本和可供剥削的劳动力之间的不平衡，也就消失了。所以，资本主义生产过程的机制会自行排除它暂时造成的障碍。（第770页）

马克思在这里建立的模型是十分简单的。假设生产率不变，资本的积累增加了对劳动的需求。这是否会导致工资水平的上升取决于资本家可获得的人口数量。但是，由于越来越多的可获得的人口被卷入就业大军，工资水平将会上升，这就会降低剥削率。但是，由于更多的劳动者被雇佣，剩余价值量仍能够持续提高。如果在某些时候，由于某种原因，剩余价值量开始减少，那么对劳动的需求也会减少，对工资水平的压力就会减弱，这样剥削率就会恢复到原来的水平。所以，从长期来看，我们很可能看到的是在工资和利润率之间此消彼长的振荡。工资水平上升，积累速度减缓，工资水平下降，正常的利润水平和资本积累就会得到恢复。马克思在这里描述了一个在劳动的需求和供给之间的自动调节体系和资本积累的动态变化过程。

马克思提出，这种动态变化过程存在历史的证据。在18世纪的英国，存在受到一位名为伊登的当代评论家重视的这样一种趋势，即，工资水平的提高是因为资本积累的迅速扩张。在资本家阶级明显处于良好的经营状态的同时，工人阶级的处境也会变得更好。伊登宣称，由于被这一诱惑所吸引，所以资本积累对工人同样是好事。但是，按照马克思的说法，它起的全部作用只是延长了将劳动束缚在资本身上的“黄金链条”。此外，这一观点在早期还曾与曼德维尔的《蜜蜂的寓言》这一著名的小册子存在强烈的观点对立。曼德维尔提出了一个反对存在于英国社会的关于“雄蜂”的下流争论，而且这种做法形成了这样一种社会，它具有对穷人令人悲观的愿望，即希望穷人越穷越好，因为那样的话，他们就会需要更少的商品和服务，从而为富人留下更多。如果社会中没有穷人，那么富人就不可能成为富人。这种对英国18世纪的公开赞美激怒了亚当·斯密和人本主义者，他们不能接受这样一种观点，即，穷人会永远存在，而且穷人对富人来讲具有如此至关重要的作用。斯密对此所做的回应是，努力去证明如果市场机制可以有效运行以增加国民财富的话，那么每个人甚至包括最贫困人群的处境都可以变得更好。曼德维尔对于马克思的重要性在于，资本积累不仅首先需要一个可以获得的人口数量的存在，而且这部分获得的人口已经被严重地贫困化，他们是完全无知的，并被彻底压制以及处于极度绝望的境地，他们随时可以以极低的工资水平被购入到资本主义体系中。

资本积累的第二个模式

积累的第二个模式分析了当社会劳动生产率的增长，成为“积累的最强有力的杠杆”的情况。（第772页）在与积累的动态关系中，技术和组织变化对生产率的影响，必须被置于中心地位。这导致了马克思以一种他曾经提出的方式，相当详细地阐述了资本价值构成提高的“规律”。但是，“积累的增进虽然使资本可变部分的相对量减少，但是决不因此排斥它的绝对量的增加”，（第 774 页）因为，正如我们已经在第一个模式中所看到的，资本可以雇佣更多的劳动者以抵消剩余价值率的下降。

在第一种情况下，合作的展开，新型劳动分工，机器、科学和技术的应用，所有这些提高劳动生产率的手段取决于已经产生了足够的动机、或已经拥有了足够的货币财富的“原始”积累，可以启动整个过程使其处于运动状态。马克思在前面已经介绍了“原始积累”这个词，但他再次倾向于将对这一问题的详细思考推迟放到第八部分来阐述。“这种积累本身是怎样发生的，我们还用不着在这里研究”。（第 775 页）但是，一旦积累过程开始启动，那么生产率增长的进步就还取决于资本的积聚和集中过程。只有通过这种方式，所有可能的规模经济才能够实现。马克思谈道，财富越来越集中在少数人手中，因为在每一轮积累中，资本家都获得了以货币力量为形式的资本数量的增加。虽然受到剩余价值率和被雇佣劳动者数量的限制，但增长是以复合的比率发生的，而且财富和权力的集中也在加速。然而，这一集中的过程也可能部分地被在新的生产领域中新开张的小型经营业务所抵消。

> 积累和伴随积累的积聚不仅分散在许多点上，而且执行职能的资本的增长还同新资本的形成和旧资本的分裂交错在一起。因此，积累一方面表现为生产资料和对劳动的支配权的不断增长的积聚，另一方面，表现为许多单个资本的互相排斥。（第 776—777 页）

“社会总资本这样分散为许多单个资本，或它的各部分间的互相排斥”，这种情况也必须被考虑进去。这是典型的马克思的观点，他认为，存在一对相反的趋势在起作用：一方面是集中，另一方面是分裂和分化。它们之间的平衡点在哪里？应该没有人知道！几乎可以肯定地说，集中和分化之间的平衡要服从于永久的变化（这种说法与任何关于机器和大工业进化的技术解释都相反）。

在另一方面，资本的集中通过某种不同的路径而达到——接管，并购，竞争对手的恶意破坏。马克思提出，可能存在资本集中的规律。但是，他承认，这里不是探讨这些规律的地方，虽然他明确地提出质疑，这些规律可能还没有被发现(这种观点可能与技术论的观点是一致的！)。然而，存在一种趋向于集中的明确趋势，这种趋势毋庸置疑地受“一种崭新的力量——信用事业，随同资本主义的生产而形成起来”(第777页)的推动。但是，这里也不是介绍信用体系的地方(因为这将与他所提出的基础假设不符，即，不考虑在利息、租、商业资本的利润之间的对剩余价值的划分)尽管如此，他仍然做了一些铺垫性的注释：

> 起初，它作为积累的小小的助手不声不响地挤了进来，通过一根根无形的线把那些分散在社会表面上的大大小小的货币资金吸引到单个的或联合的资本家手中；但是很快它就成了竞争斗争中的一个新的可怕的武器；最后，它转化为一个实现资本集中的庞大的社会机构。(第777—778页)

发展趋势是不可阻挡的，而且在马克思的时代，他从圣·西门关于联合资本权力的理论和法国皮埃尔兄弟第二帝国银行家的实践中，提取了很多内容。这种情况也与我们当代世界的现状产生了共鸣。制定一系列的微型信用和微型金融制度，以攫取被称为“金字塔底部的财富”，然后，抽取所有这些财富，以支持处于困境的国际金融体制(所有这些，都是在世界银行和国际货币基金组织的帮助下进行的)，并将那些财富投入华尔街，为资产并购游戏买单……“随着资本主义生产和积累的发展”，马克思敏锐地观察到，“竞争和信用——集中的两个最强有力的杠杆，也以同样的程度发展起来”。(第778—779页)为了达到完成生产率增长的全新轮回所需要的巨大金融规模，快速的集中以复合增长为主要手段，超越了速度较慢的积聚过程。集中可以强烈地改进并扩大生产规模。如果没有集中(或者，正如他在其他地方所讨论的，没有国家的参与），我们将不能进行许多物质基础设施（例如，铁路和港口）和城市化（固定资本和不变资本）这样庞大的工程。

所以，充分的集中手段对于积累的动态变化来讲是绝对重要的。但是这也带来了垄断力量的威胁，并出现了与此对立的观点。古典政治经济学和当代新自由主义者一样，都同样赞成一种以高度分散化和个人决策为特点的、分散的市场经济，这样，就没有人能够垄断或主导市场。马克思在这里所提出的观点是，虽然市场经济是以小规模、相互激烈竞争的企业起步的，但几乎可以肯定，它会很快通过资本的集中，最终转变为一种寡头垄断或垄断的状态。他在其他地方提到，竞争的结果只会导致垄断。所以，过程存在于资本动态变化的内部，它内在地瓦解了关于完全市场运行机制的理论。问题是，如果没有集中和在自由发挥作用的市场中的破坏性分散决策，市场和为了获得相对剩余价值的斗争就不能长期同时存在。虽然马克思在这里没有明确提出这一点，但这肯定是他所论述内容的含义之一。但是，如果对于积聚的分析是可以忽略掉的，那么，日益增长的集中就不会完全是一个没有反面影响和对抗力量的单向过程。遗憾的是，马克思在这里没有说明这一点。但是，在其他地方他将讨论，在某些时候集中将面对分化的方式。所以，我们需要研究的是积聚、分化、集中和分散之间的关系。但是，他在这里所介绍的内容是关于积累过程中市场动力的观点，虽然这会使他超出这一章关于工人阶级状况的论述范围，但是在讨论中必须整合进所有这些力量，而不能仅仅将它们作为历史的某种偶然性而不予考虑。

劳动生产率的增长（资本价值构成的提高）对劳动的需求是有意义的。

> 因为对劳动的需求，不是由总资本的大小决定的，而是由总资本可变组成部分的大小决定的，所以它随着总资本的增长而递减，而不像以前假定的那样，随着总资本的增长而按比例增加。对劳动的需求，同总资本量相比相对地减少，并且随着总资本量的增长以递增

> 的速度减少。诚然，随着总资本的增长，总资本的可变组成部分即并入总资本的劳动力也会增加，但是增加的比例越来越小。（《文集》第五卷，第781—782页）

这意味着资本主义积累“不断地并且同它的能力和规模成比例地生产出相对的，即超过资本增殖的平均需要的，因而是过剩的或追加的工人人口”。（第782页）它是通过我们所说的缩减规模的过程做到这点的。

> 工人人口本身在生产出资本积累的同时，也以日益扩大的规模生产出使他们自身成为相对过剩人口的手段。这就是资本主义生产方式所特有的人口规律。（第783—784页）

我们自己管理的生产条件的主题，再一次以一种超级反讽的形式出现了。

关于对“人口规律”的认识，马克思与马尔萨斯的观点是相反的，马克思在前面的脚注中就做出了判断，马尔萨斯是根本不同意马克思观点的理论家，而且他关于人口和过剩人口的一般理论引起了马克思的反驳。“每一种特殊的、历史的生产方式”，马克思写道，“都有其特殊的、历史地发生作用的人口规律。抽象的人口规律只存在于历史上还没有受过人干涉的动植物界”。（第784页）马克思指出马尔萨斯的错误在于，他把失业和贫困现象解释为是人口增长和资源压力之间存在的简单关系，从而将失业和贫困的形成普遍化了。马克思并不认为，人口增长与资本积累之间是不相关的，甚至是中立的；实际上，在很多其他地方的段落中，他就曾提出，强劲的人口增长趋势是持续积累的一个必要前提条件。他根本反对的马尔萨斯观点是，贫困是由工人阶级自身造成的，是因为他们自身再生产的数量过于庞大（所以，马尔萨斯谴责的是贫困受害人本身）。马克思的关注是，无论人口增长的状态或增长率如何，资本主义社会是如何造成贫困现象的。他证明了曼德维尔观点的正确性，即，在资本主义生产方式下，贫困将永远存在，但是，与曼德维尔不同的是，马克思揭示了资本主义的贫困状态如何以及这种情况发生的原因。

资本主义通过使用更先进的技术，将劳动者排斥在工作过程之外，通过形成劳动者的相对剩余，造成了工人的贫困。一个长期存在的失业劳动者的蓄水池对于资本积累的持续扩张来讲是社会必要的。

> 过剩的工人人口是积累或资本主义基础上的财富发展的必然产物，但是这种过剩人口反过来又成为资本主义积累的杠杆，甚至成为资本主义生产方式存在的一个条件。过剩的工人人口形成一支可供支配的产业后备军，它绝对地从属于资本，就好像它是由资本出钱养大的一样。

所以，技术本身并不是积累的主要杠杆，而是剩余劳动者的蓄水池保证了资本积累水平的提高。“过剩的工人人口不受人口实际增长的限制，为不断变化的资本增殖需要创造出随时可供剥削的人身材料”。（第784页）

典型的情况是，劳动后备军被吸收进资本主义生产过程中，随后又被交替出现的突发事件抛出，从而使劳动市场上出现了周期运动。“而工业周期的阶段变换又使过剩人口得到新的补充，并且成为过剩人口再生产的最有力的因素之一”。（第785页）马克思描述道，

> 工人的这种增加，是通过使一部分工人不断地被“游离”出来的简单过程，通过使就业工人人数比扩大的生产相对减少的方法造成的。因此，现代工业的整个运动形式来源于一部分工人人口不断地转化为失业的或半失业的人手。

“就连政治经济学也会把相对的，即超过资本增殖的平均需要的过剩人

口的生产，看作是现代工业的生活条件”。例如，马尔萨斯“也承认过剩人口对于现代工业来说是必要的”，（第786页）但是，他没有看到，“对资本主义生产来说，人口自然增长所提供的可供支配的劳动力数量是绝对不够的。为了能够自由地活动，它需要有一支不以这种自然限制为转移的产业后备军”。（第787—788页）

这一过程的分化传播范围深远且广泛，它通过技术的变化，影响了大部分劳动力的去技能化和去工业化过程，这种现象在过去三十年左右的时间内，已经为我们所特别熟悉。这种相对剩余人口的存在，必然造成被雇佣的那部分人被迫过度工作的后果，因为，如果他们不愿意加班工作，或不同意提高他们的劳动强度，他们就会受到被解雇的威胁。当今，由于资本不愿承担全职雇员的间接成本（例如，保健福利和养老金），所以，不管工人们本身是否愿意，他们迫使被雇佣工人进行加班工作的偏好都会增强，虽然与此同时，失业劳动的蓄水池也在增加。同意加班工作有时可被作为一个就业条件。近几年，在欧洲这已经成为一个严重的问题。其结果是，被雇佣的那些人被迫进行过度工作，而且受到过度的剥削。

> 工人阶级中就业部分的过度劳动，扩大了它的后备军的队伍，而后者通过竞争加在就业工人身上的增大的压力，又反过来迫使就业工人不得不从事过度劳动和听从资本的摆布。

这成为一个值得注意的“各个资本家致富的手段”。（第789页）它对工资有着重要的影响。“大体说来，工资的一般变动仅仅由同工业周期各个时期的更替相适应的产业后备军的膨胀和收缩来调节”。工资变动受资本积累的驱动。这与标准的观点对立，即，资本积累的步伐受工资率波动的调节，工资率的波动或者受人口增长的驱动，或者按照当代修辞学的表述，受过度贪婪的工会的驱动。“经济学的教条”，是“工资的提高刺激工人人口更快地增加，这种增加一直持续到劳动市场充斥，因

而资本同工人的供给比较起来相对不足时为止”。(第 790 页)

马克思的模型说明，无论资本积累何时成为影响劳动供给问题的因素，它都会通过技术创新或组织创新，将人们从劳动过程中排挤出去，所产生的影响，或是将工资降低到劳动力价值水平以下，或者对那些仍在就业的人来说，会延长工作日的长度并提高劳动的强度。

> 产业后备军在停滞和中等繁荣时期加压力于现役劳动军，在生产过剩和亢进时期又抑制现役劳动军的要求。所以，相对过剩人口是劳动供求规律借以运动的背景。它把这个规律的作用范围限制在绝对符合资本的剥削欲和统治欲的界限之内。(第 792 页)

所以，这就是所谓“资本主义生产的机制安排好，不让资本的绝对增长伴有劳动总需求的相应增加”。(第 793 页)这造就了“经济学辩护论的一大业绩”，这一业绩指的是，它代表资产阶级为资本家如此明目张胆地伤害工人阶级的做法进行辩护。辩护者们唯一能做的事情是将“被排挤的工人在被抛入产业后备军的过渡时期中遭受贫困、痛苦和可能死亡”，(第 792 页)看作是为了所有人都能够从不断的资本积累中得到的更多长期的福利而必须做出的短期牺牲。但是，事实远远比这更加险恶。

> 对劳动的需求同资本的增长并不是一回事，劳动的供给同工人阶级的增长也不是一回事，所以，这里不是两种彼此独立的力量互相影响。骰子是假的。资本在两方面同时起作用。(第793 页)

也就是说，当资本进行再投资时，其创造了对劳动的需求，但它也能够通过造成失业的、在节省劳动的技术方面的再投资，控制劳动的供给。资本的这种在均衡需求和供给两方面力量的操作能力，与公认的市场运行方式完全对立。

正如发生在机器中的情况那样，一旦工人们

识破秘密，知道了他们为什么劳动越多，为他人生产的财富越多，他们的劳动生产力越是提高，他们连充当资本增殖手段的职能对他们来说也就越是没有保障；一旦工人发现，他们本身之间竞争的激烈程度完全取决于相对过剩人口的压力；一旦工人因此试图通过工联等等在就业工人和失业工人之间组织有计划的合作，来消除或削弱资本主义生产的那种自然规律对他们这个阶级所造成的毁灭性的后果，这时，资本和它的献媚者政治经济学家就大吵大叫起来，说这是违反了"永恒的"和所谓"神圣的"供求规律。(第793页)

在市场交换的规律被资本调节劳动力供需的力量摧毁的情况下，工人们自发组织起来保护他们集体利益的努力，却会因为被认为是对市场规则的侵犯而受到强烈谴责！

马克思已经建立了两个关于积累的模型，一个考虑了技术变化的因素，另一个没有。资本家可以进行选择：以现有的技术进行资本积累，这样就进入了模型1的世界(而这面对竞争的强制规律是不容易做到的)，或者，资本家对技术变化进行投资，这样就进入模型2的世界。在第二个模型中存在的问题是，是什么因素调节了技术变化的步伐？相对剩余价值理论说明，技术变化的步伐是由竞争的强制规律向前推动的，当资本家们为了追求相对剩余价值的临时形式进行竞争时，这部分相对剩余价值会被具有更高生产率的资本家获得。所以，对技术变化进行投资的限制条件部分地由竞争的强度决定(这一点是马克思所没有强调的)。但同时也存在一个外部的限制条件。马克思在较早时已经提出，资本是否采用新的机器技术取决于花费在机器上的价值和通过采用新的机器技术而节省的劳动力价值之间的权衡。即使马克思没有明确地说明这一点，但这也意味着，就像在19世纪英格兰相对于美国的情况那样，技术创新将会持续，直到使工资率降低到使购买机器变得不再值得的水平。上述这种情况可能会出现在工人阶级处于一种极度悲惨的处境时。

相对过剩的人口

在这一章的第四部分，马克思检验了相对过剩的人口的情况。他明确了相对过剩人口的三个不同层次：流动的形式、潜在的形式和停滞的形式。（第794页）“流动形式”的过剩人口指那些已经被无产阶级化的人们，他们已经是全职工作的工薪工人，但由于某些原因，临时被排挤出劳动过程，他们虽然会经历一段时期的失业，但仍然能够在一定水平上维持生存，在重新被吸纳到就业大军中之前，是作为积累改进的条件而存在的。按照当代的说法，流动形式的过剩人口基本可以等同于失业大军的蓄水池，因为这部分人口与那些被界定为不充分就业或“灰心丧气的工人”一起，作为失业人口被统计在册。“潜在形式”的过剩人口，是指那些还没有被无产阶级化的人们。在马克思的时代，特别指那些还没有被吸收进工资-劳动体系中的农民。对农民或者本土农业生存体系的摧毁，以及农村领域的无产阶级化，已经将大量的农村人口卷入工薪劳动的大军。这种情况一直持续，直到我们现在的时代仍然如此（例如在近几十年，在中国、墨西哥和印度出现的情况）。通过对国内体系的破坏，妇女和儿童加入工薪劳动大军的运动直至今日也同样在长期起作用（在许多发展中国家，妇女正在成为工薪劳动队伍的主力军）。潜在形式的过剩人口还可能包括小资产阶级的独立生产者和手工业者，他们将会被大规模资本所取代，从而被迫进入劳动市场。在过去五十年中，美国家庭农场的相互残杀，已经从其固有的限制中释放了他们的劳动力。你也许已经发现，同样是这些独立的生产者和人们，他们曾经经营过街角商店，但现在这些商店被超市取代了。所以，潜在类型的过剩人口，是一个数量庞大且种类各异的人群，它由不同类型的小资产阶级、妇女和儿童、农民和其他类似的人口组成。在当今，它也包含那些曾经逃离了无产阶级化但又被带回到这一群体中的人群。人们曾经认为医生不属于无产阶级，但是我们不难说明从事医疗工作的劳动力潜在地被无产阶级化的过程。受过较高教育人群的无产阶级化，也像大学的社团主义者和新自由模式逐渐变得更加巩固一样，正在快速地进行。在这里，马克思想使我们注意的是处于动态的无产阶级化的可能发生的变化以及不同的调动潜在劳动力后备军的方法。这在不同情况之间明显存在大量的不同。更进一步说，由于流动人口很可能受到资本主义组织的区域限制，所以潜在后备军地理意义上的扩散形式非常不同。从潜在意义上讲，它在任何地方都是可获得的，而且，通过帝国主义者和殖民地的做法来获得潜在过剩人口的地缘政治，可以起到非常重要的作用。

第三个层次是停滞的形式。这指的是那样一部分人口，即他们非常不规律地被雇佣，而且特别难于流动。停滞形式的过剩人口是社会最底层的沉淀，马克思将此描述为“陷于需要救济的赤贫的境地”，他们包括，“流浪者、罪犯和妓女，一句话，真正的流氓无产阶级”，马克思对他们几乎不怀有任何感情。而且，在他们中间，存在“［赤贫的］有劳动能力的人”，和“孤儿和需要救济的贫民的子女。他们是产业后备军的候补者，在高度繁荣时期，如在1860年，他们迅速地大量地被卷入现役劳动军的队伍”。而且，还包括“衰败的、流落街头的、没有劳动能力的人。属于这一类的，主要是因分工而失去灵活性以致被淘汰的人”。马克思将这些人称为“现役劳动军的残疾院”，（第797页）而且他们几乎不可能被卷入中工薪劳动大军中。这是威尔逊（William Julius Wilson）所指的“下层阶级”（一个我确实不喜欢的词汇）。

在这一章的结尾和篇幅较长的第五部分，描写了当时存在于产业后备军的包括流动形式和潜在形式的过剩人口的那些人的具体的悲惨细节。当马克思关注英国的情况时（特别是它的农村劳动后备大军的状况时），他对城市化给予了密切关注，而且，对于有关爱尔兰人移民到英格兰的问题，也明确了一些重要内容，这些内容是关于对这些潜在的劳动力的调动是如何如此经常地利用民族和宗教（在这种情况下）的差异的，这些差异可以在一定程度上包容所有种族、性别、文化、宗教，和其他被资本家阶级所采用的、在“先分化后统治”政治中的所有不同。我们能够很简单地举出和我们这个时代相似的例子。在美国的波多黎各劳工的长期历史，恰好与19世纪爱尔兰人在英国的情况相同。我们也能够轻易地写出对墨西哥、危地马拉、中国、孟加拉国、印度尼西亚和南非等国情况的描述，其中的每个细节都像马克思在第五部分所描述的情况一样悲惨。

马克思的第二个积累模型主要取决于由于技术进步导致的失业而形成的流动形式的劳动后备军。管理这些流动形式的过剩人口的系统方法(例如，如何保证失业工人的生存状态，并保证它们处于良好的健康状态，以便能重返劳动大军)，显然是一个关乎重大利益的问题。但是，也存在一个策略性的问题，即，存在流动形式或潜在形式过剩人口的后备军(调动停滞形式的过剩人口可能是非常困难的，而且甚至更难与他们一起工作)是否对资本主义的运行更加有利。资本对流动形式后备过剩人口的肆意操纵面临许多困难。仅获得了些许工作保障的强大的劳动组织可以核查失业情况。新兴技术和新型生产体系，在其得到广泛传播前，可能会受到来自工人们自身的挑战。而且当这种情况实际发生时，在一定情况下，由失业现象带来的政治的后果将会非常严重。例如，在20世纪50年代和60年代，在资本主义世界的大部分地方，为避免社会骚乱，在与资产阶级合作的部分阶级中，出现了对造成失业行为的普遍抵制。他们的偏好是能够找到潜在形式的劳动后备军即可。资本可以通过两个方式做到这一点。或者可以将资本投到国外，或者可以输入工人。在20世纪60年代和70年代，瑞典的失业率是很低的，而且几乎根本不存在所谓流动形式的劳动后备军。面对强大的工会的力量，大量的社会立法和一个强大的、不断巩固的社会民主政治手段，以及从葡萄牙、南斯拉夫和中欧地区的劳动力的输入，成为当时生产剩余价值的关键因素。法国汽车产业劳动力的缺乏，导致出现了国家支持的内向移民政策，同时，在那些年中，土耳其的劳动力剩余也刺激了德国产业的发展。美国在20世纪60年代对移民法的修改，对于帮助调动潜在的劳动力后备力量也起到了非常重要的作用。墨西哥的劳动力剩余，对美国的企业的正常运行是非常重要的，这带来了目前包括合法的和不合法的移民热潮，而这是一个很难解决的问题(例如，由于缺少劳动力剩余，已经导致了在美国西部收获季节粮食收成的损失)。

我们现在所处的环境存在大量的失业现象和大量的潜在形式的过剩劳动。联系资本主义劳动控制的特定的政治历史来考虑这些范畴是有意思的。流动过剩人口的现象也提出了如下问题：后备过剩人口如何保持处于良好的健康状态并与现役劳动大军进行竞争。社会福利体系的建立，已经是针对这一问题的一个答案了，但是，如果考虑新自由主义的发展趋势，这种观点就变得不再重要了。右翼的观点是，当劳动者把他们劳动的储备价格抬得过高时，失业率就会上升。由于劳动者拒绝在一定的最低工资水平以下工作，所以形成了失业！当福利水平过于丰厚时，这种情况一定会发生。因此，消除失业现象的最好的办法就是将福利完全取消。但是，那会使流动形式的过剩人口保持处于一种劳动后备军的状态变得更加困难。移民政策也面临着同样的问题。在美国，政府每一次调整移民政策的尝试，都与企业获得足够的剩余劳动供给的需求相冲突。从农业综合企业到微软，各行各业都反对限制性的移民政策。

这样，对劳动供给的控制就变得至关重要了。按照资本家阶级的利益，他们是按照这样一种方法来管理劳动供给的，即，形成一个劳动后备军(浮动形式的过剩人口和潜在形式的过剩人口的某种结合)，并将其永久化，降低工资水平，以解雇为手段来威胁现役劳动者，瓦解劳动合作组织，提高现役工人的劳动强度。从20世纪70年代以来，这一策略似乎在美国已经取得了相当大的成功，因为美国工人的实际工资一直基本维持稳定(只在20世纪90年代出现过短暂的上升)，而利润率在总体上却一直处于上升趋势。这种情况在美国历史上是空前的，即工人没能从生产率的快速增长中获益。从追求剩余价值的过程中获得的所有利益都被资本家阶级占有了，从而造成了财富的大量集中和严重的不平等。

自由乌托邦的梦想被解构

> 我们在第四篇分析相对剩余价值的生产时已经知道，在资本主义制度内部，一切提高社会劳动生产力的方法都是靠牺牲工人个人来实现的；一切发展生产的手段都转变为统治和剥削生产者的手段，都使工人畸形发展，使其成为局部的人，把工人贬低为机器的附属品，使工人受劳动的折磨，从而使劳动失去内容，并且随着科学作为独立的力量被并入劳动过程而使劳动过程的智力与工人相异化；这些手段使工人的劳动条件变得恶劣，使工人在劳动过程中屈服于最卑鄙的可恶的专制，把工人的生活时间转化为劳动时间，并且把工人的妻子儿女都抛到资本的札格纳特车轮下。但是，一切生产剩余价值的方法同时就是积累的方法，而积累的每一次扩大又反过来成为发展这些方法的手段。由此可见，不管工人的报酬高低如何，工人的状况必然随着资本的积累而恶化。最后，使相对过剩人口或产业后备军同积累的规模和能力始终保持平衡的规律把工人钉在资本上，这比赫斐斯塔司的楔子把普罗米修斯钉在岩石上钉得还要牢。这一规律制约着同资本积累相适应的贫困积累。因此，在一极是财富的积累，同时在另一极，即在把自己的产品作为资本来生产的阶级方面，是贫困、劳动折磨、受奴役、无知、粗野和道德堕落的积累。（第798—799页）

这是一个将无产阶级日益增长的贫困作为资本家积累必然产生的社会后果和一个必要的社会条件的著名的总结性命题。对这一命题的一个典型回应，就是提出这完全是错误的，当今世界许多工人的处境远远比一百年前的处境要好，而且，即使在中国的工厂和在香港的血汗工厂仍存在某些恶劣的工作条件，但这些是创造更好的物质生活条件过程中存在的典型的过渡性问题，这种情况甚至在那些国家中都已被证明了。所以，这是马克思主义者同时也包括其批评家不时提出的一个论述，它是能够简单地被历史记录所检验的、马克思所做的明确预测之一。而且，到目前为止，由于已经发生的历史记录不能完全支持这一观点，所以，人们后来就认为，这意味着马克思的分析确实是错误的。

在这里，我需要着重提醒你注意在这些章节中处于重要地位的假设条件，并再次强调，这种结论并不是绝对的，而是偶然产生的，它在广义上取决于在开篇的时候提出的限制条件。这是《资本论》第一卷的结论，它唯一关注的是资本主义生产的动力。分析的展开完全从这一角度出发。而我们在第二卷末尾将要发现的是，以资本在市场上的实现为立场写出的内容，与第一卷完全不同。在那里，马克思将集中于有效需求的问题（谁会拥有购买不断扩大数量的产品的货币能力？）。这一问题的部分解决办法，必然在于马克思在那里所做的关于工人阶级中的部分人群“理性消费”的描述。上述论述有两层含义。第一，工人阶级本身必须拥有足够的购买能力去消费；第二，工人阶级将养成与吸收资本主义永久产生的剩余产品相适应的消费习惯。所以，在第二卷末尾，马克思引用了资产阶级慈善家们关注于教育工人阶级养成“恰当的”消费习惯的方法（很多就像当时福特调动社会工人队伍，去保证那些在他的工厂中所规定的五美元八小时工作日制度中受益的人，明智地消费，而不是用于饮酒、毒品和女人）。所以，我们在第二卷的末尾看到的是一个完全不同的情况。简单地说，如果第一卷介绍的情况完全存在，那么工人阶级就不能成为资本家产品的主力消费者而发挥其必要的社会作用。

那么，第一卷内容的目的和要点是什么呢？马克思在第一卷提出，如果这个世界是按照这种方式运行的，那么，其结果将是工人的贫困化日益加剧。如果我们质疑在这一结论中，是否看到了事实的因素，那么，答案肯定是“是的”。而且，如果我们到印度尼西亚、孟加拉国、越南和危地马拉的工厂去考察的话，在这些地方，潜在的劳动储备，正在以一种极其残忍的方式被调动起来。实际上，你将会看到所有的马克思描述的“辛劳的痛苦”。你不需要认真搜索就能发现在许多世界制造中心关于令人震惊的劳动条件的详细报告(非政府组织和联合国的报告就充斥了这些内容，而且，甚至主流媒体也已经发表了一些令人震惊的报道)。更进一步说，这是在过去三十年前后期间，新自由主义实践和政治的标志性事实之一，即，收入不平等程度剧增，而且在世界所有地方(印度、墨西哥、中国、俄罗斯)都突然出现了一定数量的百万富翁，形成了一幅在一极是财富的积累而在另一极则是悲惨积累的图景，这一图景对于当代全球资本主义是一个非常引人注目的隐喻。

所以，如果你不能认识到第一卷所描述的是一个虽然是部分的但是是确定的事实，特别是当你将这些内容与20世纪50年代和60年代先进资本主义国家的情况进行比较时，你就很难理解第一卷的内容。在20世纪五六十年代，劳动组织的力量是相对强大的，社会民主运动处于主导地位，而且，包括对生产和收入分配相关方面的国家干预都是更加广泛地被接受的。当时，理性消费的问题更加突出：我们如何保证工人阶级能够有能力购买汽车？方法就是我们就去建造城市和郊区。通过这种方法，汽车变成了一种生活必需品，而不再是一种奢侈品，这意味着，工人们必须获得足够的报酬，以能够承担汽车和郊区住房，以及所有与这种生活方式相关的花费。在这些情况中，第二卷的分析具有重大意义，而第一卷的结论似乎有些力度不够。

这种状态中的很大一部分，被从20世纪70年代开始兴起的新自由主义的转折所扭转。无产阶级的数量在全球范围内出现了大规模的扩大，因为，二十亿左右的人们，或者是通过对农村生活方式和农民经济的摧毁(正如在拉丁美洲和南亚发生的情况那样)，或者通过直接的政府行为(正如在中国和东亚更普遍发生的情况那样)，被剥夺了他们较早时期曾经拥有的经济基础，而被迫加入无产阶级队伍。这种内向流动带来的一个可以预测的后果是，处于资本积累传统核心地位的工人阶级的处境没有得到很大改善。惊人的财富增长只流向了处于人口结构顶端的百分之一的人群(甚至更为严重的是，如果按比例计算，只流向了处于人口结构顶部百分之零点一的人群)。追随新自由主义的做法,已经使我们回到了与《资本论》第一卷中所描述的世界越来越相关的境况。

对于统治阶级一方而言,这是一个有意选择的方案。1979 年初,"沃克尔休克法"急剧推升了美国的利息率,并造成了失业高峰;在这种情况下,随着里根政府采取对劳动组织的打击(始于 1981 年对空中交通管制工会罢工的打击),国家政策就更加明显倾向于加强对劳动的管制了。英国经济学家艾伦·伯德(Alan Budd),记录了他作为玛格丽特·撒切尔政府首席经济顾问期间的经历,他承认在后期与邻里相处时感到非常羞愧,因为"20 世纪 80 年代,通过压缩经济规模和公共支出来治理通货膨胀的政策,只是对打击工人力量的一种掩盖。提高失业率是政府非常希望的削弱工人阶级力量的措施。当时所构建的,按照马克思的说法,是一种资本主义的危机,这一危机再次造就了劳动后备大军,并保证资本家获得前所未有的利润"。①与里根一样,在 20 世纪 80 年代,撒切尔政府也曾以暴力形式镇压了矿工罢工,从政治上打击了工会势力。其目的还是为了加强对工人的管制,以保证资本家获得利润和无边无尽的资本积累。马克思的分析令人震惊的地方在于他完全预见到了这一结果,而且可以如此容易地用他自己的语言清晰地表达出来。

马克思在《资本论》第一卷已经完成的工作是:他严肃地使用了古典政治经济学家所提出的词汇和理论,并提出了这样一个问题,即,如果按照他们所提出的市场功能完全、个人解放、私有产权和自由贸易的乌托邦式的自由主义观点,世界将会是怎样的。他逐步探索了按照这种想象建构的世界将会如何。亚当·斯密已经明确提出,在一个去中心化的和自由发挥作用的市场中,国民财富将如何增长,以及每个人的处境将如何或者如何能够变得更好(虽然斯密本人没有否认国家在财富分配上应该履行遵循更公平标准的责任)。马克思所揭示的是,如果按照纯粹的自由主义标准去建构世界,其自身必然产生出在一端是财富积累的增长

① See *The Observer*, June 21, 1992.

而在另一端却萌发出苦难的积累的境况。那么，谁会愿意按照这种乌托邦观点的规则来构建这个世界呢？当然，答案明显得令人哑口无言：是资本家阶级的富人！所以，是谁向我们宣教了这种乌托邦式的自由市场观点的优越性，而又是谁将我们推向了当代的新自由主义路径？是那些富人，他们利用他们手中金钱的力量，劝说我们每个人接受市场永远是正确的，而马克思的理论没有任何意义。

新自由主义的规划（正如我在《新自由主义简史》中所论述的[①]），是以日益增长的财富积累和资本家阶级中的上流集团对剩余价值越来越多的占有为方向的。而且，在追求这一目标的过程中，资本家阶级已经选择了一条马克思在第一卷中所提出的、在资本积累模式中所确定的典型路径。降低工资水平，并通过技术变化来取代工人，从而造成失业，集中资本力量，打击工人组织，同时干扰市场中的供求关系（正如我们已经看到的，当资本在市场的两个方面都起作用时），通过外包和进出口将全世界所有潜在形式的过剩人口都调动起来，并尽可能地压缩福利水平。这就是新自由主义“全球化”的真正含义。社会必要条件已经具备，这在很大程度上与马克思在第一卷中的分析是一致的，即，以其他所有人的利益为代价的、在一端的、巨额财富的积累。当然，问题是，这种新自由主义的资本主义，只有“它同时破坏了一切财富的源泉——土地和工人”（第638页）才能生存。

但是，这并不是唯一与马克思的分析相一致的结果。马克思在这一章中所提出的要点是，在自由市场的乌托邦主义条件下，日益增长的资本积聚和集中将是不可避免的。有趣的是，这已经成为过去三十年中，新自由主义化过程中的一个标志性特点了（请关注能源、制药、媒体行业，特别是金融行业日益增长的集中趋势）。市场的过度自由通常会带来这样一种趋势，即，朝着更严重的寡头垄断、甚至是垄断的方向发展（一

---

① David Harvey, *A Brief History of Neoliberalism* (New York： Oxford University Press, 2005).

个被认可的事实是，目前，反托拉斯立法和一些国家监管措施，对于并购和垄断行为来讲，在很大程度上是无效的）。发生的不仅仅是财富的积累，而且它还集中于一个日益强大的资本家阶级手中。但是，这也提出了一个问题：当在第二卷的分析中所确定的和谐条件变得如此对立时，准确地说，当财富的两极分化时，会发生什么？会发生像在2008年爆发的令人震惊的危机那样的情况？也许这种情况的出现并不是偶然的，美国历史上唯一财富分配像现在这样如此不公平的时期是20世纪20年代，所以，我们现在正在经历的2008年发生的危机是1929年大萧条的一个轮回。

我认为，这是对马克思的分析的力量和他用于使我们清楚地认识通常处于隐藏状态的历史发展动力的方法的力量的有力证明，虽然他要同时面对产生他所预测的那种结果的、并使其合法化的、随时会爆发的矛盾和强有力的意识形态建筑。在我们的经济部门中，还存在多少西尼尔！所以，在当今资本主义中正在展开的、可以使人们极其容易认识到的方面，应该维护他所做的有条件的叙述，并且认识到，虽然这不是事情的全部，但它们仍然是十分重要的。他确实已经以一种确定的方式，详细地说明了“积累的绝对的、一般的规律”，他甚至也认识到了“像其他一切规律一样，这个规律的实现也会由于各种各样的情况而有所变化，不过对这些情况的分析不属于这里的范围”。（第798页）这一普遍规律是对如果实行了自由市场和自由主义的乌托邦思想，它将把我们带向何处的一个精彩展示，而且，也是对新自由主义意识形态的转变已经使用这些暗语并将其伪装成新的姿态、并且实际上是在寻求推行这种思想的程度的精彩展示，它实际上已经将我们带到了马克思所预测的、充满了矛盾的发展方向。我想，我们能够从对马克思文本的认真阅读和对他的方法的深度欣赏中（虽然绝对是不舒服的）加以洞察，并获得巨大的判断力量。

十一

原始积累的秘密

《资本论》的第八部分，在语调、内容和方法上都出现了明显的变化。在开始部分的内容与书中的其他部分的中心假设相反，如在第二章反过来建立的假设，在那里，马克思接受了亚当·斯密所提出的原子式的市场交换的理论，在这种市场中，所有商品交换都发生在一个自由制度适当发挥作用的、非强制性的环境中，而自由、平等、产权和边沁规则是以这样的方式发挥作用的。斯密非常清楚地知道，世界并非真是如此，但是，他将此作为一个便捷的和带有驱动力量的虚构来接受它，并在这种虚构的基础上建立了一个标准的政治经济学理论。马克思，正如我们已经看到的，将这一点全部揭示出来，就是为了批判其中包含的乌托邦主义。

通过使用这一策略，马克思就能够向我们展示，正如我们在最后一章中所看到的，我们越接近自由市场活动的政治制度，就会更加明确我们自己面对的两个显著的后果。其中次要的后果是，阻止任何单一力量关注和操纵市场的、分化的、分割的和原子化的结构，将让位于日益集中的资本家势力。竞争通常会产生垄断，而且，竞争越激烈走向集中的速度越快。其主要的后果是，一端是财富大量积聚的产生(特别是在日趋集中的资本家方面)，而另一端则是工人阶级日益增长的不幸、困苦和处境恶化的积累。

过去三十年所推行的新自由主义方案，是以自由的乌托邦主义为基础的，它已经成功地应验了马克思所预测的发展趋势。当然，在具体的地理分布和不同行业层面上，其仍然存在很大差异，但是在不同境况中已经出现的资本集中程度是令人震惊的，而且人们也存在普遍的共识，即财富的大量积聚只发生在财富分配结构的最顶端，而且虽然世界工人阶级总体处境是停滞或是恶化的，但目前的收入总规模是有史以来最大的。例如，在美国，处于社会结构顶部百分之一的人口所持有的国民收入和财富的份额，在过去二十年中翻了一番，而处于社会顶部百分之零点一的人口所持有的国民收入和财富的份额，在过去二十年中则翻了三番。首席执行官与其工薪工人中等水平收入的比率，在1970年为30∶1，而仅在过去的短短几年中，平均比率就猛增到350∶1以上。新自由主义在哪里兴风作浪(例如，自1990年前后在墨西哥和印度)，哪里就会有若干百万富翁出现在世界福布斯最富有个人名单中。墨西哥人卡洛斯·斯利姆(Carlos Slim)现在是世界上最有钱的富翁之一，他之所以能上升到这个位置，就是以20世纪90年代早期在墨西哥出现的新自由主义浪潮为背景的。

马克思通过从古典政治经济学家的角度去解构他们的观点，获得了这些与直觉相反的结论。但是，他也批判性地借鉴了古典政治经济学强大的抽象方法，从而创造性地探讨了资本主义社会的实际动态变化，所以能够揭开关于工作日长度的斗争和有关产业后备军生活状况以及其他问题斗争的起源。第一卷的分析可以被理解为是关于“为什么平等地对待不平等其实是最不平等的”的一个复杂和批判性的论述。自由交换和合约解放的意识形态欺骗了我们所有人。这为资产阶级政治理论的道德优越性和霸权地位提供了基础，并且支持了其合法性和它所提出的人本主义。但是，当人们带着不同的资源禀赋和不同的资产进入这个市场交换的自由和平等的世界时，即使是微小的不平等，在一定时期内，就会被放大并翻番，成为在影响力、财富和权力方面巨大的不平等，更不用说是对阶级地位的重大划分了。马克思对斯密提出的“所有人的福利”源于市场交换这只看不见的手的观点进行了毁灭性的颠覆。这可能启发了我们，例如，在以市场为基础的新自由主义全球化的过去三十年中，阶级的含义究竟是什么。马克思的要点是对这些作为自由主义和新自由主义理论基础的个人解放和自由的观点进行尖锐地批判。在马克思看来，这些观点具有误导性和虚幻性，同时，由于它们具有诱惑力，所以还具有欺骗性。马克思在较早时期已经认识到，劳动者只是在下述双重意义上才是自由的：能够将他们的劳动力出卖给任何他们所选择的人，同时，他们必须出卖劳动力以维持生存，因为他们已经从任何以及所有对生产资料的控制中获得了自由并被解放出来！

《资本论》第八部分的内容就是研究工人的这第二种“自由”是如何得到保证的问题。这里，我们被迫面对在资本主义历史起源中出现的偷盗、掠夺、暴力和对权力的滥用，因为这解放了劳动力从而使之成为商品，并替换了早期的生产方式。主导《资本论》前七个部分讨论的假设，带有野蛮的意味。

正如我们已经看到的，资本主义基本取决于能够生产出比它自身所具有的价值更多价值的商品，而且这种商品就是劳动力。“为什么这个自由工人”，马克思早期在《资本论》中就观察到，

> 在流通领域中同货币占有者相遇，对这个问题货币占有者不感兴趣。他把劳动市场看作是商品市场的一个特殊部门。我们目前对这个问题也不感兴趣。货币占有者是在实践上把握着这个事实，我们则是在理论上把握着这个事实。但是有一点是清楚的。自然界不是一方面造成货币占有者或商品占有者，而另一方面造成只是自己劳动力的占有者。这种关系既不是自然史上的关系，也不是一切历史时期所共有的社会关系。它本身显然是已往历史发展的结果，是许多次经济变革的产物，是一系列陈旧的社会生产形态灭亡的产物。（第273页）

原始积累与这种工资劳动的历史起源有关，同时也与资本家阶级手中用于雇佣他们所必需的资产的积累有关。

所以，第八部分研究了劳动力如何成为商品这一核心问题（或者，更

普遍地讲，工人阶级是如何形成的）。由洛克和斯密提出的标准的资产阶级版本是

> 在很久很久以前有两种人，一种是勤劳的，聪明的，而且首先是节俭的精英，另一种是懒惰的，耗尽了自己的一切，甚至耗费过了头的无赖汉。诚然，神学中关于原罪的传说告诉我们，人怎样被注定必须汗流满面才得糊口；而经济学中关于原罪的故事则向我们揭示，怎么会有人根本不需要这样做。但是，这无关紧要。于是出现了这样的局面：第一种人积累财富，而第二种人最后除了自己的皮以外没有可出卖的东西。大多数人的贫穷和少数人的富有就是从这种原罪开始的；前者无论怎样劳动，除了自己本身以外仍然没有可出卖的东西，而后者虽然早就不再劳动，但他们的财富却不断增加。（第873页）

这一标准版本将从封建主义到资本主义的转变，描述为是一个渐进的和平和的过程。但是“在真正的历史上”，马克思提出，实际情况却是：

> 征服、奴役、劫掠、杀戮，总之，暴力起着巨大的作用。但是在温和的政治经济学中，从来就是田园诗占统治地位。正义和“劳动”自古以来就是惟一的致富手段，自然，“当前这一年”总是例外。（第874页）

情况就是这样，因为

> 创造资本关系的过程，只能是劳动者和他的劳动条件的所有权分离的过程，这个过程一方面使社会的生活资料和生产资料转化为资本，另一方面使直接生产者转化为雇佣工人。因此，所谓原始积累只不过是生产者和生产资料分离的历史过程。这个过程所以表现为

“原始的”，因为它形成资本及与之相适应的生产方式的前史。（第874—875页）

作为一个历史事实，原始积累的历史“绝不是田园诗式的东西”。（第874页）它“是用血和火的文字载入人类编年史的”。（第875页）

马克思的解释与斯密和洛克的观点完全不同，这提出了一些有趣的问题。第一，商业资本、金融资本以及高利贷资本，它们只是传统的资本形式，还是它们独立于生产资本、产业资本和其他形式的资本之外，仍然发挥着十分活跃的作用？马克思在较早时期也曾观察到，“我们将会发现，生息资本和商业资本一样，也是派生的形式”，“同时会看到，为什么它们在历史上的出现早于资本的现代基本形式”。（第267页）其含义是，从封建主义到资本主义的转变发生在这样一些阶段，即，商业资本和高利贷为生产/产业资本的出现率先开辟了道路。所以，这些资本的早期形式在摧毁封建秩序中所起的作用有待进一步研究。

第二，这是否意味着，一旦资本主义完成了原始积累，一旦史前阶段结束，而且已经形成了成熟的资本主义社会，那么，马克思在这里所描述的暴力过程就变得不再重要，而且对于资本主义运行机制来讲也就不再是必要的了？这是一个我将返回来讨论的问题。但是在我们继续研读时，请记住这个问题。

在马克思关于原始积累的论述中，他放弃在较早时候（在第二章中）提出的全部的市场交换规律，认为市场交换不存在互惠主义，也不存在平等交换。是的，货币积累在那里存在，一种市场也在那里存在，但实际的过程却是另外一回事。这一过程是一个整体阶级凭借对生产资料的控制而进行的暴力剥夺，这种做法开始是非合法的，但最终就像英国立法中的附加部分那样，通过国家干预而成为合法行为。当然，亚当·斯密不想将国家解释为是一个欺骗大众人口的活跃的主体，所以他当然不会讲述一个在原始积累中，国家暴力曾经起到至关重要作用的故事。如果资本积累的起源有赖于国家机器和国家权力，那么，为什么现在却宣传自由放任政策是提高国家和个人福利水平的一个基本手段呢？所以，斯密和其他大多数古典政治经济学家一样，都倾向于忽略掉国家在原始积累中所起的作用。但是也存在例外。马克思指出，詹姆斯·斯图亚特坚信国家暴力对于无产阶级化绝对是至关重要的，但是，他认为这是一种必须采取的邪恶做法。在迈克尔·佩罗曼（Michael Perelman）的著作《资本主义的诞生》①中，提供了一个关于古典政治经济学如何理解最初或原始积累如何进行的精彩解释。

马克思在第八部分主要关注的是，揭开自16世纪以来原始积累的历史，并探讨这些过程是被如何被启动的。当然，他已经认识到，

> 这种剥夺的历史在不同的国家带有不同的色彩，按不同的顺序、在不同的历史时代通过不同的阶段。只有在英国，它才具有典型的形式，因此我们拿英国作例子。（第876页）

“典型”是否意味着，英国是一个向资本主义转变的模板，而世界上所有国家都必须遵循这一模板？马克思随后否定了这一解释，并且说明了，他把英国当作一个典型，虽然它只是一个特殊和领先的例子。我们必须将再次回到那些有争论的问题。我们如何从这些问题与另一个重要的但在很大程度上是闭塞的问题存在的相关性来思考它们：是否必须要经历原始积累和资本主义的长期历史，才能达到社会主义的彼岸？

第二十七—三十三章　原始积累

第八部分的章节篇幅相对简短，而且是以一个具有清晰含义的顺序来安排的。我将对这部分内容进行简短的思考，并指出其中的一些重要

① Michael Perelman, *The Invention of Capitalism: Classical Political Economy and the Secret History of Primitive Accumulation* (Durham, NC: Duke University Press, 2000).

因素。第二十七章的内容是关于对农业人口的征用，同时，还包括同样重要的关于封建卫道士群体的瓦解过程。对土地的占有是对农民进行剥夺的基本手段，但是，解除封建卫道士所拥有的财产，直到货币力量能够开始在封建秩序内部和封建秩序之上发挥作用（例如，通过商业资本和高利贷）。“而新的封建贵族则是他们自己的时代的儿子，对这一时代说来，货币是一切权力的权力”。（第 879 页）在《大纲》中，马克思的意思更加明确。他在那里写道，货币是如何瓦解传统的联合体的，而且，在瓦解传统的联合体的过程中中，货币成为新的联合体。所以，我们从“联合体”被确定为是一个人与人之间社会关系的结构的世界，转变到一个以货币为主导的联合体的世界。随着商品交换的广泛传播，货币作为社会力量，导致了大型土地资产企业、大规模的农牧企业和相似企业（这是在前面关于货币和一般交换的章节中讨论了很多的一个观点）的出现。如果不进行斗争，传统的共同体就不会屈服，至少在开始的阶段，国家力量曾经试图去保护农民经营的由汤普森（E. P. Thompson）后来所称的“道义经济”，从而对抗最初的货币力量。

但是，由于以下两个原因，国家力量逐渐开始屈服了。第一，国家依赖于货币力量，从而其相对于货币力量是脆弱的。第二，货币力量能够通过国家立法具有困难的停止的方法，得以形成或被调动起来。在亨利七世时期，就曾通过了试图阻止货币化和无产阶级化进程的法案。但是，“资本主义制度却正是要求人民群众处于奴隶地位，使他们本身转化为雇工，使他们的劳动资料转化为资本”。（《文集》第五卷，第 827 页）“在 16 世纪，宗教改革和随之而来的对教会地产的大规模的盗窃，使暴力剥夺人民群众的过程得到新的惊人的推动”，（第 883 页）而且，从那以后，对传统社会秩序的抵抗开始消失。货币力量的非合法性没有起到摧毁性的引领作用，但联合了货币力量的国家却开始积极地支持无产阶级化的过程。马克思提出，这一趋势由于 1688 年“光荣革命”的爆发得以巩固，即，

> 把地主、资本家这些谋利者同奥伦治的威廉三世一起推上了统治地位。他们开辟了一个新时代，使以前只是有节度地进行的对国有土地的盗窃达到了巨大的规模。这些土地被赠送出去了，被非常便宜地卖掉了，或者被用直接掠夺的办法合并到私人地产中去了。所有这一切都是在丝毫不遵守法律成规的情况下完成的。用这种欺骗的方法攫取的国有土地和从教会夺来的土地，既然在共和革命中没有再度失去，就构成现今英国寡头政治的贵族领地的基础。（第884页）

在这一基础上，崭新的和更强有力的阶级联合形成了。“新土地贵族又是新银行巨头这一刚刚孵化出来的金融显贵和当时靠保护关税支持的大手工工场主的自然盟友”。（《文集》第五卷，第832页）换句话说，这是一个由土地资本家、商业资本家、金融资本家和制造业资本家组成的资产阶级的广泛联合。他们迫使国家机器服从于他们共同的意愿。其结果是，“法律本身现在成了掠夺人民土地的工具，虽然大租地农场主同时也使用自己独立的私人小手段”。（《文集》第五卷，第832页）

所以，在这一阶段出现的对公共财产的全面偷窃，是以大规模地对公地的圈占的运动为先导的。“对公有地的暴力掠夺大都伴有把耕地转化为牧场的现象，它开始于15世纪末，在16世纪还在继续下去”。（第885页）这种情况偶尔引发了人们抒发对旧秩序消失的留恋情绪的重要的创作。这就是奥利弗·哥尔德斯密斯（Oliver Goldsmith）和格雷（Gray）所创作的挽歌的世界，它悲叹了对人们所认为的“可爱的英格兰（Merrie England）”的摧毁。马克思选择了对下面的事例进行评论，即在苏格兰高地清扫中出现的引人注目的在一轮又一轮的清扫中剥夺了小土地所有者的土地的情况，并且这种情况一直持续到19世纪后期。他着力描写了萨瑟兰公爵夫人的虚伪，她在通过一个准合法的程序将人们从高地的土地上驱赶出去的同时，“为了表示她对美洲共和国的黑奴的同情，在伦敦隆重欢迎《汤姆叔叔的小屋》的作者比彻·斯托夫人”。（第892页）

作为总结，马克思写道：

> 掠夺教会地产，欺骗性地出让国有土地，盗窃公有地，用剥夺方法、用残暴的恐怖手段把封建财产和克兰财产转化为现代私有财产——这就是原始积累的各种田园诗式的方法。这些方法为资本主义农业夺得了地盘，使土地与资本合并，为城市工业造成了不受法律保护的无产阶级的必要供给。（第895页）

关于所有那些从土地上被驱逐出去的人将会做什么的问题，马克思在第二十八章进行了探讨。他们通常是没有就业机会的，所以至少在国家的眼里，他们会成为流浪者、乞丐、小偷和抢劫犯。国家机器采用至今仍在延续的办法作为回应：将他们治罪并监禁他们，将他们称为流氓，并采用极端暴力的手段对付他们。“这样，被暴力剥夺了土地、被驱逐出来而变成了流浪者的农村居民，由于这些古怪的恐怖的法律，通过鞭打、烙印、酷刑，被迫习惯于雇佣劳动制度所必需的纪律”。将工人社会化的暴力转变为资本管制的工具在一开始是显而易见的。但是，随着时间的流逝，“经济关系的无声的强制保证资本家对工人的统治”。马克思在这里似乎是说，一旦无产阶级已经形成，那么经济关系的无声的强制就会发挥作用，而且公开的暴力会在历史背景中消失，因为人们已经被社会化，作为了劳动力商品的承担者并成为工薪劳动者。但是，“新兴的资产阶级”仍然需要“国家权力”（第899页）来调节工资水平，以防止出现任何种类的工人集体组织（用反工会的立法和一直被称为的“结社法”，来取缔工人联合会或者甚至是工人的集会）。马克思指出，这对于以私有产权为基础建立起来的自由的政治制度而言是一个至关重要的支持。

> 法国资产阶级在革命风暴一开始，就胆敢再把工人刚刚争得的结社权剥夺掉。它在1791年6月14日颁布法令，宣布工人的一切结社都

是“对自由和人权宣言的侵犯”。（第 903 页）

资产阶级的合法性被以这种非常特殊的方法来使用，以限制劳动者潜在的集体力量。

第二十九章考察了资本主义社会的农民起源的问题。马克思在这里讲述了一个非常简单的故事，即，法警是如何变成了分成制佃农，变成了租地农民，随后向地主交付土地（货币）租的。这种货币化和商品化的过程巩固了一场对于土地的“农业革命”，它保证了资本可以一定的方式来支配土地。资本通过土地、自然所进行的循环，与它通过将劳动者的身体作为可变资本所进行的循环采取了完全相同的方式。正如马克思在第三十章中所提的道德，这场农业革命的影响是双刃的。它不仅解放了大量的劳动，而且还解放了原来在土地上被直接消费的生存手段。它将食物的供给商品化。物品和商品市场在不断增长，部分是因为越来越少的人可以单纯靠他们自身的劳动为生。其结果是市场交换行为的增多的和市场规模的日益扩大。同时，资本不仅在印度，也在英国正在摧毁辅助性的手工工艺和家庭户间的交易，其结果是形成了更强大的和更大规模的国内市场。在马克思看来，英国自 16 世纪以来国内市场的增长是资本主义发展过程中的一个重要因素。

这使我们从第三十一章开始思考产业资本家的起源问题，是它从商业资本、高利贷资本、银行法西斯（金融资本）和土地资本的手里接替了它们的主导角色。从最开始，这种接替就与殖民主义、奴隶贸易及在非洲和美国所发生的事情密切相关。在封建主义制度下，将越来越多的货币资本变成产业资本，存在很多障碍。“农村封建制度和城市行会制度”限制了以工薪劳动为基础的产业发展，但是，“这些限制随着封建家臣的解散，农村居民的被剥夺和一部分被驱逐而消失”。但是，马克思有先见之明地提出，

新的工场手工业建立在通海港口或不受旧城市及其行会制度控制的

> 内陆地区。因此，在英国，享有公会特权的城市对这些新的工业培养所进行了激烈的斗争。（第 915 页）

英国的产业资本主义是在我们现在所称的未开垦的土地上发展起来的。像诺里奇和布里斯托这样的组团城镇是被高度组织的，而且，在政治层面上很难被接管，同时也不易打破其行会的力量。而在农村未开垦的土地上，则不存在任何阻挠你的调控力量——不存在城镇资产阶级，也没有任何行会组织。所以，英国出现的大部分的工业化都发生在原来的村庄，如曼彻斯特（所有加工棉花的乡镇，最初都只是小村庄而已）。利兹和伯明翰也都是从小的交易村庄开始起步的。这与世界其他地方出现的某些产业化的形式是有所不同的，虽然在其他地方也存在资本喜欢转移到它所能够到达的任何未开垦的土地的情况。当日本的汽车产业在 20 世纪 80 年代转移到英国时，就回避了英国存在工会组织密度较高的地区，而转移到了为了新兴发展而开放的区域，在那里，公司可以从空白开始，并建立它们想建立的东西（当然是在撒切尔反工会政府的协助下进行的）。在美国也存在同样的情况。找到国家调控和工会组织薄弱的地区，一直是决定资本主义地理考虑和空间定位动态变化的一个重要方面。

殖民体系和奴隶交易的作用也不能被忽视，因为正是借助这些手段，资产阶级不仅回避了而且也颠覆了封建主义的统治力量。这里存在一种强势的观点，将 18 世纪早期发生在西印度地区的奴隶移植，作为大规模劳动组织运行中的一个先期阶段，这种运行机制后期再次出现于英国的工厂体系中。“这些方法一部分是以最残酷的暴力为基础，例如殖民制度就是这样”。（第 915 页）他们用尽所有策略以攫取殖民地人民的财富。“在 1769 年到 1770 年间”，例如，“英国人用囤积全部大米，不出骇人听闻的高价就拒不出售的办法制造了一次饥荒”。（第 917 页）但是，所有这些方法

> 利用国家权力，也就是利用集中的、有组织的社会暴力，来大力促

> 进从封建生产方式向资本主义生产方式的转化过程，缩短过渡时间。暴力是每一个孕育着新社会的旧社会的助产婆。暴力本身就是一种经济力。（第 915—916 页）

但是，如果不能认识到国家负债和公共信用体系作为货币力量能够开始去控制国家权力手段的重要性，我们就不能理解国家作为一个殖民体系的组织力量和推动者的这种至关重要的作用。16 世纪以来的，在货币力量和国家力量之间的联合，是以一种“现代税收制度”和国际信用体系的增长为标志的。“银行巨头、金融家、食利者、经纪人、证券投机家和交易所的豺狼”（第 921 页）将这一体系普遍化，并开始在其中扮演重要角色。殖民体系保证“在欧洲以外直接靠掠夺、奴役和杀人越货而夺得的财宝”，“源源流入宗主国”，而且“在这里转化为资本”，（第 920 页）同时，“公债成了原始积累的最强有力的手段之一”。（第 918—919 页）

> 殖民制度、国债、重税、保护关税制度、商业战争等——所有这些真正工场手工业时期的嫩芽，在大工业的幼年时期都大大地成长起来了。大工业是以希律王式的大规模掠夺儿童来庆贺自己的诞生的。（第 922 页）

这种“掠夺”的出现，是由于需要在远离现有的城镇区域找到并调动足够的劳动力。马克思引用了约翰 · 菲尔登的话，“特别需要手指细小而灵巧的儿童。于是，从伦敦、伯明翰等地的教区贫民习艺所招收学徒〈！〉之风盛行一时”，（第 923 页）并将他们运送到兰开夏郡郊区的北部。马克思继续他自己的论述，“当棉纺织工业在英国采用儿童奴隶制的时候，它同时在美国促使过去多少带有家长制性质的奴隶经济转化为一种商业性的剥削制度”，由此刺激了奴隶贸易的发展，这种情况在英国变得日益普遍。（第 925 页）“利物浦是靠奴隶贸易发展起来的。奴隶

贸易是它进行原始积累的方法”。(第924页)

需要很大的努力才能

> 使资本主义生产方式的“永恒的自然规律”充分表现出来，要完成劳动者同劳动条件的分离过程，要在一极使社会的生产资料和生活资料转化为资本，在另一极使人民群众转化为雇佣工人，转化为自由的“劳动贫民”这一现代历史的杰作，就需要经受这种苦难。(第925页)

马克思总结道，如果说货币“来到世间，在一边脸上带着天生的血斑”，那么，“资本来到世间，从头到脚，每个毛孔都滴着血和肮脏的东西”。(第926页)

马克思在第三十二章中提出，占有过程就像攫取过程一样残忍和痛苦。不经过斗争封建主义就不会瓦解。“社会内部感到受它束缚的力量和激情就活动起来”。封建主义

> 必然要被消灭，而且已经在消灭。它的消灭，个人的分散的生产资料转化为社会的积聚的生产资料，从而多数人的小财产转化为少数人的大财产，广大人民群众被剥夺土地、生活资料、劳动工具，——人民群众遭受的这种可怕的残酷的剥夺，形成资本的前史。

这一前史“包含一系列的暴力方法”，是一种“残酷无情的野蛮手段”的体系。(第928页)但是，一旦这种体系开始运转，资本主义的发展过程就采用了其自身独有的逻辑，其中包括资本的集中。

> 一个资本家打倒许多资本家。随着这种集中或少数资本家对多数资本家的剥夺，规模不断扩大的劳动过程的协作形式日益发展，科学日益

被自觉地应用于技术方面，土地日益被有计划地利用。

这些现象迅速发展，正如世界市场的形成使“资本主义制度日益具有国际的性质”。由此也引发了工人阶级的反抗：

> 而日益壮大的、由资本主义生产过程本身的机制所训练、联合和组织起来的工人阶级的反抗也不断增长。资本的垄断成了与这种垄断一起并在这种垄断之下繁盛起来的生产方式的桎梏。生产资料的集中和劳动的社会化，达到了同它们的资本主义外壳不能相容的地步。这个外壳就要炸毁了。资本主义私有制的丧钟就要响了。剥夺者就要被剥夺了。（第929页）

在少数掠夺者“剥夺人民群众”，（《文集》第五卷，第874页）和人民群众剥夺少数掠夺者之间，终究存在巨大的差别。

这种对爆发革命的阻碍的呼唤，是《共产党宣言》的表述方式，它被重新用于论述《资本论》中的政治。这是一段具有政治性和辩护性的叙述，受到了某种革命精神的激励，它肯定应该为《资本论》的最后章节提供一个令人惊奇的、深层的分析。

是什么把我们带到了《资本论》的最后一章？这是一个令人好奇的章节，这一章通过提出一系列对殖民化的反思去掉了在前面章节中出现的救世主式的修辞和语气。而且，这一章并没有叙述真实的殖民历史和反殖民地革命斗争的前景（大量被殖民的人们对殖民宗主国的占有）。这是一个名叫韦克菲尔德的人所提出的殖民化的理论。因为试图绑架一位富家女，在纽盖特监狱服刑期间写成的关于殖民化的著作，所以他在任何时期都几乎不能被列入最伟大的政治经济学家的行列。在纽盖特监狱服刑时，韦克菲尔德发现自己处于即将被运送到澳大利亚的一群犯人中，而且这件事明确地促使他思考在整个事件中澳大利亚的角色。他没有产生关于在澳大利亚真正将要发生什么的想法，但是，他看到了马克思所考虑的大量人口输入的一些现象，因为这等于是对亚当·斯密观点的一个破坏性的反证。韦克菲尔德只是简单地认识到，你可以把世界上所有的资本带到澳大利亚——货币、劳动的工具、所有的材料——但是，如果你不能找到任何为你工作的“自由的”（在双重意义上的）劳动者，你就不能成为一名资本家。

简单地说，韦克菲尔德“发现，资本不是一种物，而是一种以物为中介的人和人之间的社会关系”。（第932页）在当时，在澳大利亚找到劳动者是困难的，因为他们很容易获得土地，这能够支持他们作为独立的生产者而生存。唯一一个能够保证劳动供给从而能够保护资本主义发展前景的方法是，由国家介入并且对土地制定一个保护价格。这一保护价格的水平必须足够高，以保证每个刚到澳大利亚的人，必须首先作为工薪劳动者去工作，直到他们能够储蓄足够的资本来获得对土地的占有。韦克菲尔德认为，美国的土地体系（安居法案）过于开放和自由，这使美国的劳动价格过高（正如我们在较前面的部分所看到的，它导致了美国会更快地采纳节省劳动的技术创新）。韦克菲尔德正确地预见到，如果资本主义要在美国生存，那么美国就必须倒退到使用资本主义前史阶段的残忍策略。处于边缘的“自由劳动”和企业（特别是铁路）利益对土地政策日益增强的控制之间的斗争，以及城市中对作为工薪劳动者的移民人口的限制，是积累的一个至关重要的方面。

“我们感兴趣的只是”，马克思写道，

> 旧大陆的政治经济学在新大陆发现并大声宣布的秘密：资本主义的生产方式和积累方式，从而资本主义的私有制，是以那种以自己的劳动为基础的私有制的消灭为前提的，也就是说，是以劳动者的被剥夺为前提的。（第940页）
>
> 政府应当对处女地规定出一种不以供求规律为转移的价格，即人为的价格，迫使移民在赚到足够的钱购买土地，转化为独立农民以前，必须从事较长时期的雇佣劳动。（第938页）

马克思谈到，这就是韦克菲尔德殖民化计划的“重大的秘密”，但是，它也揭示了原始积累的重大的秘密。这些计划确实对英国议会产生了重大影响，也确实影响了殖民的土地政策。“韦克菲尔德先生制定的这个专门用于殖民地的‘原始积累’方法，英国政府采用了好些年”。（第939页）

马克思利用这一殖民的理论，反证了亚当·斯密提出的初始或原始积累理论。但是，在这里还存在另外一些问题，它们可能与作为一部著作的《资本论》的整体论述和结构有深入的相关性。在第二版的前言中，马克思谈到了他与黑格尔的关系。他提出，“将近30年以前，当黑格尔辩证法还很流行的时候，我就批判过黑格尔辩证法的神秘方面”。（第22页）我们几乎可以肯定地说，他指的是他的长篇著作《黑格尔法哲学批判》。在这部著作中，马克思从黑格尔论述的第二百五十个段落开始了对他的批判。而之前段落中的内容在某种意义上也是令人惊奇的。在事先没有作任何警示或进行理论化的情况下，黑格尔展开了对资本主义内部矛盾的讨论。在第二十五章中，马克思谈到，在一端，是财富的积累，而在另一端，是由工人阶级占有的悲惨的、劳苦的和恶化的积累。

为什么一种人们可能称之为“内在的辩证法”，会带来越来越大程度的社会的不平等。更进一步说，正如黑格尔在他的一个补充的段落中所说的，这种以阶级斗争为基础而形成的内在的辩证法，会导致公民社会去寻求一种殖民的和帝国主义的活动的“外在的辩证法”来加以缓解。黑格尔是否相信这将会解决内在的问题不得而知，但是马克思却非常清楚答案是否定的。《资本论》的倒数第二章关注于将占有者的占有，作为内在的辩证法的一个终极的结果，它不能与殖民的实践相对立，因为这一实践只是在一个更广泛的范围上重新形成了资本主义的社会关系。对于资本主义内部的阶级矛盾，不存在任何殖民的解决方法，而且出于同样的原因，也没有极端的空间的方法来解决内部的矛盾。我们现在所称的全球化，正如我们一遍又一遍地提醒的，只是一个临时性的解决方法，它通过将它们规划到一个更大的和更宏观的地理范围来“解决”此时此地的问题。

评　　论

我们需要对由马克思提出的对原始积累的阐释存在不同的问题进行评论。首先是，认识并且欣赏马克思阐释的创新性和先进性是重要的。在此之前，没有人真正以这样一种系统和有序的方法做这件事。但是，由于在马克思的论述中经常出现这种创新性的阐释，这有些夸大而且也掩盖了一系列的问题。历史学家和经济史学家已经做了大量的关于从封建主义到资本主义的转变的研究。他们可能达成的共识是，也许马克思所讲述的故事在某地并在一定程度上是真实的。在这种历史地理条件的环境中，确实曾经出现过大量的极端暴力的阶段和事件。而且，殖民的体系的作用，包括殖民的土地、劳动和税收政策的演进也是不容忽视的。但是，也曾经存在原始积累是相对平和的情况。出于就业可能性的考虑，和由城市化和工业化所带来的更好的生活前景，人们更愿意受其吸引而离开土地，而不是被迫离开土地。所以，因为城市工资水平相对较高，人们从生活可怕和不稳定的乡村向城市的自愿迁移是普遍存在的（甚至也没有出现马克思所说的那些强制的剥夺过程，在这方面存在大量的历史证据）。所以，原始积累的历史在其细节上远远比马克思所叙述的更加细微和复杂。另外，它还存在被马克思所忽视的关于动态变化的重要方面。例如，因为原始积累通常要求激烈地剥夺妇女的权力，要求降低她们对财产和动产的所有权身份，并进一步加强家长式的社会关系，所以人们现在高度重视性别因素的重要性。

但是马克思确实大体描述了工业和农业革命，无产阶级化、商品化和货币化过程的总体轮廓，这些是形成资本主义社会所必须的条件。他的解释给所有未来的讨论设定了一个基准，而且由于这个原因，可以说提供了一种创造性的干预。他也强烈地提醒我们，正是原始的暴力和尖锐的斗争形成了资本主义，这种原始的暴力是资产阶级日后试图去忽视和忘记的，但我们今天仍生活在它所遗留的阴影中。

在《资本论》全部内容以及他许多其他的著作中，马克思倾向于将原始积累的过程追溯到资本主义的史前时期。一旦史前的状况由原始积累的过程来解释了，那么，“经济关系的沉默的强制”就起作用了。马克思在《资本论》中的政治谋划，就是警示我们，这些沉默的强制是如何操纵我们的，而它们通常没有引起我们的关注并且隐藏在随时围绕着我们的、拜物教的掩饰的背后。正如我在较早的地方所提出的，它向我们显示了为什么没有任何事情比对不平等的平等对待更不平等的了；人们所设想的在物品的市场交换中的平等是如何欺骗我们持有这样一种信念，即人与人之间是平等的；资产阶级关于私有产权和利润率的教义，是如何使现实看似是我们所有人都被赋予了人权；对个人解放和自由的幻想是如何从市场自由和自由贸易中产生的（而且我们是如何和为什么以这些幻想为基础而行动的，甚至为此进行政治斗争）。

但是在我看来，这个观点存在一个现实的问题，即，曾经发生的原始积累一旦结束，它就不再是真正重要的了。在近期，包括我自己在内的许多评论家都已经提出建议，我们需要严肃对待贯穿资本主义历史地理的原始积累的持续性。罗莎·卢森堡在近一个世纪前，就曾坚定地将这一问题提到了议事日程上。她坚持提出，资本主义是在两种不同的剥削形式基础上存在的。

其一是商品市场和剩余价值的生产场所——工厂、矿山及农场。若单从这一方面看，资本积累是一个纯粹的经济过程——它的最重要的阶段，是资本家和工资劳动者之间的交易。但是，这两个阶段（即商品市场和生产场所），只限于等价物的交换，并停留在商品交换的限度内。在这里，至少在形式上和平、财产和平等占支配地位。至于在资本积累的进程中，所有权如何变为对他人财产的掠夺，商品交换如何变为剥削，平等如何变为阶级支配，这些问题则有待于科学分析上锐利的辩证法才能加以阐明。［她认为，这是马克思在《资本论》中的突出贡献。］

这确实是马克思在《资本论》前七个部分中所精彩地揭示的内容。“资本积累另一方面”，她写道，

> 涉及资本主义与非资本主义的生产方式之间的关系，而这些关系是开始在国际舞台上出现的。它的主要方法是殖民政策，国际借款制度，势力范围政策和战争。在这里是完全赤裸裸的暴露出公开的暴力、欺诈、压迫和掠夺。要想从这些乱纷纷的政治上暴力和权力的掠夺中，探求出经济过程的严密规律，那是需要费一点力气的。①

她坚持认为，在这两个剥削和积累的体系之间，存在一种“有机的链接”。资本主义的长期历史是以这种动态关系为中心的，即持续的原始积累和贯穿于《资本论》所描述的扩大再生产体系的积累动力之间的动态关系。她提出，马克思将原始积累限制在某个上古的时点、某段资本主义的史前时期是错误的。如果它不参与新一轮的、主要是通过帝国主义的暴力手段的原始积累，那么，资本主义应该在很早以前就消失了。

从直觉上说，可以有很多理由认为卢森堡在原则上是正确的，虽然我们不必完全追随她所得出的特别结论。从马克思所描述的原始积累的特别过程开始，即，对农村和农民的剥夺；殖民的、新殖民的和帝国主义的剥削政策；利用国家权力重新向资本家阶级分配资产；对公共财产的圈占；国家土地和资产的私有化；一个国际的金融和信用体系；更不用说国家负债的萌芽，以及甚至是通过买卖人口（特别是妇女）这类阴暗的奴隶制的延续——所有这些现象仍然存在于我们周围，而且，在某些情况下，它们还没有淡出历史舞台，相反，与信用体系的情况相同，对公共财产的圈占和私有化现象，却已经变得日益突出了。

当我们将关注点从英国的“古典”状况转到世界舞台上的资本主义

① Rosa Luxemburg, *The Accumulation of Capital*, trans. Agnes Schwarzchild (London: Routledge, 2003), 432.

的历史地理现状时，持续性问题甚至变得更为重要了。卢森堡引用了针对中国的所谓的“鸦片战争”，作为在她记忆中的关于这些过程的一个事例。对于英国商品来说，印度是最大的外国市场之一，而且，印度人能够通过向英国提供原材料，支付那些商品的部分费用(正如马克思在《资本论》中所指出的)。但是，这对于英国来说还不够。所以，印度的鸦片被越来越多地在中国出售，以换回白银，而白银随后能够被用于支付英国的商品。当中国政府寻求在总体上控制对外贸易、特别是鸦片贸易时，英国舰队沿长江顺流而上，并且在一场短暂的遭遇战中，使中国舰队全军覆灭，从而迫使中国政府开放了通商口岸。卢森堡提出，只有通过诸如此类的帝国主义手段，才能够保证长期的资本积累和资本实现。根据卢森堡的研究，原始积累的持续主要发生在外围地区，即那些在资本主义生产方式主导的地区之外的区域。在所有这种地方，殖民的和帝国主义的做法都是至关重要的。但是，随着时间的推移，外围地区的作用发生了变化，特别是出现了去殖民化的现象，同时，原始积累的实践不仅在形式上发生了变化和分化，而且，在资本主导的核心地区也变得更加突出了。

例如，我们可以考察当代中国的情况。中国经历过其独特的、在毛泽东领导下的发展历程，当时与外界几乎没有联系。但是在1978年，邓小平开始在中国推行了对外开放政策，并对中国经济体制进行改革。农业体制改革不仅带来了农业生产革命的相应收获，而且从对土地的脱离中也释放了大量的劳动和剩余产品。毫无疑问，在过去三十年中，中国正在发生着等同于马克思所描述的原始积累的一些事情。而且，卢森堡很可能对近些年中国的开放对于稳定全球资本主义的协助程度给予关注，并且提出，这新一轮的原始积累对于资本主义的生存来讲是基础性的。然而，中国新情况的发生，并不是由国外帝国主义的干预造成的，而是由中国政府启动的，是在中国处于执政地位的共产党选择的一条增加国民财富的道路。这种发展路径要求在农村耕地人口外，形成一个大量的、低收入的城市无产阶级，他们的流动基本受到国外资本的控制，只能流向外国资本所选择的地区和城市。那些地方将会雇佣这些无产阶级，并通过全球贸易关系网的发展以出售并实现商品的价值，甚至在国内市场开始繁荣的时候也是如此。关注中国未开垦土地的角色也是有意思的。正像曼彻斯特在几十年间从一个小城镇演变成一个巨大的产业中心一样，自1980年以后，深圳的发展轨迹也是如此。除了原始暴力的程度有所缓和外(有些人会说，它们被有效地掩盖了)，中国的发展模式与马克思的描述没有很大区别，而且，国家和政党的权力一直是十分重要的。从这个例子我们可以看到，中国在一个致力于"为积累而积累，为生产而生产"的资本主义体系的持续扩张中所扮演的至关重要的角色，所以很难绕开如下结论：（a）与原始积累相似的某些东西，仍然是活生生的，而且也正处于当代资本主义的动态变化中，同时，（b）它将持续存在，而且可能正是资本主义存在的基础性的因素。

但是，这种情况在世界任何地方都存在。攫取自然资源的暴力(特别是遍布整个非洲)持续出现，而且在拉丁美洲和整个东南亚，对农业人口的剥削仍然发生在我们身边。上述任何现象都从未消失，而且在某些情况下，形势已进一步恶化，并造成了激烈的对抗。例如，在印度，将农民从土地上驱逐出去，是为了给在空旷的田野上建设"经济特区"让路，在那里，工业企业可以在一片拥有特权的地区内开展经营活动。在兰迪格兰地区的西孟加拉邦，为让位于工业的发展，而对抵抗驱逐的农民的屠杀，可以作为一个"经典的"原始积累案例，而这种情况在17世纪的英国也出现过。更进一步说，当马克思谈到作为原始积累历史中重要方面的国债和新生信用体系时，他谈论的是一些具有不寻常增长速度的事情，这些事情从那时起就作为一种中枢神经系统调控资本的流动。华尔街和金融机构(信用卡公司)所采取的掠夺性策略，是通过其他手段获得原始积累的指征。所以，马克思所指出的任何掠夺性行为都没有消失，而且，在某些情况下，它们甚至已经被丰富到了一个在马克思本身所处的时代不能想象的程度。

但是，在我们的时代，通过采取类似原始积累的方法，使统治阶级变得更富裕，而同时降低劳动者的生活水准的手段变得更加细化和恶劣了。例如，美国联合航空公司在即将倒闭之时，它得到了审判企业倒闭法庭的许可，即，它必须摆脱其所有应该承担的退休金的义务，以保证其可以继续作为一个可生存的企业而存在。所有美国联合航空公司的雇员突然得知他们都失去了退休金，而退休后只能依赖于一个国家的保险基金生活，这一保险基金的支付水平远远低于退休金水平。已经退休的美国联合航空公司的雇员被迫重新回到无产阶级的行列。在对一位前联合航空公司雇员进行的采访中，他回答到，“是的，你们知道，我现在六十七岁了，而且我原以为，我会以每年八万美元的退休收入生活得很幸福，而现在，我只得到了三万五千美元补偿。所以，我必须重返职场，为自己找一份工作以维持生存。”这里，一个重大而有意思的问题是，所有那些与退休金相当的钱到哪里去了？也许这并非巧合，当全美国很多工人阶级被剥夺了他们的养老金、保健和其他福利权利时，华尔街的管理层和 CEO 们的收入，从更加总体的情况来看，正在急剧增长到令人不可置信的极高水平。

我们可以举出另一个例子，思考始于 20 世纪 70 年代席卷资本主义世界的私有化浪潮。在许多国家出现供水、教育和保健领域的私有化时，这些曾经作为公共物品被提供的服务已经明显地被转变为资本主义的运行方式了(例如，形成了所有类型的新型的市场)。对国有企业的私有化(几乎一成不变地都是以一个保证资本家在极短过程中获得巨额利润的价格出售的)，就是也已经被迫放弃了对企业增长和投资决策的公共控制。实际上，这是对公共物品圈占的一种特别形式，在许多情况下，这是由国家精心安排的(正如较早一轮的原始积累那样)。其结果就是将资产和权利从大众手中夺走。而且，在夺走的同时，在天平的另一端，正在发生着这些财富的大量集中。

在《新帝国主义》①和《新自由主义简史》中，我都提到，阶级的力

① David Harvey, *The New Imperialism* (Oxford: Oxford University Press, 2003).

量目前正在通过这些过程得到日益巩固。由于把它们称为原始或初始积累似乎有些奇怪，所以我倾向于将这些过程称为通过剥夺手段而进行的积累。我认为，这种过程的部分情况发生在20世纪50年代和60年代，特别是通过采用殖民主义和帝国主义策略并对自然资源的掠夺性抢劫，如果只是凭借在资本主义中心地区内部发生的剥夺，特别是在那些具有强大社会民主国家工具的地区，积累的水平就不会那么高。在20世纪70年代以后，新自由主义化，已经将所有那些情况都改变了。通过剥夺而进行的积累，已经越来越在资本主义中心地区内部被内化了，虽然这一现象已在全球体系中被广泛传播并被日益深化了。我们不应该将原始积累(人们可能理所当然被地认为是中国的那种情况)，或通过剥夺而进行的积累(就像它在资本主义核心地区由私有化波浪的推动所发生的那样)只是当作是资本主义史前阶段存在的现象。这种情况仍在继续，而且在近期阶段，它已经以全球资本主义正在努力巩固其自身阶级力量的方式得以复兴，并成为一个日益重要的因素。而且这种积累手段几乎无所不包，从剥夺人们获得土地和得到生计的权利，到取消过去通过工人阶级运动尖锐的阶级斗争很难赢得的权利(例如，获得退休金、教育和保健福利的权利)。亚马逊流域的橡胶工人领袖，Chico Menders，由于维护一种反抗寻求将土地资本化的、牲畜大农场主、大豆生产者和伐木工的生活方式而被杀害。兰迪格兰地区的农民由于抵抗为资本主义的发展而发生的土地接管的事件而被杀害。在巴西，失去土地工人的运动(NST)和萨帕塔主义者，都曾经为了维护他们对资源丰富的、而且不仅是资本所觊觎的同时也是资本所缺乏的环境的自治权利和自我决定的权利进行过斗争。但是，我们随后还要考虑，在美国，新近诞生的私募股权基金是如何将公共企业私有化的，它在将重组的企业重新抛回市场、并以获巨额利润为目的将它们出手之前，使它们在资产运作上造成失误，并尽他们所能多地解雇雇员(这就是为什么私募股权基金的首席执行官能够赚取奇高奖金数额的原因)。

存在大量的、反对不同形式的通过剥夺而进行积累的斗争的事例。

例如，反对生物剽窃和对遗传学材料和密码设立专利的尝试的斗争，反对利用国家的主导力量为资本主义发展清路的斗争，反对在纽约和伦敦这样的大都市出现的富人化和无家可归的现象，反对在美国为了强迫农民家庭离开土地来为农业联合企业让路的、信用体系所采取的毁灭性的方式……这样的例子不胜枚举。通过剥夺手段进行积累的许多做法仍然正在发生，但它们至少在表面与马克思在《资本论》中所描述的、在工作场所生产剩余价值的对活劳动剥削的方法没有直接的关系。

在这两种积累过程之间还存在共性和互补性，在我看来，正如卢森堡所正确提出的，是它们之间的“有机联系”。对剩余价值的攫取毕竟是通过剥夺的手段而进行积累的一个特别形式，因为它与异化相同，是在劳动过程中对劳动者生产价值能力的占有和剥夺。更进一步说，为了使这种积累形式能够持续增长，需要找到将潜在的过剩人口调动起来成为劳动者并开发更多的土地和资源作为资本家发展的生产资料的方法。正如已发生在印度和中国的情况那样，例如，通过将农业生产者从土地上驱赶出去来建设“经济特区”，是资本主义发展可持续性的一个必要的先期行为，这就像对所谓的城市居民贫民窟的清理对开发商的资本扩张及其在城市的经营行为是必需的一样。这种通过国家的主导力量或一些相应的合法措施侵占土地的做法，在近期已经成为一种被广泛传播的现象。在 20 世纪 90 年代，首尔的开发商和建筑利益集团曾经不顾一切地获得城市土地，并且开始了对所有人口的剥夺行为，这些人从 20 世纪 50 年代就已经移民到了城市，并且在他们没有使用权的土地上修建了他们自己的住房。建筑公司雇用了一大批壮汉闯入这些居住区，毁掉了这些房子，他们用大锤将房屋和屋内所有财物都毁坏殆尽。在 20 世纪 90 年代，你会徜徉于彻底被毁掉的首尔居住区，并会被间或出现的大众强烈的反抗活动所触动。

所以，马克思倾向于这样一种观点，扩大再生产是积累和剩余价值生产得以实现的机制，如果不能首先实现剥夺的必要条件，它就不能继续，也就是在其自身的权限内仍然将资产直接分配到资产阶级手中。和卢森堡一样，我也认为，通过剥夺而进行的积累是不能被忽视的，那些剥夺人们享受退休金权利的做法，剥夺人们拥有公共财产权利的做法，剥夺人们享受社会保障权利的做法（社会保障是一种对全体美国人来讲公共的财产资源），教育变得越来越商品化，更不用说将农民从土地上驱逐出去和掠夺环境的做法，对于我们如何理解资本主义的积累动力都是重要的。更进一步讲，公共财产资源的转变，比如，将教育转变成一种商品，将大学变成新自由主义的社团机构（带来了大量的关于教授什么和怎样教授的问题），都会带来重大的意识形态和政治后果，与此同时，这也是资本主义动态变化的标志和信号，它在扩大赚取利润和攫取利润地盘的斗争中，已经留下了将被颠覆的标记。

在马克思所描述的原始积累的历史中，曾经发生过各类反对强制驱逐和剥夺的暴力斗争。例如，在英国曾经爆发了广泛传播的平均主义者和掘地者运动就是一场暴力的抵抗运动。如果说，在17世纪和18世纪，阶级斗争的基本形式是对剥夺的抵抗，而不是对在工作场所发生的剥削的抵抗是毫不夸张的。在世界的许多地方，目前的状况仍是如此。这就提出了这样一个问题，即，在一个既定的地方和时间，哪种形式的阶级斗争形成了或者将会形成反对资本主义的革命运动的核心。如果说，总体来看，全球资本主义自20世纪70年代以来在带来经济增长上一直不是十分成功，那么，阶级力量的进一步巩固已经提出要求，要向通过剥夺而进行积累的方向进行更加强势的转折。可能正是通过这种手段，社会上层阶级已经赚得盆满钵满了。通过占有手段而进行积累机制的复兴，特别是以信用体系和金融占有作用的扩大为标志的复兴，会在最后一轮导致了美国数百万人由于丧失抵押品赎回权而失去了他们的家园。更多的这种资产上的损失集中发生在更加贫困的居住区，对居住在较为古老的城市，像克利夫兰、巴尔的摩的妇女和非裔美国人造成了特别严重的影响。而与此同时，华尔街的投资银行家们可以在繁荣时期通过这种运作变得非常富有，甚至即使在由于金融困难而失去工作时，他们仍然可以赚得巨额奖金。上百万人房屋资产的损失和华尔街巨额收益的再分配效应，是以掠夺行为和合法抢劫为特点的、典型的通过剥夺手段而进行积累的现代明证。

我认为，反对通过剥夺手段进行积累的政治斗争，与更传统的无产阶级运动同样重要。但是，这些传统的无产阶级运动和与他们相关联的政党并不关注针对剥夺而进行的斗争，他们通常认为这种斗争是次要的，而不是特定的无产阶级运动，因为，他们关注的是消费、环境、资产价值和其他类似的问题。另一方面，“世界社会论坛”的参与者，事先远远充斥着对通过剥夺而进行的积累的抵抗情绪，而且通常采取一种对以阶级为基础的工人运动的政治敌对的立场，他们是以这种运动没有认真对待“世界社会论坛”的参与者所关注的问题为根据的。例如，在巴西，“无土地工人运动”（MST）是一个主要关注通过剥夺而进行积累问题的组织，与以城市为根基的工人党（PT）之间就存在着某些程度的紧张对立关系，这个工人党由卢拉领导，并且带有更多强调工人阶级利益观的意识形态。所以，两者之间更紧密联合的问题，就值得在实践和理论上加以思考。如果卢森堡是正确的，正如我所相信的那样，即，认为在两种形式的积累之间存在某种有机联系，那么，我们就应该做好设想在两种形式的抵抗之间存在某种有机联系的准备。一种反向的力量掩盖了这种“被剥夺”，无论他们是在劳动过程中被剥夺，还是被剥夺了生计、他们的资产或他们的权利，都需要一个按照不同原则的、对集体政治的重新设想。我认为，马克思将这些形式的斗争局限于资本主义的史前阶段是错误的。正如毛泽东一样，葛兰西肯定明白跨越这两种不同范围的、对阶级联合的构建的重要性。那种原始积累的政治而且通过剥夺而进行的积累的扩大只存在于资本主义史前阶段的观点肯定是错误的。当然，如何看待这一问题取决于你自己。

反思和预测

如果你已经读完了《资本论》第一卷，那么重新回到开始部分并再次阅读第一章可以说是一个好主意。几乎可以肯定的是，你将发现自己在重新阅读时会受到不同的启发。直到此时，你会发现书中的内容更容易被理解了。当我第一次重读《资本论》时，我也发现它的内容更有意思了，甚至感觉阅读起来简直更加有趣了。随着是否能坚持读到这部巨著结尾部分担心的消失，我逐渐放松了下来，并且真正欣赏到了所有在我第一次通读中忽略掉的细微之处(包括脚注、旁注和参考文献)。用图解法重新浏览全文也会有所助益。它有助于我们巩固某些观点性的理解。当在我出考试试卷时，有时我会提出一个基本概念，并要求学生对这一概念是如何被融入并分析出整本书的结构进行评论。很多次我曾经问道，你是否遇到过拜物教的概念？商品和货币是显而易见的现象。但是为什么资本家会迷恋机器，而且，所有那些内在的劳动力(如劳动的合作、分工，精神的能力和力量)为什么会作为纯粹的资本力量而如此经常地出现？（是否"出现"一词总是代表一个拜物的时刻？）存在各种各样的问题需要我们在阅读全书的过程中给予关注，例如异化的概念(对于这一概念，我们可以试着从关于原始积累的最后部分着手，并按照文本中的内容向前追溯来加以研究！)，过程和事物之间的关系，逻辑历史的交叉(是否是一种混乱？)和其他类似的问题。

然而，在这里，我想展望一些马克思通过扩展他在第一卷所建立起来的框架的逻辑含义从而在《资本论》的其他卷次和其他地方所讨论的问题。我想这样做是公平的，因为正如我在本书开始部分所提出的，马克思只是要将他在第一卷中的大部分论述作为一个理论的和概念的基础，而这将保证他进行更广泛的研究。资本主义普遍存在的矛盾的不时发作，和它们预示的危机爆发的可能性，为他提供了可能的研究方向。由此也可能得到一些政治意义上的启发，即，资本家阶级的政治可能会怎样，以及政治斗争中的主要内容将会发生什么变化。

《资本论》第一卷检验了资本的循环过程，这一过程如下：

$$M - C \begin{matrix} LP \\ \cdots\cdots. \\ MP \end{matrix} P \cdots\cdots C - M + \Delta M$$

起点是货币，资本家带着货币进入市场，并且购买了两种商品，劳动力(可变资本)和生产手段(不变资本)。资本家同时选择了一种组织形式和一种技术，并在生产商品的劳动过程中将劳动力和生产资料结合，生产出的商品随后将在市场出售，以换回预付的货币和一份额外的利润(剩余价值)。受竞争强制规律的驱使，资本家们表现为(我是按照马克思的原意使用了“表现为”这个词)被迫再投入所赚取的剩余价值的一部分以创造更多的剩余价值。“为积累而积累”和“为生产而生产”成为资产阶级的历史使命，如果资本没有达到极限或遭遇不可逾越的障碍的话，它就会永远带来几何倍数的增长率。而当资本达到极限或遭遇到不可逾越的障碍时，资本就会面临积累的危机(这可以被简单地被定义为增长乏力)。世界各地的资本主义发展史充斥着这种危机，有时是地区性的，有时则是资本主义体系性的危机(例如在 1848 年、1929 年和 2008 年爆发的危机)。资本主义能够生存到今天的事实证明了资本积累具有一定的流动性和灵活性，这是马克思所反复强调的特点，这种流动性和灵活性已经在某种程度上保证了资本积累能够克服并回避遇到的限制和障碍。

对资本流动更加严密的考察可以保证我们能够识别某些障碍潜在的地方，这些地方会是严重的干扰和危机的来源。让我们逐一进行分析。

（1）最初的货币来自哪里?

这是一个马克思在解释原始积累时首先要回答的问题。原始积累在文中许多地方被详细提及，在第八部分也是这样，这部分直接讨论了原始积累的起源。但是，由于前期创造的越来越多的剩余价值被转变成新近形成的资本，所以，当期越来越多的投资来自前期的剩余。然而，这并不排除由原始积累的持续所带来的货币的额外增长的可能性，或者，我更愿意在其所处的现代环境中称之为“通过剥夺而进行的积累”。如果只是前期的积累作为资本而被投入当期的扩大生产中，那么经过一段时间后，个人手中的货币资本的积聚程度一定会越来越高。但是，正如马克思所指出的，存在资本集中的方式，这种方式更多地是借助信用体系做到的，信用体系可以保证将巨大的货币力量迅速集中到一起。在股份公司和其他公司组织形式中，巨额货币的力量就被聚积在少数指挥者和管理者的控制之下。兼并和并购一直是一种大型商业行为，这种商业行为能够引发新一轮的通过剥夺而进行的积累(被进行资产剥离的企业会解雇工人，正像私募股权曾经的做法)。同时还存在各种各样的大企业吞并小企业的伎俩(正如马克思曾经富有远见地提出的，国家调控经常成为这种做法的辅助手段)。为大企业的发展让路(超市连锁店和农业联合企业)而进行的对小经营者的剥夺(邻近的商店或家庭农场)通常会得到信用机制的帮助，这已经是一个长期惯例了。所以，关于可以用于投资的货币资本的组织、整合和集中的问题从来都没有消失。由于某些经营活动规模较大，例如建设一座钢铁工厂，修建一段铁路或开发一条航线，存在“进入的壁垒”，甚至在生产能够正式启动前，也需要大量货币资本的先期投入，所以使信用体系具有了另一个附加的重要性。只是在相对近期的时候，像联合资本的私人公会这样的组织才开始取代国家承担大规模的基础设施项目，例如，连接英国和欧洲大陆的海底隧道。正像马克思在关于机器的那一章中所提出的，在资本主义生产方式逐渐深入的同时，这种基础设施项目变得越来越有必要了。资本集中和分化的过程，明确了资本不同派别之间和资本与国家之间（例如，关于垄断势力的问题）的斗争范围。货币力量的大规模集中，对阶级斗争的动力和资本主义的发展轨迹产生了全面的影响。如果说没有其他影响，至少它以等待的能力赋予了享有特权的资本家阶级许多要素（资本家阶级自身是通过集中加以巩固的），因为他们拥有的纯粹的货币力量一直以小生产者和工薪劳动者经常被忽略的方式对他们进行控制。但是，相互矛盾的因素存在于这样一个事实中，日益增长的垄断力量正在减弱竞争强制规律的调节作用（特别是创新），而且这种情况会导致经济停滞的出现。

（2）劳动力来自哪里？

在第一卷中，马克思对这一问题给予了很多的关注。原始积累将劳动力作为一种商品释放到市场中，但是此后，在一个给定的技术水平条件下，扩大生产所需要的额外劳动，或者来自上一轮通过节省劳动的技术变化所释放出来的对流动形式的后备劳动者的清理，或者来自在停滞的后备大军中调动的潜在形式的或极端因素的劳动者。马克思多次提到从农村调动农业劳动者或农民和前期被排挤的妇女和儿童进入劳动力大军的能力，这对于保持资本积累的永久性是至关重要的。为了使这种情况能够发生，必须存在一个持续的无产阶级化的过程，这就是，在贯穿资本主义的历史过程和地理范围中，凭借一种或另一种手段的持续的原始积累。但是，劳动后备军也可以通过由技术革新导致的失业产生。马克思的研究显示，永久的积累需要以劳动力的永久剩余为条件。在积累过程之前，这一劳动后备军似乎可以被定位为就像一个冲击波。必须总是存在足够的和可获得的劳动力。劳动力不仅必须是可获得的，而且还需要被管制，并具有所要求的素质（例如当需要的时候的，必须是熟练的和灵活的）。

如果由于任何原因而使这些条件不能被满足，那么，资本将面临持续积累的严重障碍。或者劳动的价格会升高，因为这没有受积累动力的干预，或者持续积累的欲望和能力都会出现乏力。劳动供给的严重障碍，或者是由于绝对的劳动稀缺状况引起的，或者是由于强有力的劳动组织的崛起(工会和左翼政党)，都会造成资本积累的危机。对于这一障碍的一个明确反应是资本通过拒绝再投资而在事实上造成了打击。这等于故意制造了一个积累的危机，因为这样才能产生足够的失业工人以保证资本能够管制劳动。然而，这种解决方法对资本和劳动都是有代价的，所以资本家显然倾向于走其他路径。这引出了问题的政治性。如果劳动组织过于严密而且非常强有力，那么，资本家阶级将试图通过指挥国家工具，或者采用像1973年智利刺杀阿连德和社会主义分子的做法，或者采用美国和英国曾经使用的政治手段，以做到皮诺切特、里根和撒切尔政府曾经所做的一切，即摧毁劳动组织并粉碎左翼政党。这是绕过障碍的一个方法。另一条路径是使资本更具有活动性，这样它就能够移动到有无产阶级存在或者人口能够被直接无产阶级化的地方，这正是过去三十年在墨西哥和中国发生的情况。开放的移民政策甚至是由国家组织推行的移民策略(直到20世纪60年代末，在许多欧洲国家都曾经使用的做法)也提供了另一种选择。用这种方法回避劳动供给障碍的一个后果是，将有组织的劳动推到了反对离岸外包工作和实行开放移民政策的立场上(并且在更普遍意义上分化了公众)，它会因受到国内工人阶级反移民运动的阻碍而遭遇失败。

劳动供给政治中相互矛盾方面所引起的问题，不仅包括劳动力价值的问题(它取决于在一定的生活水平下，为满足劳动力的再生产，所提供的工薪商品的状况，其自身对于由阶级斗争的状态而下的定义是脆弱的)，还包括劳动力的健康、技能和培训等问题。资本家阶级整体的兴趣所在是，他们既能够对廉价工资商品的供给提供资助，以保持劳动力价值的下降，也会在供给的劳动力素质的提高上进行投资；在后面的这一问题上，国家军队的倾向可以起到重要的支持作用。在贯穿资本主义发展的历史和地理范围里，这已经成为斗争的核心问题。

除此之外，一些马克思主义者提炼出了一种特殊的危机形成理论，即所谓的利润挤压危机理论，它与劳动过程和劳动市场中关于劳动关系和阶级斗争的一直令人焦虑的问题相关。一旦这些关系对进一步的资本积累设置障碍，那么危机就会随之发生，除非能够为资本找到某些克服或回避那个障碍的方法(或者，更可能是一种混合的方法)。有些分析，像 Andrew Glyn(见他与 Bob Sutcliffe 合著的《资本主义、工人和利润挤压》①一书中令人印象深刻的解释)对于在 20 世纪 60 年代后期和 70 年代早期发生了什么(特别是在欧洲和北美洲)的解释，是利润挤压理论在现实中的一个精彩事例。当然，对劳动资源的管理和劳动组织与供给的政治，主导了那个时期的政治。资本主义能够在不断克服或回避潜在的积累障碍中生存是偶然的，这也是事实。但是，在这次危机中(2008 年)，由于所有地方都存在大量的劳动后备军，而且也由于在几乎所有地方，对工人运动的打击已经将工人抵抗降低到了温和的水平，所以几乎没有出现有关利润被挤压的征兆。2008 年的危机是很难解释的，除非采取一种迂回的方法用利润挤压的理论加以解释(这一理论存在不同的版本，例如，伊东(Itoh)理论，就是利润挤压理论的版本之一)。

(3) 生产资料的获得

当资本家进入市场时，他们需要在这里找到额外的生产资料(不变资本中的额外部分)，以满足他们在扩大生产中对剩余部分再投资的需要。生产资料有两种：在生产过程中被使用的(马克思所说的"生产性的消费"，例如在制造衣服中所使用的能源和布料)中间产品(已经由人类劳动进行了塑造)，机器与固定资本设备，包括工厂厂房和实物的基础设施，像运输系统、隧道、港口等所有进行生产所必需的那些东西。生产

① Andrew Glyn and Bob Sutcliffe, *British Capitalism*, *Workers and the Profits Squeeze* (Harmondsworth: Penguin, 1972).

资料(不变资本)的范畴显然是非常广泛的和复杂的。可以简单地说，这些物质投入和条件可获得性的缺乏对可持续的资本积累形成了一种潜在的严重障碍。正是由于这个原因，马克思指出，如果要保证总体的扩大生产，那么，实现处于我们现在所说的“商品链条”中的某个部分的技术创新会要求其他环节创新的成功。棉花产业的创新要求在棉花生产中的(轧花机)、运输和通讯、化学和工业染色技术以及其他方面的创新。

由此，我们能够在资本主义生产方式总体内部，在投入和产出的复杂结构中，得出被称为“比例失调的危机”发生的可能性。在第二卷的末尾，马克思进行了对这种危机怎样形成了一个分为两大部门的经济体，即那些生产生产资料的产业和那些为工人们生产工资商品的产业的详细研究(他后来通过引进奢侈品，将该模型进一步复杂化了)。马克思所展示的是，均衡远不能自动达到，如果资本总是流向利润率最高的地方，那么，螺旋式出现的比例失调会严重地干扰资本主义的再生产，而随后像 Morishima 这样的经济学家所做的更为复杂的数学研究已经确认了这一点。当今，我们也看到了能源短缺和涨价对资本主义发展动力的明显影响。这种障碍简直就是资本主义体系内永久关注的问题的根源，而且，对克服和回避这种障碍的同样长久的需求通常处于政治活动的最前沿(例如，国家的补助和规划，特别是实物的基础设施，研发活动，通过合并的纵向的整合，等等)。

(4) 自然的稀缺

但是，在所有这些的背后，埋伏了一个更深层次的问题。这个问题马克思在第一卷中也多次提出，与我们和自然之间的物质变换关系有关。资本主义像其他生产方式一样，依赖于丰富的自然赐予，而且正如马克思所指出的，从长期来讲，对土地的消耗以及土地的恶化，与对联合的劳动力的破坏一样重要，因为它们都是所有财富生产的基础。但是，单个资本家只考虑他们自己的短期利益并且受竞争强制规律的推动，在劳动者和土地方面，他们总是被诱惑去占据索取的位置。即使不考虑这一因素，永久积累的发展轨迹也对所谓的自然资源供给的扩展施加了巨大的压力，同时，不可避免的废弃物数量的增长与检测生态系统吸收废弃物而不会使它们变为有毒物质的能力密切相关。在此，资本主义似乎也遭遇了将会越来越难以回避的障碍。马克思指出，资本主义，“就获得一种弹性，一种突然地跳跃式地扩展的能力，只有原料和销售市场才是它的限制”。（第579页）

然而，总是存在面对自然中存在的障碍的方法，有些时候是克服这些障碍，而在更多的时候是回避这些障碍。例如，自然资源是技术的、社会的和文化的估价，所以，任何自然资源的短缺，都能够通过技术的、社会的和文化的变化得到缓解。与自然的辩证关系在第十五章“机器和大工业”开始部分的脚注中已被说明，它明确了可能转化的范围，包括了自然本身的生产。资本主义的发展历史和地理范围，已经在这个问题上明显表现出了不可置信的流动性和灵活性，所以，认为在我们与自然之间物质变换的关系中存在绝对的限制，而这些限制是不能通过某些方式被超越或绕开的观点是错误的。但是，这并不意味着这些障碍在某些时候是不严重的，而且也不是说，即使不发生某种环境危机也可以克服这些障碍。大部分资本家的政治，特别是在当今，都是保证马克思所称的自然的无偿赐予，既对于资本是容易获得的，也对未来的使用是可持续的。在资本家的政治中，有时关于这些问题的对立程度可以是非常尖锐的。一方面，维持一个不断扩大的低价石油流量的愿望，在美国过去五六十年的地缘政治中一直是核心问题。为确保全球石油供给处于开放状态以供开采，美国已经被拖入了中东和其他地区的冲突中，而且能源政治，仅举一个与自然有至关重要关系的例子，经常会作为一个在国家工具中的主导问题出现。但是，另一方面，低价石油政治已经造成了石油的过度消耗，同时，还出现了全球变暖和一系列其他的空气质量问题（如地面水平的臭氧层，雾霾，特别是在大气层出现的问题以及其他类似的问题），这给人类带来了日益加剧的风险。由能源消费型城市的蔓延所造成的土地使用的恶化，一直是对自然资源稳定消耗的全面支持汽车产业增长的一个障碍。

一些马克思主义者（由吉姆·奥康纳领导，他们创办了《资本主义·自然·社会主义》杂志），把在自然中存在的障碍作为"资本主义的第二大矛盾"（当然，第一大矛盾是资本与劳动的关系）。在我们当今这个时代，第二大矛盾虽然不能说吸引更多的政治关注，但可以说它与劳动问题一样，正在吸引同样程度的政治关注，这种现象肯定是真实存在的，而且，肯定还存在一种广泛的对政治焦虑和努力的关注，这种关注集中在与自然关系的危机这一观点上，即，用于资本家（城市）进一步发展的原材料和土地的可持续的来源，同时还有浪费水平的下降。

在奥康纳的著作中提出，在20世纪70年代劳工和社会主义运动失败后，作为削弱资本家躁动的武器，资本主义第二大矛盾已经替代了第一个矛盾。这种政治将会持续多久取决于你自己的判断。但可以肯定的是，按照马克思在《资本论》第一卷所提出的框架，人与自然之间关系的障碍不应被轻视，或被作为次要问题对待。而且在我们的时代中，自然中存在的障碍在很大程度上是令人担忧的，在我们与自然的关系中可能存在一种日趋逼近的危机，要成功地回避这一障碍，至少在一段时间内资本无限积累的框架中，就要广泛地采用新技术（例如，新型环境技术的发展和生产这些商品的产业的扩展）。

（5）技术的问题

资本与劳动之间的关系以及资本与自然之间的关系，是以对组织形式和技术（硬件和软件）的选择为媒介的。我认为，马克思在第一卷尽最大努力将组织和技术变化的冲动来自哪里，以及资本家为什么不可避免地迷恋机器进行了理论化。虽然机器不能生产价值，但是因为机器无论对于他们个人还是整体来讲，都是剩余价值的一个重要来源。其结果就是产生了永久的组织上的和技术上的动力。"现代工业"，马克思提出，“从来不把某一生产过程的现存形式看成和当作最后的形式。因此，现代工业的技术基础是革命的，而所有以往的生产方式的技术基础本质上是保守的”。（第 617 页）这在马克思的著作中是一个永恒的主题。正如在《共产党宣言》中所提到的，

> 资产阶级除非对生产工具，从而对生产关系，从而对全部社会关系不断地进行革命，否则就不能生存下去。反之，原封不动地保持旧的生产方式，却是过去的一切工业阶级生存的首要条件。生产的不断变革，一切社会状况不停的动荡，永远的不安定和变动，这就是资产阶级时代不同于过去一切时代的地方。

但是，也正是在这一点上，竞争的强制规律出现了，它支持了对相对剩余价值的追求。其含义也就是马克思因为某些理由所不愿关注的，即，任何通过在第二十五章中所描述的资本的垄断和日益增长的集中所造成的对这些强制规律的弱化，都将对技术革命的步伐和形式产生影响。具有广泛基础的反对派阶级斗争的维度，或者是在生产场所出现的故意破坏的行为，也必须纳入考虑范围。正如马克思所指出的，对技术变化的激励来自资本一方调动手段以对抗劳动的愿望。劳动者越变为仅仅是机器的附属，他们可以垄断的技术就越能通过机器技术被瓦解，他们对于专制的资本的权威就变得越脆弱。直到技术和组织创新的现实历史呈现出了一种独特的波状特点的时候，似乎就必须对这些动力进行更多的解释，而不仅仅是在第一卷给我们提供的丰富的分析了。

这些问题甚至变得更加重要，因为在第二十五章中所提出的他关于资本的有机构成和价值构成的观点中，马克思明显地预见到了将在第三卷列出的问题，即，资本价值构成提高这一不可避免的趋势，预示着一个对等的驱动规律或利润率下降的趋势，在积累的过程中，不可避免地造成长期危机的情况。在这里这是最明显的，在马克思看来，资本必须面对其自身本性内部的一个至关重要的障碍。

作为结果的利润率的危机，只是由于技术动力的不稳定的作用造成的，这种作用来自对相对剩余价值的坚持不懈的追求。简短地说就是，对相对剩余价值的追求推动了资本家采取节省劳动的技术，而节省越多的劳动，就有越少的价值被生产出来，因为劳动是价值的源泉。资本家为了更有把握，还存在补偿的可能性，例如提高剥削率，或将被替代的工人再次吸收进扩大的生产中。但是，正如我在第十章谈到的，我们有理由对资本价值构成提高的任何必要的和不可回避的趋势提出疑问。在第三卷中，马克思实际上已经列出了关于利润率下降的不同的"抵消的影响"，包括提高对劳动的剥削率，削减对外贸易、不变资本的成本以及产业后备军的大量的增长，这种增长减弱了对采用新技术的激励(正如在第一卷中提到的)。在《大纲》中，他甚至看得更远，他注意到了资本的不断贬值在实物基础设施生产中对资本的吸收，开启生产中新的劳动密集型生产线并进行垄断。我自己的(可能是少数的)观点是，利润率下降的理论不仅是以马克思所描述的方式运行的，而且在《资本的极限》①一书中，我已经更充分地说明了为什么我是这样想的。

但是，我也认为，毫无疑问在资本积累动力的内部，组织和技术的变化确实会起到严重的不稳定的影响，而且，马克思对产生作用的力量会推动技术和组织形式的永久革命的精彩论述，为更好地理解关于新技术使用和危机形成的阶级斗争和大众斗争的过程做好了准备。危机发展的趋势会在劳动关系中、与自然的关系中以及资本主义发展过程中所有共同演化的时刻显现出来。同样也存在直接的不稳定效应，如前期投资(机器，厂房和设备，建成的环境，通讯连接)的价值被收回(摊销)前的贬值；对劳动素质要求的快速变化(例如像计算机使用这种技能)超过了现有劳动力的能力和为培养这种能力所需要的在社会基础设施上投资的发展速度；长期无保障工作的出现，以及由于在不同部门之间不均衡的技术能力的发展，所造成的比例失调的螺旋式的危机；在时空

① Harvey, *The Limits to Capital*, 176 - 189.

关系中的动态变化(在运输和通讯领域的创新)所引起的全球范围内生产和消费的全面革命；资本循环的突然加速和提速(正如我们已经看到的，在金融市场上的计算机交易会带来严重的问题)等。而且，确实可能存在这样的情况，即资本价值构成的上升能够通过利润的后续影响被检测出来。

(6) 资本家对劳动过程控制权的丧失

马克思尽最大努力去强调，剩余价值的创造取决于资本家在生产价值的场所指挥和控制劳动者的能力。这种对于劳动过程的指挥和控制，通常是有争议的。劳动控制的“专制主义”，取决于强制和劝导手段在某种程度上的混合使用，同时也取决于劳动关系中对于权威的层级结构的成功组织。简单地说，在这种控制中的任何损害都预示着会爆发一场危机，而且，马克思强调了工人干扰、故意破坏、减缓或者直接一起停止资本家所必须依赖的价值生产过程的内在力量。对服从由资本家制定的规制手段的抗拒，拒绝工作的权力，在阶级斗争的动态变化中都是至关重要的，这在其自身内部就能够强制酝酿一场危机(正如像 Tronti 和内格里这样的理论家在“自治派”中所强调的马克思主义者的传统)。当然，工人的这种权力，只局限在工人必须要生存，而且如果没有工资收入他们也将遭受苦难，除非他们拥有一些其他的生存手段(例如耕种土地)这一范围内。然而，在生产这一环节的资本循环内和在劳动过程本身中存在的潜在的限制不容忽视。所以，个别资本家和资本家阶级整体都要给予大量的关注，以保证对劳动的管制和足够的劳动控制的形式。

(7) 实现和有效需求的问题

第七个潜在的障碍存在于后果的最终部分，即，当新生产的商品进入市场，通过交换去实现它以货币形式表现的价值。由于在第二章回溯中提到的原因，C－M 的转换通常比从通用货币到个别商品的变化更加困难。在起始阶段，必须有足够数量的人口需要、想要或期望作为一个使用价值被生产出来的商品。马克思谈到，如果一个物品没有用，那么它就没有价值。无用的商品将被贬值，随后资本的循环过程将会陷入崩溃继而停止。所以，价值实现的第一个条件，是对大众想要的、需要的和期望的东西给予关注。在当今时代，与马克思所写内容相关的是，人们做出了大量努力，包括整个广告产业的形成，都被投入对大众想要、需要和期望的特性的操纵中了，以保证使用价值市场的存在。但是，这里所涉及的内容比单纯的广告更丰富它所要求的是，日常生活的整体结构和过程的形成需要对一定组合的使用价值的吸收，以维持其生存。例如，我们可以考虑二战以后，与美国城郊生活方式的增长相关的、人们的愿望、需要和期望的发展。我们这里所说的需要，不仅是对汽车、汽油、高速公路和城郊地带住房的需要，还包括割草机、电冰箱、空调、窗帘、家具(内部的和外部的)，室内的娱乐设施(电视)，以及一整套的维护系统，以保持这种日常生活能够继续。在城郊的日常生活需要对上述所有物品的消费。郊区的发展保证了对以上这些使用价值需求的增长。正如马克思所明智指出的，这种方式“又创造了新的需求”，它成为保证资本积累持续性的一个至关重要的前提条件。(第 201 页)创造需求的政治在其自身内部是神秘的，随着时间的推移，变得愈加重要，而且，现在人们已经充分地理解了“消费者的态度”，这在对无限的资本积累的激励中是一个关键因素。

但是，买入所有这些使用价值的购买力来自哪里？在这一过程的最后，必定还有一定额外数额的货币，由某人把它带到某些地方以支持这种购买行为。否则，就会出现有效需求不足，并产生一种被称为以“消费不足”为后果的危机，即，没有足够的用以吸收生产出的商品的支付能力为支撑的需求(见第三章)。必须要克服由“销售市场”(第 579 页)造成的障碍。有效需求部分通过工人们花费他们的工资收入表现出来。但是，可变资本总是少于处于流通中的总资本，所以，工薪商品的购买

(甚至带有一种城郊的生活方式)对于整体价值流动的实现永远都是不充分的。但是，这是在《资本论》第二卷中出现的一个问题，即，如果按照在第一卷的分析中所提前假设的方法来降低工资，就会在实现的环节上直接形成更大的压力，而且，在其本身内部，也会是一个在消费不足危机的形成中的重要组成部分。正是由于这一原因，在危机时期，许多新政的政策会认为这主要是一场消费不足的危机，所以转而去支持工会活动和采取其他策略(例如，社会保障的支付)以提振工人阶级的有效需求，而且这也是为什么在2008年经济处于紧缩的时刻，联邦政府对美国的大多数纳税人实行了一项金额为六百美元的税收返还政策，以扩大消费者的有效需求。提高劳动的实际工资(这样就可以抵消无产阶级处境日益悲惨的倾向)可能对资本积累的持续稳定必要的，但是，由于显而易见的原因，资本家阶级(更不用说个人资本家了)，可能不愿意考虑采取与上述解决方案相关的任何激进行动。

工人的需求虽然是一个重要的基础，但很明显，它远不能解决实现的问题。罗莎·卢森堡对此给予了极大的关注。第一，她谈到额外需求来自日益增长的黄金供给的可能性(或者，当前由央行发行更多的货币)。当然，这种做法显然在短期内能够有所帮助(就像在2008年金融危机期间那样，在系统中注入充足的流动性，成为稳定和支撑持续的资本循环和积累的一个至关重要的工具)，但从长期看，其影响是形成了另一场危机，即通货膨胀的危机。卢森堡的解决方法是，提前假设在资本主义体系之外，还存在一些潜在的和可调动的需求。这就意味着，通过帝国主义的强制和社会政策的做法而实现的原始积累的持续，还没有被资本主义生产方式所吸收。

在向资本主义社会的转变中，并且在原始积累阶段，在封建秩序下积累的财富的储存，可以与通过商业资本的手段从世界其他地方对财富的强盗和抢夺一起发挥这一作用。当然，随着时间的流逝，地主阶级手中可以被称为“黄金储备”的财富也已渐渐耗尽了，而且，通过征税的方式形成农民的购买力以支持土地贵族消费的能力也被耗尽了。由于欧洲和北美的工业资本主义已得到巩固，所以对印度、中国和其他已经发展起来的非资本主义的社会结构进行的抢夺就变得越来越重要了，特别是从 19 世纪中期以后更是这样。特别地，这是一个大量的财富从东亚和南亚转移出来的阶段，但在某种程度上，也存在从南美和非洲转移到处于核心资本主义国家的产业资本家阶级手中。将来，随着资本主义在地理范围上的增长和扩散，通过这种方式稳定这一系统的能力会变得越来越不具合理性，即使在 19 世纪后期高度帝国主义的阶段，那些方法从来都是完全充分的(这是值得怀疑的)。20 世纪 50 年代前后，这种为了资本的实现，通过开辟新领域(新市场)的手段，起到巨大的稳定器的作用的、帝国主义者的实践的能力已经被严重地削弱了，而这一现象自 20 世纪 70 年代以来甚至更加明显。

最重要的答案是，解决方法在于资本家的消费。这是一个卢森堡没有注意到的、但是按照逻辑符合马克思观点的答案(即使他从未清晰地直接表达，因为通过在第一卷所做的假设，他排除了潜在的实现危机的问题)。我们已经看到，这包括两种消费：一部分剩余价值被作为收入而消费掉(例如奢侈品)，但是，另一部分，通过再投资策略，被投入进一步的扩大生产中，这种再投资策略看起来(而且我按照马克思的本意使用这个词)是被竞争的强制规律所推动的。我们在这里遇到了马克思所称的“生产性的消费”的必要性，它是在实现过程中的一个连接环节。这意味着，剩余价值的生产必须内化其自身的、日益增长的货币需求。对昨天的剩余产品的需求，取决于明天的剩余价值生产的扩大！资本家今天的消费，由昨天所获得的剩余来支持，形成了昨天的剩余产品和剩余价值的市场。它所起的作用是，将看起来由于有效需求不足造成的潜在的消费不足的危机，转变为一种缺乏进一步盈利的投资机会的情况。换句话说，流通过程最终所面临的实现问题的解决方法，取决于回到起点并进行的更大规模的扩大。永久的、复合型增长的逻辑在这里占据了主导地位。

(8) 信用体系和资本的集中

为了保证资本流通完成其全部过程，必须实现两个基本条件。第一，资本家必须不持有他们昨天所获得的货币。他们必须马上将它投放回流通中。但是，正如马克思在他对萨伊定律的批判中所提到的，不存在一个强制性的必要条件，即，C－M 必须随后紧跟着 M－C，而且在那种不对称中存在着永久的可能性，这种可能性不仅针对于货币和金融危机，更多的是关于由于没有支出发生而带来的剩余价值实现的障碍的出现。在第二章中，我们考虑了不同的情况，在这些情况中，保留货币比花费它们更加明智，而且，正是在这一点上，在马克思和凯恩斯关于消费不足的危机爆发可能性的观点之间，出现了重叠。凯恩斯寻求通过诉诸一个由国家领导的、对财政和货币政策进行管理的、一系列的技术策略，从而绕开这一障碍。第二，为保证持续的流通，需要在今天的需要和昨天的需要的时间差距之间构建连接。正如马克思在第三章也做了说明的，这一差距可以被填补，即，通过信用货币的增加和将货币作为一种记账手段。直言不讳地说，信用体系作为一种在债券人和债务人之间的有组织的关系，参与了流通过程，并起到了一个十分重要的作用。当别无它方时，这种办法成为一种掩盖有效需求问题的主要手段，其所采取的方式处于资本循环的内部。然而，在这种做法中，信用体系需要将其剩余的一部分以利息的形式表现出来。

甚至在《资本论》第一卷中，在许多地方，马克思不言而喻地认识到了信用体系至关重要的作用，但是，为了抓住他在第七部分所考虑的关于劳动与资本关系的核心问题，他发现，有必要将分配的情况（租、利息、税、商人资本的利润）从分析中排除出去。这有助于揭示并澄清资本主义动态变化中的一些重要方面，但这是以忽视在资本循环过程中的一个重要特点为代价的。不幸的是，在第二卷的大部分内容中，马克思继续忽略了这一重要特点(例如当认识到，与长期固定资本投资循环相关的它的重要的存在时)，导致了卢森堡非常正确地谈论到，在那一卷的结尾部分所列出的积累图式没有解决实现和有效需求的问题。只是在第三卷相对靠后的地方，马克思才抽出精力检验了信用系统的作用，而且坦诚地说，这些章节虽然充满着提示性的深刻见解，但确实是十分混乱的(我曾尽我最大努力进行尝试——在《资本的极限》一书的第九和第十章中将这些内容进行了彻底清理。而且我并不介意承认，这样做几乎将我逼疯)。然而，他已经在《大纲》中建立了“整个信用体系”。①

如果是资本主义的进一步扩张创造了对昨天的剩余产品的需求，那么这就意味着实现的问题不能得到解决，特别是在当今全球化资本主义发展的条件下，还没有对昨天的剩余产品和明天的那一剩余产品的吸收之间的差距构建有活力的和精细的信用体系。这种吸收，或者通过剩余价值生产的进一步扩大(再投资)，或者通过资本家对收入的消费而得以发生。从长期来看，很容易显示出，资本家对收入的消费将导致停滞(这是马克思在第二十三章所考虑的“简单再生产”的模型)。只有进一步的剩余价值产生的扩大才能在长期起作用，而且，正是这一点支持了作为资本主义生存的一个条件的社会需要的复合增长率。

正是在这一点上，如果马克思抓住了这一点，那他肯定就说过：竞争的强制规律只是保证资本主义生存的绝对必要条件的一个工具。换句话说，资本主义的生存，需要对竞争的强制规律的维护，以保持作为吸收昨天所生产的剩余价值的方法的、明天的剩余价值生产的扩大处于正确的轨道上。自此就会出现，那些强制力量的任何减弱，例如通过过度的垄断，都会在其自身内部带来一场在资本主义再生产中的危机。这正是巴兰和斯威齐在《垄断资本》②中的观点(这本书写于 20 世纪 60 年

① Marx, *Grundrisse*, 416.

② Paul A. Baran and Paul M. Sweezy, *Monopoly Capital* (New York: Monthly Review Press, 1966).

代，当时，底特律的三家大型汽车企业垄断的重要性在日益增强）。正如巴兰和斯威齐所明确预见的，资本垄断和集中的发展趋势，必然带来在20世纪70年代一直挥之不去的滞胀的危机（伴随着通胀加速的失业率的上升）。对这场危机的解读是，新自由主义的反革命不仅摧毁了劳动的力量，而且通过各种世纪攻略，有效地脱离并放纵了作为资本主义发展规律“执行者”的、竞争的强制规律（更开放的对外贸易、解除管制、私有化和其他类似的做法）。

但是，这一过程也具有其潜在的复杂性。首先，前提条件是，对于明天剩余价值生产扩大的所有其他障碍（例如，与自然的关系）是不起作用的，而且，存在足够的空间用于更多的生产的发生。这就意味着，一种不同的帝国主义，它不是从世界其他地方抢夺价值和剥离资产，而是将世界其他地方用作开启资本主义生产的、一个新的形式的场所。资本输出变得比商品输出更重要。在此，在19世纪的印度和中国之间存在巨大的差异，它们的财富被对它们市场的资本主义控制所掠夺，而且，在美国以及在某种程度上的大洋洲和部分拉丁美洲国家，不受约束的资本主义发展不断生产新财富的现象曾经快速推进，而且通过这种做法，提供了在较古老的资本主义中心吸收和实现被产生出来的剩余产品的场所（例如，在19世纪，英国曾经向美国和阿根廷输出资本和出口机器）。当然，在近期，中国已经在生产的发展中吸收了大量的国外资本，而且通过这种做法，已经形成了不仅对原材料，而且对机器和其他材料投入的巨大的有效需求。

然而，在这一解决方法中内在地存在两个问题，它们都能够在寻求绕开它们的极端活动中，再次构成对资本积累持续性的障碍。第一个问题来自这样一个简单的事实，即，流通过程按照定义变成是可以推断的：它依赖于这样一种信念，即，明天的扩张将不会遭遇任何障碍（包括进一步的实现），所以今天的剩余可以被有效地实现。可以推断的因素，不是特殊的或过分的因素，而是基础性的因素，正如凯恩斯对其中之一的充分理解，这意味着，预见和期望对于资本循环的持续性而言是基础性的。在第三卷中马克思不言而喻地认识到了这一点。他注意到，正如他所说的，资本的扩张是典型的“新教徒”的做法，因为这是以信念和信用为基础的，而不是以黄金、真实的货币为基础的“天主教义”的做法。任何对可推断的期待的减弱都将会自我终结，随之就会酝酿一场危机。从这一点来看，重读凯恩斯的《通论》，就能注意到，货币政策和财政政策的技术性解决方案与心理期待和预期比较起来只是讨论中的一小部分，这一分配是有意义的。信仰在这一体系中是基础性的，而且正如在2008年所发生的那样，如果失去信心，将会是致命的。

第二个问题出现在货币和信用体系自身内部。这是马克思在第三章指出的、但没有展开论述的内容：发生“单独的”金融和货币危机的可能性是无所不在的。潜在的问题存在于货币形式本身的矛盾中(使用价值作为价值的表现，特别的(具体的)作为一般的(抽象的)和对社会权力的私人占有的表现——见第二章)。当马克思针对萨伊定律进行辩论时，他指的是这样一个事实，即，存在对持有货币的永恒的诱惑，而且越多的人这样做，对流通持续性的抑制程度就越高。但是，为什么人们紧紧抓住货币不放？一个原因是，它是社会权力的一种形式。它可以买到良心和荣誉！在《经济学和哲学手稿》中，马克思告诉我们，如果“我是丑的，但我能给我买到最美的女人”。①(或最美的男人)如果我是没有头脑的，但我可以给自己买到颇有头脑的人；如果我是跛脚的，我可以让人背我。可以设想一下，凭借所有那些社会权力，你能够做到什么！所以，有充分的理由可以解释为什么人们想紧紧抓住货币，特别是在面对不确定的情况时更是如此。为了获得更多的社会权力，将货币投放到循环中去可以获得一些信心，或者建立安全感和值得信赖的制度，在那里你能够保存你个人的货币，而同时，其他一些人将货币放回循环中是为了获得更多的货币(当然，这是人们认为银行所做的事情)。但是，这一

① Karl Marx, *Economic and Philosophic Manuscripts of 1844*, trans. Martin Milligan, in the Marx-Engels Reader, ed. Robert C. Tucker (New York: W. W. Norton, 1978), 103.

问题的影响深远且广泛地传播到了表现的领域。在这一领域，对货币符号(国家保证其稳定性的力量)或货币质量(通胀)信心的丧失，与更直接地数量性考虑对接，像“货币极度缺乏”以及对支付手段的冻结，其就像在2008年秋天所发生的情况那样。

> 昨天，资产者还被繁荣所陶醉，怀着启蒙的骄傲，宣称货币是空虚的幻想。只有商品才是货币。今天，他们在世界市场上到处叫嚷：只有货币才是商品！他们的灵魂渴求货币这惟一的财富，就像鹿渴求清水一样。在危机时期，商品和它的价值形态(货币)之间的对立发展成绝对矛盾。(第236页)

我们能对2008年突然爆发的危机的最佳描述仅此而已!

在信用体系的核心，存在着伴随主观期望和预见的、一系列的技术和法律因素(其中很多因素会通过它们的操作规则的长处而失败或被严重地扭曲)。对于资本持续扩张的程度来讲，作为一种中枢神经系统指挥并控制全球资本积累动力的信用体系的作用变得更加凸显。其含义是，对信用手段的控制对于资本主义的运转变得至关重要——这是马克思和恩格斯在《共产党宣言》中已经认识到的关系结构，即，通过对信用手段在国家手中的集中化作为它们的重要需求之一——中心化，(当然，要假设是由工人阶级控制的国家)。当这一做法被附加到国家对货币的质量方面，甚至更为重要的是，附加到符号货币(在第三章中被认识到的作用)的关键作用时，国家和金融力量之间的某种混合似乎就不可避免了。这种对立性的混合，是由国家控制的中央银行的形成造成的，中央银行对私人占有者信用手段的支付拥有无限的保留权利。

用同样的方法，资本能够在劳动力的需求和供给两个方面进行操作(见第十章)，所以它能够通过信用体系，在生产与实现关系的两个方面起作用。例如，在近些年，美国对满怀希望的房屋所有者越来越放松的信用供给，以及对地产开发商同样放松的信用供给，催生了一场在住房和城市发展领域的大繁荣。通过这种方法，人们可以想象，实现的问题就被解决掉了。但唯一的困难却同时产生了，这是因为实际工资并没有同步提高(正像根据第一卷的分析就可以预见到，假设1980年后以新自由主义政策为主导，这就意味着，由生产率的提高所获得的收益没有被分享，而是完全集中到了上层阶级手中)，所以，普通房屋所有者付清他们越来越多的债务(2008年美国家庭负债是1980年的三倍)的能力正在持续减弱。其后果——房产市场的崩溃就是完全可以预测的了。

但是，对目前发生的崩溃的一种分析也说明了信用体系的另一个关键作用。用同样的方法，马克思注意到了信用(和高利贷)在通过原始积累从封建地主手中攫取财富中的作用，所以信用体系已经被很好地定位，它是以从弱势群体手中持有的资产中攫取财富为目标的。掠夺性借出的做法——一种通过剥夺的积累形式——将导致人们丧失抵押品赎回权，这会保证以低水平的成本获得资产，并转化为在总体上增加资本家阶级利益的长期财富。从2006年开始来袭的丧失抵押品赎回权的大潮，使脆弱的非裔美国人，承受了巨大的资产价值的损失。借助信用体系发生的第二个"通过剥夺的积累"的阶段，给资本主义的动态发展带来了严重的后果。它促进了在1997—1998年期间，巨额财富从东亚和东南亚向华尔街的转移。例如，采取一种流动性冻结的手段，迫使各类公司破产，这样一来，这些公司可以被外国投资者以低价买入，而在复苏阶段到来时，再以巨额利润收入将其出手。美国自20世纪30年代发生的、由信用体系导致的对于家庭农场造成严重打击的大潮中，已经采用了相似的做法，当时是以小农场主为代价，他们由于丧失抵押品赎回权，被迫低价放弃了他们的资产，从而将农业财富有效地集中在了大量的农业企业手中。阶级斗争和资本家阶级权力的积累，在目前尚存的信用手段的迷宫里，通过每一个可能的渠道，解决了他们的问题。马克思没有采用一个充分彻底的方法来调查信用体系以正视在其全部复杂性中的实现问题。这在马克思的著作中，是一个未完成的任务，这个任务需要付出大量的努力去完成，特别是在金融和信用市场复杂性的前提下，甚至对于它们的管理者和使用者来说，其自身内部在很大程度上都是很难理解的。但是，第一卷的论述有意思的是，马克思研究了从商品的流通到资本流通的转换，他发现他自己不得不涉及债务人和债权人之间的关系，以及将国家调控的货币作为一种支付手段来使用。他同样也涉及了生产过程和支付的时间结构是货币循环的一个关键问题，而如果要做到资本循环和积累的必要的持续性的话，这种做法需要信用体系的存在。他指出，“信用货币的自然根源是货币作为支付手段的职能”。[①]这就是我的意图，也就是，当我提到对第一卷观点的认真研究告诉了我们很多在马克思分析的其他部分中将要出现什么。它也有助于揭示有可能遗漏了什么，以及为什么还需要进行更充分的调查。

作为一个整体的资本循环

当资本循环被作为一个整体来看待时，下述情况变得很明显，即，在任何时刻自由和持续的资本流动所面临的大量政治障碍，既不是相互独立的，也不是系统性地被整合在一起的。它们在全部资本循环过程中，被作为不同时刻的总和而得到了充分的解释。不过，需要找到关于资本主义生产方式具有明显危机倾向特点根源的一个主导性和排他的解释，而在马克思主义者关于危机的理论化的历史中，就已经存在了这样一种倾向。思想体系上存在三大传统阵营，它们分别是利润挤压理论、利润率下降理论和持消费不足观点的学者，这些观点泾渭分明，而且相互之间争论激烈。“消费不足主义者”这一典型的名词，在某些情况下等同于一个贬义词(这似乎意味着，你是一个凯恩斯主义者，而不是一个真正的“马克思主义者”)，同时，罗莎·卢森堡的崇拜者被将利润率下降的观点置于他们理论中心位置的那部分人狭隘地放弃她观点的做法所

① Karl Marx, *Economic and Philosophic Manuscripts of 1844*, 224.

激怒。在近些年，由于显而易见的原因，人们更多地关注于危机形成的环境和金融方面的内容，而且在其中，被称为“不作为”的危机形成因素具有重要作用。

我越发觉得这一问题引人关注。本着第一卷所进行的分析的精神，以及在《大纲》中关于界限和限制之间关系的十分有趣的讨论（“任何界限都表现为必须克服的限制”）①，可以认为上述讨论的所有界限和限制都是潜在的阻碍节点，其中的任何一个都能减缓或者干扰资本流动的持续性，进而形成一场（货币）贬值的危机。我认为，认识到用一个限制代替另一个限制的潜在性同样也是重要的。例如，通过造成大范围失业来缓解劳动供给危机的调整，能够明显带来有效需求不足的问题。为解决有效需求不足问题而随后在工人阶级中采取的信用体系扩展的做法，最终会酿成对货币质量信心的危机（正如在通胀型危机中所表现出来的那样，信用供给的突然紧缩和金融体系的崩溃）。我同样认为，要认识到以另外一个限制为代价的对某个限制的迅速重新定位，而且由此进一步认识到，危机会在不同的历史和地理情况下有不同方式，坚持马克思经常借助资本主义发展的流动性和灵活性的观点是额外需要的。

潜在的限制总结如下：（1）筹集足够的原始资本以启动生产的阻力（“进入的壁垒”问题）；（2）劳动的稀缺，或顽抗的劳动组织形式会造成利润挤压；（3）在劳动分工内部，在部门之间的比例失调和不均衡的发展；（4）由资源消耗和土地及环境恶化造成的环境危机；（5）由竞争的强制规律和劳动者的抵抗所驱动的、不均衡和过快的技术变化所造成的发展的不平衡和设备的提前报废；（6）在资本的指挥和控制下，在劳动过程内部出现的工人的反抗或抵抗；（7）消费不足和有效需求不足；（8）在信用体系内部产生的货币和金融危机（如，流动性陷阱，通货膨胀或紧缩），这一点取决于复杂的信用工具和有组织的国家势力，同时还包括信仰和信心的氛围。在资本的循环过程内部的每一个节点上都是自相

① Marx, *Grundrisse*, 408.

矛盾的，每一个潜在的对立都能够作为一个不加掩饰的矛盾而突然出现（我们使用的是马克思在《资本论》中经常采用的语言）。

然而，这并不是在资本主义条件下，对危机形成机制和化解方法的最终分析。首先，不均衡地缘发展的动态变化，与世界舞台上资本主义发展的时空展现所存在的全部问题一起，都是极具压力的，因为资本寻求形成一个适应其在某一时点上的动态变化的地缘环境（实物的和社会的基础设施），而只需在随后的时点上将其摧毁，重新建立另一个地缘环境。世界舞台上城市化不断演变的动态变化就明显地昭示了这一过程。地缘冲突的充斥（包括灾难性的战争），而且正像现在所发生的那样，源自国家权力的特质（这需要一种对国家充分的理论解释，虽然在第一卷中曾多次提及一系列的制度和实践，但是，像信用体系一样，其理论解释还不够充分），但其中存在这样一个逻辑，它不能完全符合持续的资本循环和积累的要求。生产的全球迁移和去工业化的近代史，已经带来了大量的创造性破坏，在很大程度上说，有时是通过地方性的危机发生作用的，但在其他情况下是因为大洲范围的危机而发生作用的（就像在1997—1998年对东亚和东南亚的打击一样）。更近一步，我们也不能忽略触发危机的外部冲击的可能性（包括飓风和地震）。“9·11”事件后，当美国特别是纽约在总体上几乎停止了全部活动时，流通活动的中止是极具威胁力的，以至于在一周内，曾经无所不在的势力督促人们拿出他们的信用卡去购物！

我相信，马克思主义者研究危机史实的精髓，应该是对所有这些可能性持开放态度。我对凯恩斯基本正确地将20世纪30年代的危机解释为主要是有效需求不足的危机持怀疑态度（尽管可能是由于阶级原因，他没有指出这与收入不平等之间的关系——直到最近，才被历史性地重复——曾经由于工资压缩而爆发于20世纪20年代的危机）。这种情况由于人们对可持续的积累能力感到担忧从而开始紧紧地持有货币的事实而进一步恶化。而且，有越多的人紧紧地持有货币，经济体系的情况就越糟糕。这就是凯恩斯所称的流动性陷阱。人们必须找出将处于隐藏状态的货币引诱出来的方法，答案之一是通过负债的政府支出以重振资本循环(另一个解决方法是发动战争)。另一方面，我认为，Andrew Glyn 和其他人看到了发达资本主义国家在20 世纪60 年代后期的重重困难中存在一个强大的利润挤压因素是基本正确的，在那里，劳动的稀缺和强大的劳动组织显然对积累的进程起到了阻碍作用。过度的垄断同时有助于减缓生产率的增长，而且，这与国家的财政危机一起(与在越南爆发的美国战争相关)酿成了一个长期的滞胀阶段，而且这种滞胀局面只能通过加强对劳动的管制和放松竞争的强制规律加以解决。在这种情况下，危机就会从一个障碍节点传递到另一个障碍节点，然后再重新返回。人与自然的关系也会影响利润率，特别是在自然资源的租金明显上涨的情况下(像利息这一范畴在第一卷中没有被解释清楚)。

这里我的意图不是去尝试展示一些片段的危机史，而是要提出，我们需要灵活和偶尔地，而不是形式化地运用对马克思著作研究的深入理解。我个人关于危机理论内部动力的观点(与独立发生的观点相反，但并不是与地缘政治斗争无关)，依赖于对在流通过程中所遇到的各种不同的限制和障碍的分析；对克服或回避这些限制和障碍的各种政治和经济策略的研究；对在一个节点上障碍被克服或回避，从而引起在另一个节点上出现了新的障碍的途径的谨慎观察。对资本主义危机发展趋势持续展开的和局部的解决方案成为研究的主题。

在此背后隐含着更深层次的问题。正如在1780 年前后所发生的情况，通过围绕曼彻斯特方圆四十平方英里地区和其他一些资本主义发展热点地区的经济活动，形成了产业资本主义的中心。这样，为积累而积累和为生产而生产，以及要达到一个复合的增长率的持久的需要，就都是值得称赞的了。但是，我们现在所面对的是达到一个复合增长率的可能性，也就是说每年百分之三，是以在中国和东亚及东南亚的其他地方正在发生的一切为基础，并且在印度、俄罗斯和东欧正在扩大的活动中心，在中东和拉丁美洲正在崛起的经济体，和在非洲资本密集的资本主义发展，以及处于北美、欧洲和大洋洲的传统的资本主义的中心地带。

为保持这种复合的增长率能够持续，在今后的年份中所需要的积累和实物迁移的规模将会是令人震惊的。

我把危机看作是资本主义的时空逻辑中所发生的深层构造性转换在表面上的爆发。这一构造性的板块现在正在加速运动，而且，更加频繁且更加剧烈的危机爆发的可能性在增加。爆发的方式、形式、空间和时间几乎是不能预测的，但几乎可以肯定，它们将以更大的频率和更强的力量发生。相比较而言，2008 年出现的情况即使不能说是微不足道的，但也会显得是正常状态。既然这些压力都存在于资本主义动态发展的内部(这并没有不排除一些似乎是外部破坏性的事件，例如一场灾难性的流行病)，那么，更好的观点将会是什么，正如马克思曾经提出的，资本主义“将会消亡并为社会生产的更高阶段留出空间”？①

但是，这说起来容易做起来难。这当然需要制定一个政治规划。正因为如此，直到我们了解了我们需要了解的一切，或者甚至是理解了马克思每句话的含义，才能够停止。在第一卷中，马克思对我们所处的现实举起了一面镜子，他以这样的方式对我们的行动下了命令，而且，他也明确指出，阶级政治和阶级斗争必须是我们行动的中心内容。就其本身来讲，这似乎并不是特别具有革命性的。但是，在过去的二十五年中，我们中的许多人生活在这样一个世界中：我们被反复地被告知，阶级因素是无关紧要的，有关阶级斗争的极端观点早已过时，它只是学术界守旧落伍的学者的素材。但是，只要认真阅读《资本论》，我们就会毫无争议地发现，如果我们不将“阶级斗争”写在我们政治的大旗上，而且按照它的指示前进，那么我们就会失去方向。

然而，我们需要更准确地确定，这对于我们所处的环境和时代可能意味着什么。马克思在他所处的时代，经常不能确定确切需要做什么，哪种政治联合会起作用，应该表述何种类型的目标和诉求。但是，马克思仍然展示出，即使处于这些不确定性之中，我们也不能无所作为。尤

① Marx, *Grundrisse*, 750.

儒主义者和批评家们经常会反对这样的说法，即，人们正在试图缩小问题的严重性，这些问题包括：自然、性别、性、种族、宗教或其他与阶级相关的问题，这是我们所不能接受的。我对此的回答是：根本不是这样。其他相关领域的斗争显然也是重要的，而且必须是以它们自己的能力发动的。但是，我会指出，这些问题中的任何一个都会将重要的阶级维度内化其中。而这些问题的解决方案，对于一个彻底的反种族主义者或环保主义者的政治而言，即使永远都不会是充分条件，但也是必要条件。

例如，我们只要观察所谓的次级贷款危机对巴尔的摩市情况的影响。超过正常比例的黑人家庭和单亲家庭(主要是妇女)被剥夺了生存权，而且在某些情况下，他们的资产还处于一场通过剥夺而进行积累的邪恶阶级斗争过程中。在这种情况下，我们不能撇开阶级的范畴并否认它所具有的关联性。我们必须不再紧张并害怕谈论阶级，并围绕阶级斗争的观念来启动政治对策。

当然，也存在实现人们所期望的平静状态的理由。阶级是这样一个范畴，即，已经形成的权力阶层不希望被任何人彻底取代。《华尔街日报》刻薄地将所有对阶级斗争的抨击，嘲弄为一种当国家应该齐心协力面对困境时所做的不必要的分裂。统治精英们从来不想公开承认，更不用说去讨论它所开启的那一核心问题：增加其财富并扩充其权力的阶级策略。

马克思再三坚持的一个问题是阶级的思想。阶级概念在其所有充满歧义的光环中，对于理论和实践来说都是不可或缺的。但是，要使这一范畴发挥作用，还有很多工作要做。例如，在阅读《资本论》中产生的问题之一是，如何理解，由原始积累和通过剥夺而进行的积累引起的斗争，和通常在工作场所和劳动市场引起的阶级斗争这二者之间的关系。将这两种形式的斗争组合在一起并不总是容易的。但是，我认为，我们很难忽视世界上正在发生的大量反抗剥夺的斗争，虽然这些斗争中的一部分只是“不在我的后院”政治退化的一种冷酷形式。对这两大形式阶级斗争的划分在政治意义上是有害的。但是，马克思关于"工作日"的章节告诉我们的是，将两种形式的阶级斗争联合起来是重要的，而且如果不进行阶级斗争，我们很难取得任何进展，因为，资本家阶级会凭借任何可获得的手段进行资本积累，并且他们采用的手段是以我们当中其他人利益的牺牲为代价的。当其他所有人都处于停滞状态或遭受苦难时，资本家却获得了肮脏的财富。马克思指出，这种阶级特权和阶级权力，必须要被反抗的斗争所摧毁，以让位于另一种生产方式。

但是，《资本论》第一卷还告诉我们，一种生产方式被另一种生产方式所取代将是一个长期而复杂的过程。资本主义并不是通过某些彻底的革命转变来替代封建主义的。它不得不在旧社会的缝隙中生长，并且一点一点地取代它，有时是通过武力、暴力、掠夺和没收资产做到的，但是，在另外一些时候，也会采用欺骗和狡诈的手段。而且，即使新的生产方式最终能赢得胜利，它常常也会在与旧秩序的斗争中失利。然而，一旦新的生产方式争得了些许权力，它就必须首先在技术、社会关系、精神观念、生产体系、与自然的关系、日常生活方式的基础上，去建立其自身的另一选择，因为这些方面都是在以前的秩序下长期形成的。在新的生产方式不仅找到了其独特的技术基础，而且也找到了自身的信仰体系和精神观念、不稳定但阶级划分清晰的社会关系结构、神奇的时空节奏以及同样陌生的日常生活方式之前，在社会整体内部，在这些不同的时点上都曾产生协同的演化和不均衡的发展(见第六章)，更不用说它在找到其自身的生产过程之前了；在此之前，确实可以说这可能就是资本主义，虽然它本身在不断变化以回应其自身存在的不可避免的矛盾。

我在这本书的开始就要求你们试着按照马克思的本意去理解马克思。显然，我自己对于马克思那些本意的内容是什么的看法，在我试图构建用以指导你们的精神规划中，起到了至关重要的作用。我这样做的目的，不是劝说你们接受我的标准是正确的，我对马克思的理解是正确的，而是首先为你们开辟一条构建你们自己的意图和解释的途径。我知道，许多人也会对我全部或部分的理解提出质疑。我的第二个重任是开启一个对话和讨论的空间，以此将马克思主义的世界观重新带回知识和政治舞台的中心。马克思的著作蕴含着丰富的关于我们所处的时代应该被丢弃到历史的垃圾筒中的危害的提示。如果考虑去年或前后发生的事件，那么很明显，应该从现在开始，我们需要思考“超脱常规”所接收的智慧了。列斐伏尔在他涵盖了1968年所发生的事件的短篇著作《爆炸》中写道，“所发生的事件与预测不符；就历史性事件来说，他们打乱了预先的估计。它们甚至颠覆了为它们发生的可能性所提供的策略”。所发生的事件“将思想家们从他们舒适的座椅中拉出来，并迅速将他们投入矛盾的浪潮中”。①这是一个认真研究资本主义内部矛盾的最佳时机，而且那些卓越的辩证主义学家的著作，已经为将这些现象揭示得如此明白易懂做了太多的工作！

正如马克思他自己所观察到的，当精神观念不能凭借其自身改变这个世界时，理念在历史中就成为一种物质力量。马克思撰写《资本论》，是为了更好地武装我们去进行这场斗争。但是，在此仍然没有比“通向科学的康庄大道”更平坦的道路。正如贝托尔德·布莱希特(Bertolt Brecht)曾经写道的：

> 改变世界需要付出很大代价：
> 热情与坚韧，科学与义愤，
> 快速的启动，长期的思考，
> 冷静的耐心和无尽的坚持，
> 对特殊情况的理解和对全局的把握：
> 只有在现实中得到的教训能够教会我们改变现实。

① Henri Lefebvre, *The Explosion: Marxism and the French Revolution*, trans. Albert Ehrenfeld (New York: Monthly Review Press, 1969), 7-8.

图书在版编目(CIP)数据

跟大卫・哈维读《资本论》/(美)哈维(Harvey, D.)著;刘英译.
—上海:上海译文出版社,2013.12(2024.4 重印)
(大学译丛)
书名原文:A Companion to Marx's Capital
ISBN 978-7-5327-6361-0

Ⅰ.①跟… Ⅱ.①哈… ②刘… Ⅲ.①《资本论》—
马克思著作研究 Ⅳ.①A811.23

中国版本图书馆 CIP 数据核字(2013)第 250050 号

本书由上海文化发展基金会图书专项基金资助出版

David Harvey
A COMPANION TO MARX'S *CAPITAL*

图字:09-2010-404 号

跟大卫・哈维读《资本论》
〔美〕大卫・哈维 著 刘 英 译
责任编辑/张吉人 装帧设计/未氓设计工作室

上海译文出版社有限公司出版、发行
网址:www.yiwen.com.cn
201101 上海市闵行区号景路159弄B座
上海信老印刷厂印刷

开本 890×1240 1/32 印张 11.75 插页 2 字数 266,000
2013 年 12 月第 1 版 2024 年 4 月第 7 次印刷
印数:14,501—16,000 册

ISBN 978-7-5327-6361-0/B・372
定价:58.00 元

大学译丛　书目

01 《西方哲学史》(上下两册)/[挪] G·希尔贝克,N·伊耶　著
02 《世界经济简史》/[美] 龙多·卡梅伦,拉里·尼尔　著
03 《传播学史》/[美] E·M·罗杰斯　著
04 《美国人:殖民地历程》/[美] 丹尼尔·布尔斯廷　著
05 《美国人:建国的历程》/[美] 丹尼尔·布尔斯廷　著
06 《美国人:民主的历程》/[美] 丹尼尔·布尔斯廷　著
07 《专制与民主的社会起源》/[美] 巴林顿·摩尔　著
08 《希望的原理》(第一卷)/[德] 恩斯特·布洛赫　著
09 《文明的进程》/[德] 诺贝特·埃利亚斯　著
10 《协同学》/[德] 赫尔曼·哈肯　著
11 《资本主义与现代社会理论》/[英] 安东尼·吉登斯　著
12 《社会学》/[英] 安东尼·吉登斯　著
13 《社会学主要思潮》/[法] 雷蒙·阿隆　著
14 《大众传播与美帝国》/[美] 赫伯特·席勒　著
15 《传播政治经济学》/[加] 文森特·莫斯可　著
16 《信息社会的知识劳工》/[加] 文森特·莫斯可　著
17 《宗教与资本主义的兴起》/[英] R·H·托尼　著
18 《希望的理由》/[英] 珍·古道尔　著
19 《自恋主义文化》/[美] 克里斯托弗·拉什　著
20 《“中产”中国》/[美] 李成　编著
21 《西方六大美学观念史》/[波]瓦迪斯瓦夫·塔塔尔凯维奇　著
22 《法律的理念》/[英]丹尼斯·罗伊德　著
23 《观念的历险》/[英]艾尔弗雷德·诺思·怀特海　著
24 《人文科学的逻辑》/[德]恩斯特·卡西尔　著
25 《商业生态学》/[美]保罗·霍肯　著
26 《跟大卫·哈维读〈资本论〉》/[美]大卫· 哈维　著